파이썬과
엑셀로
시작하는
딥러닝

파이썬과 엑셀로 시작하는 **딥러닝**

초판 1쇄 인쇄 | 2023년 7월 20일
초판 1쇄 발행 | 2023년 7월 25일

지 은 이 | 홍재권, 윤동현, 이승준
발 행 인 | 이상만
발 행 처 | 정보문화사

책 임 편 집 | 노미라
교 정 교 열 | 김혜영

주   소 | 서울시 종로구 동숭길 113 (정보빌딩)
전   화 | (02)3673-0037(편집부) / (02)3673-0114(代)
팩   스 | (02)3673-0260
등   록 | 1990년 2월 14일 제1-1013호
홈 페 이 지 | www.infopub.co.kr

I   S   B   N | 978-89-5674-928-0

Python Excel
Deep Learning

파이썬과 엑셀로 시작하는 딥러닝

딥러닝의 알고리즘
원리부터 파악하기

홍재권, 윤동현, 이승준 지음

정보문화사
Information Publishing Group

머리말

과거, 인류는 증기기관을 발명하고 기계의 동력을 이용하였습니다. 그리고 기계의 힘을 빌려 산업의 공업화를 이뤄내 저렴한 가격으로 소비자가 상품을 구매할 수 있었습니다. 그리고 기술의 진보와 발전을 통하여 대량 생산이 가능했고, 생산 원가를 절감하여 생산성의 향상을 이뤘습니다.

1970년대 초, 인류는 인터넷 기반의 지식 정보 기술 발전 시대를 거치며 IT 기술을 산업 전반에 활용하였고, 생산 공정을 자동화할 수 있었습니다. 그러면서 소프트웨어가 모든 산업의 중심 기술로 자리 잡았습니다. 이후 우리는 4차 산업혁명의 시대를 맞이하여 사이버 공간과 현실의 물리적인 경계가 모호한 시대에 살고 있습니다.

흔히, 최근 인공지능이라는 기술은 언론 매체 또는 산업 전반에 일반화된 고유명사처럼 4차 산업혁명을 대신하고 있습니다. 많은 사람들은 인공지능 기술이 우리의 미래를 어떻게 바꿀지에 대해 기대하고 있습니다. 이러한 이유로 구글, 페이스북, 테슬라, 네이버, 카카오 등 세계의 많은 기업들이 투자를 아끼지 않고 있습니다. 저자 역시 이러한 시대의 흐름에 앞서가고자 인공지능 기술 연구에 집중하여 노력하고 있습니다.

딥러닝은 기계학습의 한 분야로써 1960년 프랭크 로젠블라트가 퍼셉트론 이론을 발표한 이후, 합성곱신경망, RNN, GAN 등 최신 기술까지 기계학습의 중심에 있습니다. 그리고 초기의 기계학습보다 더 진보되고 구조화된 오픈소스 프레임워크(Pytorch, Tensorflow, Keras 등)들로 구현이 어렵지 않습니다. 하지만 내부적 알고리즘과 구조적인 메커니즘을 이해하지 못하고 사용한다면 모델의 성능 향상을 도모할 수 없습니다.

우리는 실무적 코드로 성능 향상을 목적으로 구현하는 딥러닝보다 그 알고리즘 내부의 동작 방식과 그 원리의 이해에 조금 더 집중하고자 합니다. 더욱이 비전공자도 쉽게 이해할 수 있도록 엑셀로 각 단계별 값의 변화를 시각화할 수 있는 코드도 추가하였습니다. 특히, 딥러닝에 중요한 알고리즘인 순전파와 역전파를 엑셀을 통해 시각화하고 그 이론은 딥러닝의 기초가 되는 넘파이로 구현하였습니다. 가장 기초적인 알고리즘을 직접 실습하고 구현해보며 오픈소스의 프레임워크의 이해를 돕고자 하였습니다.

저자는 대학원에서 인공지능에 관한 연구를 함께하고 있습니다. 우리는 Tensorflow, Pytorch 등의 프레임워크를 사용하여 모델을 구현하지만, 집필하는 현재에도 넘파이로 구현하는 딥러닝은 모델의 성능 향상에 많은 도움이 되고 있습니다.

이 책은 딥러닝에 필요한 기초적인 이론과 알고리즘을 넘파이와 엑셀을 이용해서 쉽게 이해하고 구현할 수 있도록 돕는 것을 목적으로 만들었습니다. 이를 통해서 인공신경망(ANN), 합성곱신경망(CNN), 순환신경망(RNN)과 같은 딥러닝 모델의 구현 방법과 알고리즘에 대한 이해를 높일 수 있을 것입니다. 또한 넘파이와 엑셀을 이용해서 직접 코드를 작성하고 실행해보며 딥러닝 모델의 동작 원리를 더욱 깊이 이해할 수 있을 것입니다.

딥러닝 분야에 입문하는 사람들도 쉽게 이해할 수 있도록 구성하였지만, 복잡하고 어려운 내용도 있습니다. 그러나 여러분이 끝까지 읽으며 열심히 공부한다면 딥러닝의 기본적인 모델 구조와 내부 알고리즘을 충분히 이해할 수 있습니다. 딥러닝 기술은 음성인식, 자연어처리, 이미지분류 등의 분야에서 이미 우수한 성과를 내고 있고 많은 논문에서 텐서플로우 등의 딥러닝 프레임워크를 사용해서 코드가 구현되었습니다. 그래서 책의 부록으로 텐서플로우의 기초적인 사용법을 추가하였습니다.

이 책은 여러분의 딥러닝 학습의 끝이 아니라 오히려 시작에 불과합니다. 딥러닝 분야는 끊임없이 발전하고 있으며 새로운 이론과 알고리즘, 방법론이 등장하고 있습니다. 따라서 여러분은 앞으로 더욱 많은 노력과 시간을 투자하여 새로운 지식을 습득하고, 자신만의 새로운 방법과 기술을 개발하는 데 기여할 수 있도록 응원하겠습니다.

아무쪼록 딥러닝 알고리즘의 원리를 근간부터 차근차근 이해할 수 있도록 열심히 연구할 것이며, 모든 독자가 딥러닝에 관한 새로운 경험이 되기를 기원합니다.

저자 일동

딥러닝, 머신러닝, 인공지능, AI, 빅데이터 등 신문에서 뉴스에서 여러 미디어에서 아니 우리의 일상 속에서 한 번쯤은 들어봤을 단어들입니다. 흔히 역사는 반복된다는 표현을 많이 사용합니다. 우리는 과거의 경험을 통해서 미래의 상황 또는 현재 상황을 예측하고 판단합니다.

머신러닝, 딥러닝 또한 마찬가지로 우리가 모아 놓은 데이터를 바탕으로 새로운 문제에 대한 예측을 컴퓨터가 연산을 통해 수행합니다.

일반적으로 딥러닝을 구현하기 위해서 Tensorflow, Pytorch 등의 프레임워크를 사용하여 구현합니다. 그리고 보통 이러한 라이브러리 또는 미리 정의된 함수를 사용하기 때문에 간편하게 모델을 만들 수는 있지만 학습 진행 과정 동안의 연산 과정을 세세하게 알기는 쉽지 않습니다.

프로그래밍, 코딩을 모르는 누구도 딥러닝의 기본 원리에 대하여 엑셀로 이해할 수 있도록 구성하였습니다. 딥러닝의 미분값(Gradient), 역전파(Back Propagation), 순전파(Forward Propagation) 등을 파이썬(Python)을 통해 계산하고, 가중치(Weight), 편향값(Bias)이 업데이트되는 과정을 엑셀로 풀어보고 시각화합니다.

주요 내용은 다음과 같습니다.

- **PART 0**에서는 Windows와 Mac OS 환경에서 파이썬(Python) 프로그래밍을 설치하고 세팅하는 방법을 제공합니다.

- **PART 1**에서는 넘파이(Numpy) 사용법과 파이썬(Python)을 이용하여 엑셀을 다루는 방법을 간단하게 배우며, 이는 딥러닝에 필요한 기초 지식입니다.

- **PART 2**에서는 전반적인 딥러닝과 머신러닝의 내용과 주요 목표를 배우며, 간단한 회귀 예측 문제를 통해 딥러닝의 기본 원리를 이해합니다.

- **PART 3**에서는 오픈소스로 공개된 당뇨병 데이터를 사용하여 간단한 딥러닝 모델을 학습하고, 데이터 정규화와 데이터 분할의 필요성을 알아봅니다.

- **PART 4**에서는 다중 분류 문제를 실습하며, 소프트맥스 활성화 함수에 대해 배웁니다.

- **PART 5**에서는 붓꽃 데이터를 사용하여 실제 데이터를 이용한 분류 문제를 실습하며, 원핫인코딩에 대해 자세히 배웁니다. 그리고 손글씨 데이터를 사용하여 이미지 분류 문제를 단순한 레이어 구성으로 학습하고 결과를 살펴봅니다.

- **PART 6**에서는 CNN(합성곱 신경망)을 이용하여 이미지 데이터에 특화된 딥러닝 모델에 대해 이해하고 실습합니다.

- **PART 7**에서는 시간적 순서가 있는 시계열 데이터에 특화된 RNN(순환신경망)에 대해 이해하고 실습합니다.

차례

차례

PART 00
개발 환경 구축

이 책에서는 주로 파이썬과 xlwings를 이용해 코드를 구현하고 엑셀을 활용하여 실습을
진행합니다. 실습을 위해 개발 환경 구축 파트에서는 필요한 프로그래밍 언어와 실습에
관련된 라이브러리 및 패키지를 설치하고 사용하는 방법을 간단히 다룹니다. 이론적
내용 설명을 실제 동작해보며 엑셀로 확인하기 위하여 관련된 라이브러리 및 패키지를
설치합니다.

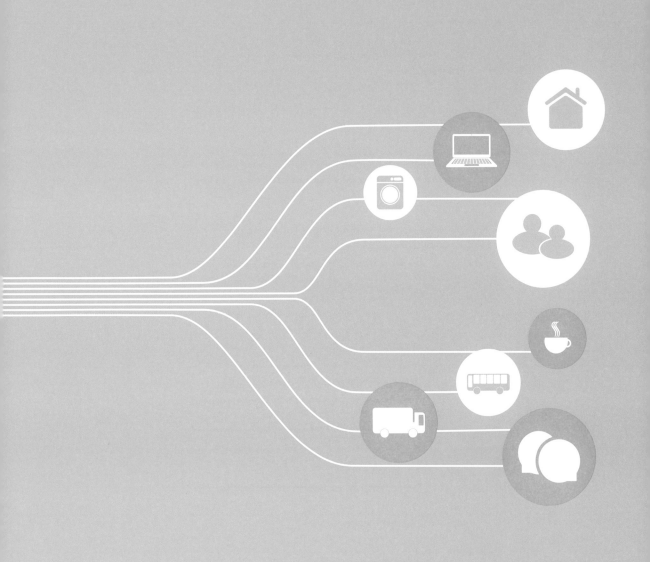

01 파이썬 설치

안정성을 고려하여 패키지 간의 호환성이 검증된 파이썬 3.8.10 버전을 사용하겠습니다.
Windows와 Mac OS 두 버전의 설치 가이드를 제공합니다.

01 Windows OS 버전

파이썬 홈페이지(www.python.org/downloads/)에 방문하여 운영체제에 맞게 3.8.10 버전을 다
운받아 설치합니다

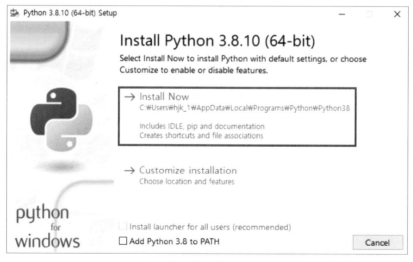

[그림 0-1] 파이썬 버전 선택

[그림 0-2] 파이썬 설치 프로그램 실행

받은 파일을 실행하면 [그림 0-2]와 같습니다. [Install Now]를 누르면 자동으로 설치를 시작합니다. 설치할 때 파이썬이 설치되는 경로를 미리 적어 두면 좋습니다. 설치가 완료되면 CMD 창을 열고 [python]이라는 명령어로 파이썬을 실행합니다. [그림 0-3]과 같이 나온다면 설치는 성공하였습니다.

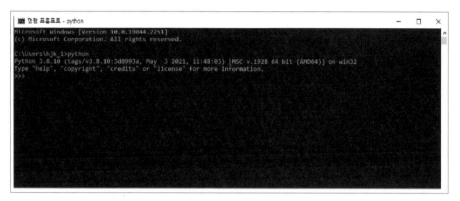

[그림 0-3] 파이썬 실행 화면

만약 실행되지 않는다면, 별도의 path 설정을 합니다. [윈도우 시작] - [시스템 속성] - [고급] - [환경 변수] 메뉴에 들어갑니다.

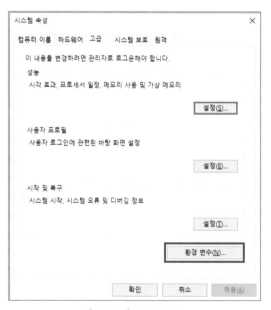

[그림 0-4] 시스템 속성

[환경 변수]에서 path를 편집하겠습니다.

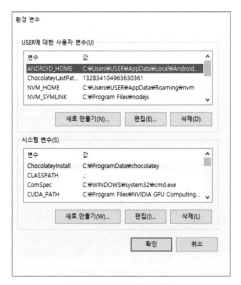

[그림 0-5] 환경 변수 설정

[그림 0-6]과 같이 컴퓨터에 설치된 파이썬 경로를 추가해 주겠습니다. [~Python38₩]과 [~Python38₩Scripts₩] 2개의 경로를 추가합니다. 다시 CMD 창에 python을 입력하여 실행이 되는지 확인합니다.

[그림 0-6] 환경 변수 편집

02 Mac OS 버전

파이썬 홈페이지(https://www.python.org/downloads/)에 방문하여 운영체제에 맞게 3.8.10 버전을 다운받아 설치합니다. [Downloads] 탭의 macOS를 클릭하여 파이썬 버전을 선택합니다. 여기서는 인텔 버전을 다운받아 설치하겠습니다.

- Python 3.8.10 - May 3, 2021
    - **Download** macOS 64-bit Intel installer
    - **Download** macOS 64-bit universal2 installer

[그림 0-7] 파이썬 버전 선택

받은 파일을 실행하면 [그림 0-8]과 같이 뜨는데 [계속]을 누르고 설치를 시작합니다.

[그림 0-8] 파이썬 설치 화면

설치가 완료되면 터미널에 [python3]를 입력하여 실행되는지 확인합니다.

```
intong13intel@intong-ui-MacBookPro ~ % python3
Python 3.8.10 (v3.8.10:3d8993a744, May  3 2021, 08:55:58)
[Clang 6.0 (clang-600.0.57)] on darwin
Type "help", "copyright", "credits" or "license" for more information.
>>> print('hello')
hello
>>>
```

[그림 0-9] 파이썬 실행 화면

딥러닝 프로젝트를 위해 필요한 프로그래밍 언어와 라이브러리 패키지를 설치하는 것은 딥러닝을 시작하는 첫 번째 단계입니다. 라이브러리 패키지들은 다양한 기능과 알고리즘을 제공하여 딥러닝 프로젝트를 빠르게 구현할 수 있도록 도와줍니다. 필요한 패키지를 설치하는 방법을 간략하게 설명합니다.

01 주피터(Jupyter)

주피터 노트북은 웹 브라우저 환경에서 사용자가 코드, 이미지 및 그래프 확인 등을 작성하고 실행해 줄 수 있는 환경을 제공하는 편집기입니다. 코드의 실행 결과와 함께 문서화된 내용을 동시에 보여주므로, 코드의 실행 과정과 결과를 쉽게 이해할 수 있게 해줍니다. [그림 0-10]과 같이 설치 명령어를 CMD 창에 입력합니다(Mac OS는 터미널에 동일한 명령어를 입력하여 실행합니다).

```
C:\Users\hjk_1>pip install jupyter
Collecting jupyter
```

[그림 0-10] 주피터 설치 방법

CMD 창에 [jupyter notebook]이라고 입력하면 브라우저를 통해 주피터 노트북이 실행됩니다. 만약 실행되지 않는다면 CMD 창에 있는 호스트 주소를 직접 브라우저 창에 복사하여 접근합니다.

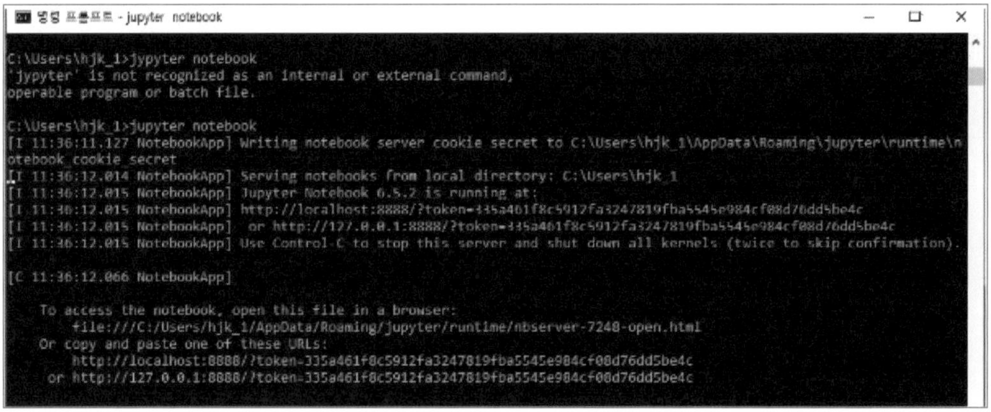

[그림 0-11] 주피터 실행 화면

[그림 0-12] 주피터 노트북 실행 화면

파이썬 파일을 새로 만들어 보겠습니다. 주피터 노트북에서 [New] – [Python3]를 선택합니다.

[그림 0-13] 파이썬 파일 생성

[그림 0-14] 주피터 노트북 편집기 화면

02 xlwings

xlwings는 파이썬과 엑셀을 연동하기 위한 라이브러리 패키지 중 하나입니다. 이 패키지를 사용하면 파이썬 코드에서 엑셀 파일을 열고 데이터를 읽거나 쓸 수 있습니다. 또한, 엑셀의 기능을 파이썬 코드에서 호출하여 사용할 수도 있습니다. 예를 들어, xlwings를 사용하여 파이썬 코드로 엑셀에서 차트를 만들거나, 엑셀에서 작성한 데이터를 파이썬으로 분석하여 그 결과를 엑셀 파일에 저장할 수도 있습니다. 이를 통해 파이썬의 강력한 분석 기능과 엑셀의 데이터 시각화 및 편집 기능을 조합하여 효율적인 데이터 분석 및 시각화를 수행할 수 있습니다.

주피터 노트북에서 새로운 파이썬 파일을 열고 첫 번째 셀에 [!pip install xlwings]을 입력한 후 [실행] 버튼을 누르면 xlwings 패키지가 설치됩니다. 이 패키지를 사용하면 파이썬에서 엑셀을 제어하거나, 엑셀에서 파이썬 코드를 실행할 수 있습니다. 이 책에서는 엑셀을 딥러닝 학습 과정에서 사용하므로, 파이썬에서 엑셀을 제어하는 방법만 다루겠습니다. 더 깊이 있는 내용을 공부하고 싶다면 xlwings 공식 홈페이지(www.xlwings.org)를 참조하세요.

[그림 0-15] xlwings 설치 명령어

03 사이킷런(Scikit-Learn)

사이킷런(Scikit-Learn)은 파이썬에서 사용하는 머신러닝 라이브러리 중 하나로, 다양한 머신러닝 알고리즘과 데이터 전처리 기능을 제공합니다. 사이킷럿은 간단하고 직관적인 API를 제공하며, 다양한 유형의 데이터셋과 모델을 쉽게 다룰 수 있도록 도와줍니다. 오픈소스로 공개되어 누구나 무료로 사용할 수 있습니다. 사이킷런에 부속으로 제공되는 데이터를 이용하기 위하여 사이킷런을 설치하겠습니다. 주피터 노트북의 새로운 셀에 [!pip install sklearn]을 입력하여 실행합니다.

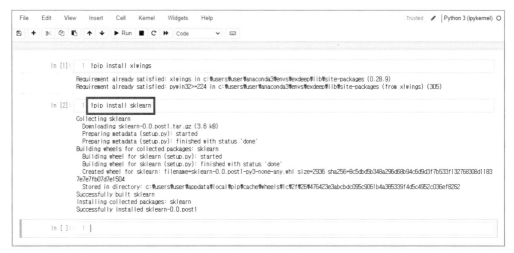

[그림 0-16] 사이킷런 설치 명령어

04 OpenCV 및 Numpy

OpenCV(Open Source Computer Vision Library)는 오픈소스 컴퓨터 비전 및 머신러닝 라이브러리입니다. OpenCV는 강력한 이미지 처리 기능과 함께 머신러닝 기능을 지원합니다. 따라서, 컴퓨터 비전 및 머신러닝 관련 프로젝트를 구현하는 데 매우 유용한 도구 중 하나입니다. 많은 기능 중에 이미지를 삽입하거나 이미지 데이터를 학습할 때 사용할 예정입니다.

넘파이(Numpy)는 파이썬에서 대규모 다차원 배열과 행렬 연산을 지원하는 라이브러리입니다. 수치 계산을 위한 라이브러리 중에서는 가장 기본적인 패키지로, 다른 많은 라이브러리가 넘파이 배열을 기반으로 구현되어 있습니다. 넘파이는 또한 Scikit-Learn, Matplotlib 등 다른 많은 라이브러리와 함께 사용되며, 데이터 분석, 과학 연구, 기계학습 등 다양한 분야에서 널리 사용됩니다.

OpenCV 설치를 위해 주피터 노트북의 새로운 셀에 [!pip install opencv-python]을 입력합니다. 넘파이는 OpenCV를 설치하면 자동으로 함께 설치됩니다.

[그림 0-17] OpenCV 설치 명령어

05 Matplotlib

Matplotlib은 파이썬에서 데이터를 시각화하는 데 가장 많이 사용되는 라이브러리 중 하나입니다. 넘파이의 자료구조를 여러 가지 그래프 형태로 출력이 가능하여 데이터 및 우리가 원하는 결과를 시각화할 수 있습니다. 주피터 노트북의 새로운 셀에 [!pip install matplotlib]을 입력하여 실행합니다.

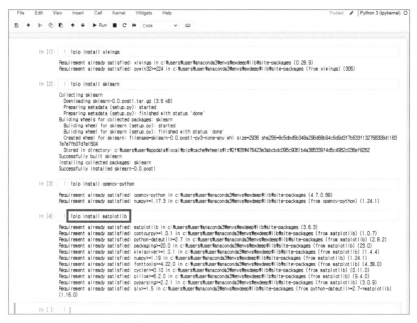

[그림 0-18] Matplotlib 설치 명령어

딥러닝 학습에 앞서 간단하게 파이썬에서 엑셀을 컨트롤하는 예제를 살펴보겠습니다. 먼저 [0_1.ipynb] 파일이 있는 폴더에 [0_1.xlsx] 엑셀 파일을 미리 만들어 둡니다.

[그림 0-19] 파일 확인

처음에는 파이썬에서 엑셀값을 어떻게 읽고 쓰는지 배워 보겠습니다.

〈소스〉 0_1.ipynb

```
[1] # xlwing를 xw라는 별칭으로 호출
    import xlwings as xw
```
⇨

[xlwings] 패키지를 호출합니다. 필요한 패키지는 위처럼 [import] 문을 이용하여 사용할 수 있습니다. 뒤에 [as xw]는 [xlwings]라고 길게 사용하기 힘드니, 이후에는 [xw]라고 부르는 의미입니다.

```
[2]   # xlwings의 Book 함수로 엑셀 로드
      wb = xw.Book('0_1.xlsx')
```
⇨

[xlwings]의 Book('파일명') 명령어로 엑셀 파일을 열 수 있습니다. Book은 엑셀 파일 1개와 동일합니다.

```
[3]   # 첫 번째 시트 지정
      # 인덱스(0부터 시작)로 지정해 주거나 시트 이름으로 지정 가능
      ws = wb.sheets[0]
      ws = wb.sheets['Sheet1']
```
⇨

하나의 엑셀 파일 안에는 여러 개의 [Sheet]가 있을 수 있습니다. 이들 시트는 생성된 순서에 따라 0부터 인덱스 번호가 부여됩니다. 시트를 지정할 때 인덱스 번호 또는 시트 이름을 사용할 수 있습니다. 이렇게 원하는 시트를 지정한 후 해당 시트의 셀에 값을 입력할 수 있습니다.

[4] # 영역의 경우 range 함수를 이용하여 영역의 이름이나 (row,column) 번호로 지정
```
ws.range("A1").value = 1
ws.range((1,2)).value = 2
```

[그림 0-20] 엑셀 출력 확인

앞으로는 효과적으로 영역을 관리하기 위해 행과 열의 번호를 이용하여 영역을 지정하겠습니다. 엑셀은 열 구분이 A, B, C, …의 알파벳으로 되어 있어 정확한 위치 확인이 어렵습니다. 우리는 알파벳을 번호로 변경하여 살펴보겠습니다. [Excel 옵션] − [수식] − [R1C1 참조 스타일]을 체크해주면 열 번호가 알파벳에서 숫자로 바뀌는 것을 확인할 수 있습니다.

[그림 0-21] R1C1 스타일 설정

다중 영역도 range 함수를 사용하여 지정할 수 있습니다. range("시작 셀 이름:마지막 셀 이름")처럼 콜론 기호를 이용하여 지정할 수도 있고, range((시작 셀 행 번호, 시작 셀 열 번호), (마지막 셀 행 번호, 마지막 셀 열 번호))와 같이 시작 셀과 마지막 셀의 위치 번호를 가지고도 지정할 수 있습니다. macOS에서는 range((시작 셀 행 번호, 시작 셀 열 번호), (마지막 셀 행 번호, 마지막 셀 열 번호))로만 사용합니다. 하지만 다음과 같이 영역을 세로(열 방향)로 지정해도 1차 배열은 가로 방향(행 방향)으로만 입력됩니다.

```
[5] # 다중 영역으로 설정 가능
    ws.range(("A2:B2")).value =[3,4]
    # 단, 배열의 형태로 넣으면 가로 방향으로만 입력 가능
    ws.range((3,1),(4,1)).value =[5,6]
```

[그림 0-22] 엑셀 출력 확인

이런 경우에는 이중 리스트 형태로 적어주면 세로로 적어줄 수 있습니다.

```
[6] # 다중 영역에 맞게 넣기 위해서 리스트의 차원을 맞춤
    ws.range((4,1),(5,1)).value =[[7],[8]]
```

[그림 0-23] 엑셀 출력 확인

이번에는 셀 색상을 변경하겠습니다. 엑셀의 색상은 RGB 색상으로 표현됩니다. 각 색상은 0~255 사이의 정수값으로 입력을 해주면 됩니다. (R색상값, G색상값, B색상값) 형태의 Tuple 값을 써주면 됩니다. (0, 0, 0) 값을 쓰면 검은색, (255, 255, 255) 값을 쓰면 흰색이 됩니다.

[7] # 영역의 색상도 변경 가능
    # (R,G,B) 각 색상은 0~255까지 입력 가능
    ws.range((6,1)).color = (255, 0, 0)

[그림 0-24] 엑셀 출력 확인

글자 색도 변경 가능합니다. 글자 색은 다음과 같이 변경 가능합니다.

[8] # 글자 색도 변경 가능
    ws.range((7,1)).value = "글자 색"
    ws.range((7,1)).font.color = (0, 255, 0)

[그림 0-25] 엑셀 출력 확인

01 셀 내 중복값 제거 실습

파이썬을 엑셀과 연동하면 업무에서도 자동화를 할 수 있습니다. 셀 안에서 반복하는 값을 제거하거나 새로운 값을 추가할 수 있습니다. RNN에서 언어 모델 학습에 활용하기 때문에 기본 사용법을 익혀두기 바랍니다.

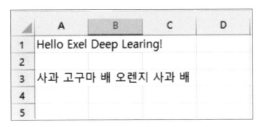

[그림 0-26] 엑셀 출력 확인

엑셀 0_1.xlsx의 (3,1) 셀 (행의 번호, 열의 번호)에 과일 채소가 띄어쓰기로 구분됩니다. 이 안에는 중복되는 단어들이 있습니다. 중복되는 단어를 제거하기 위해 다음의 코드를 실행해 보겠습니다. (3,1)의 값을 txt 변수에 저장하여 출력합니다.

```
[9] txt = ws.range((3,1)).value
    txt
```
⊡→ '사과 고구마 배 오렌지 사과 배'

중복된 텍스트를 제거하기 위하여 split(구분자)라는 함수를 이용하여 txt를 배열 자료형으로 변경하여 arr_txt라는 변수에 저장하겠습니다.

```
[10] arr_txt = txt.split(' ')
     arr_txt
```
⊡→ ['사과', '고구마', '배', '오렌지', '사과', '배']

set 함수를 이용해서 arr_txt의 중복된 요소를 한 번에 제거할 수 있습니다. 출력은 가, 나, 다순으로 자동 정렬하여 출력됩니다.

```
[11] arr_txt = set(arr_txt)
     arr_txt
```
⊡→ {'고구마', '배', '사과', '오렌지'}

다시 join 함수를 사용하여 띄어쓰기로 합쳐 주겠습니다.

```
[12] new_txt = (' ').join(arr_txt)
     new_txt
```
➡ '오렌지 사과 배 고구마'

중복을 제거한 텍스트를 엑셀 (4,1)에 입력합니다.

```
[13] ws.range((4,1)).value = new_txt
```
➡

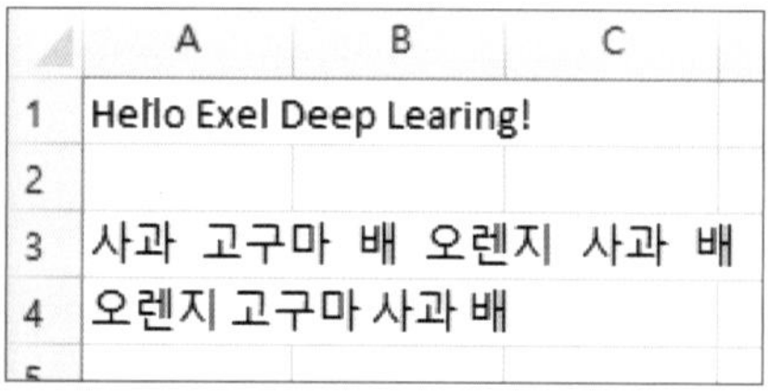

	A	B	C
1	Hello Exel Deep Learing!		
2			
3	사과 고구마 배 오렌지 사과 배		
4	오렌지 고구마 사과 배		

[그림 0-27] 엑셀 출력 확인

02 웹캠 이미지 엑셀 출력

앞서 설치한 OpenCV 라이브러리를 이용해서 엑셀 화면에 출력하겠습니다.

〈소스 0_2.ipynb〉

```
[1] import cv2
    cap = cv2.VideoCapture(1)
```
➡

cv2를 호출하고 컴퓨터에 연결된 첫 번째 카메라를 연결합니다. 컴퓨터에 연결된 카메라가 여러 대라면 원하는 인덱스 번호를 인자 값으로 넘겨줍니다. 인덱스 번호를 변경해 보면서 원하는 카메라를 찾습니다.

```
[2] ret, frame = cap.read()
```
➡

지정된 웹 카메라에서 한 프레임을 가지고 옵니다. 다음의 코드를 실행하면 컴퓨터 카메라로 촬영한 동영상의 한 프레임에 해당하는 이미지를 'img'라는 프레임에 띄워줍니다.

```
[3] cv2.imshow('img', frame)
    cv2.waitKey(0)
    cv2.destroyAllWindows()
    cap.release()
```

이 프레임을 연속적으로 보여주면 웹 카메라의 이미지가 영상으로 나오는 것을 확인할 수 있습니다.

```
[4] cap = cv2.VideoCapture(1)
    while True:
        ret, frame = cap.read()
        cv2.imshow('img', frame)
        key = cv2.waitKey(1)
        if key==ord('q'):
            break
    cv2.destroyAllWindows()
    cap.release()
```

이렇게 촬영된 이미지들의 영상을 엑셀에 출력하겠습니다. 0_2.xlsx 엑셀의 (1,1)셀부터 (64,64)셀을 출력 결과로 사용하겠습니다. 컴퓨터는 흑백 컬러를 0부터 255까지의 숫자 값으로 나타냅니다. 다음과 같이 조건부 서식을 이용하여 흑백 컬러를 숫자 값으로 표현할 수 있도록 준비합니다. (1,1)셀부터 (64,64)셀을 선택하고 조건부 서식을 사용하여 출력을 위한 준비를 하겠습니다. 두 가지 색조에서 최소값은 숫자로 0, 최대값은 숫자로 255를 입력하고 최소의 색상은 검정, 최대의 색상은 흰색으로 변경하겠습니다.

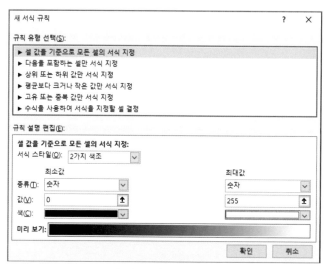

[그림 0-28] 조건부 서식

다음과 같이 엑셀 0_2.xlsx 파일에 첫 번째 시트를 지정해 줍니다.

```
[5] import xlwings as xw
    wb = xw.Book('0_2.xlsx')
    ws = wb.sheets[0]
```

다음의 코드를 실행하고 엑셀의 카메라로 캡처한 이미지가 숫자 값으로 잘 나오는지 확인합니다.

```
[6] cap = cv2.VideoCapture(1)
    while True:
        ret, frame = cap.read()
        gray_img = cv2.cvtColor(frame,cv2.COLOR_BGR2GRAY)
        cv2.imshow('img', gray_img)
        gray_img = cv2.resize(gray_img,(64,64))
        ws.range((1,1)).value = gray_img
        key = cv2.waitKey(100)
        if key==ord('q'):
            break
    cv2.destroyAllWindows()
    cap.release()
```

[그림 0-29] 영상 엑셀 출력

이미지를 0에서 255값으로 변형하는 내용은 CNN에서 활용할 예정입니다. 컴퓨터는 이미지를 숫자 값으로 연산한다는 것을 꼭 기억해 주십시오. Mac OS는 자료실에 있는 Mac용 코드를 참조하십시오.

PART 01

넘파이(Numpy)

딥러닝은 데이터를 행렬로 구성하여 연산처리합니다. 넘파이는 파이썬으로 행렬 연산을 쉽게할 수 있도록 해주는 라이브러리입니다. 넘파이를 구체적으로 설명하기에는 한 권의 책이 될 정도로 그 기능이 많습니다. 이 책에서는 딥러닝에 필요한 몇 가지 주요한 행렬에 관련된 함수와 미분 방법을 코드와 실습을 통해 익혀보겠습니다.

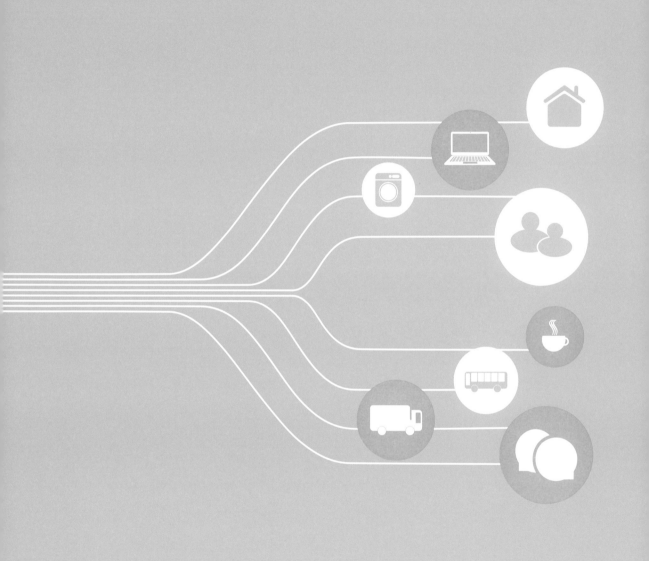

ndarray는 N-dimensional array의 약자로, 다차원 배열을 의미합니다. 이는 넘파이 라이브러리의 핵심 데이터 구조 중 하나이며, 넘파이에서 다차원 배열을 다루는 데 매우 중요한 역할을 합니다.

ndarray는 같은 데이터 타입을 갖는 요소들의 다차원 배열을 나타내며, 각각의 요소는 양의 정수 인덱스를 가지고 있습니다. 이러한 배열은 빠른 연산과 효율적인 메모리 사용을 가능하게 하므로, 다양한 수치 계산과 데이터 처리 작업에서 자주 사용됩니다.

여기서는 넘파이와 xlwings 라이브러리를 사용하여 딥러닝에 사용되는 넘파이의 주요 함수를 연습해 보겠습니다. 다음과 같이 넘파이와 xlwings 라이브러리를 호출합니다.

〈소스〉1_1.ipynb

```
[1] # numpy를 가져와 np라는 별칭으로 호출
    import numpy as np
    import xlwings as xw
```

xlwings로 엑셀 1_1.xlsx를 가져와서 첫 번째 시트를 ws로 지정합니다. 넘파이의 결과를 엑셀에서 확인하기 위한 준비를 마칩니다.

```
[2] wb = xw.Book('1_1.xlsx')
    ws = wb.sheets[0]
```

넘파이의 array 함수를 이용하여 우리가 다루고자 하는 데이터를 정의할 수 있습니다. 먼저 다음과 같이 array 함수를 사용하여 여러 차원의 데이터를 정의하겠습니다. 넘파이의 리스트는 ndarray라는 타입으로 N차원 배열입니다. 넘파이는 배열의 연산 속도 향상을 위해 ndarray의 타입을 사용합니다.

```
[3] a = np.array(5)
    b = np.array([1,2,3])
    c = np.array([[1,2,3], [9,8,7]])

    print('스칼라 : ', a)
    print('벡터(1차원 배열) : ', b)

    # sep='\n'은 줄바꿈으로 파이썬 함수 파라미터
    print('행렬(2차원 배열) : ', c, sep='\n')
    print('넘파이 배열의 타입 : ', type(a))

    ws.range((1,1)).value = '스칼라 : '
    ws.range((1,2)).value = a
    ws.range((3,1)).value = '1차원 배열 : '
    ws.range((3,2)).value = b
    ws.range((5,1)).value = '2차원 배열 : '
    ws.range((5,2)).value = c
```

```
스칼라 :  5
벡터(1차원 배열) :  [1 2 3]
행렬(2차원 배열) :
[[1 2 3]
 [9 8 7]]
넘파이 배열의 타입 :  <class 'numpy.ndarray'>
```

array 함수의 파라미터 값을 넣으면 스칼라, 벡터, 행렬이 만들어집니다. 앞의 코드에서와 같이 a, b, c의 각 변수에 스칼라, 벡터(1차원 리스트), 행렬(2차원 리스트)를 만들어 print( ) 함수로 결과를 출력할 수 있습니다. 1_3.xlsx 엑셀에서도 같은 결과를 출력할 수 있습니다.

	A	B	C	D
1	스칼라 :	5		
2				
3	1차원 리스트(배열) :	1	2	3
4				
5	2차원 리스트(배열) :	1	2	3
6		9	8	7

[그림 1-1] 엑셀 출력 확인

넘파이의 shape라는 속성을 통해서 각 데이터의 모양을 출력할 수 있습니다.

```
[4] print('a의 shape : ', a.shape)
    print('b의 shape : ', b.shape)
    print('c의 shape : ', c.shape)
```
```
a의 shape : ()
b의 shape : (5,)
c의 shape : (2, 3)
```

a는 스칼라 값으로 차원이 없습니다.
b는 1차원 배열로 벡터를 나타내고 (5,)라는 요소의 수를 나타냅니다.
c는 2차원 배열로 행렬을 나타냅니다. (2, 3)은 2행 3열을 뜻합니다.

01 arange 함수

파이썬 range 함수처럼 리스트를 만들 때 사용합니다. np.arange(시작점(default=0), 마지막점, 간격(default=1))로 만들 수 있습니다. 시작점은 포함되나 마지막점은 미만임을 주의하여 생성합니다. 다음의 코드와 같이 생성하여 엑셀로 확인합니다.

```
[5] a = np.arange(10)
    b = np.arange(1, 10, 2)

    print(a)
    print(b)

    ws.range((8,1)).value = 'arange로 a배열생성 : '
    ws.range((8,2)).value = a
    ws.range((10,1)).value = 'arange로 b배열생성 : '
    ws.range((10,2)).value = b
```
```
[0 1 2 3 4 5 6 7 8 9]
[1 3 5 7 9]
```

	A	B	C	D	E	F	G	H	I	J	K
1	스칼라 :	5									
2											
3	1차원 배열 :	1	2	3							
4											
5	2차원 배열 :	1	2	3							
6		9	8	7							
7											
8	arange로 a배열생성 :	0	1	2	3	4	5	6	7	8	9
9											
10	arange로 b배열생성 :	1	3	5	7	9					

[그림 1-2] 엑셀 출력 확인

02 reshape 함수

넘파이에서 배열과 차원을 변형하여 리턴하는 함수입니다. 데이터 모양(shape)의 변형을 위하여 사용합니다. 딥러닝에서 데이터 간의 행렬 연산이 가능하도록 reshape을 이용해서 모양을 변형해 줍니다.

```
[6] # 시트의 내용을 모두 지움
    ws.clear()

    # 1차원 배열 생성
    a = np.arange(1, 12, 2)

    # a 배열을 6행 1열로 변형
    b = np.reshape(a, (6, 1))

    # a 배열을 3행 2열로 변형
    c = np.reshape(a, (3, 2))

    print('a의 배열 : ', a)
    print('b의 배열 : ', b, sep='\n')
    print('c의 배열 : ', c, sep='\n')

    ws.range((1,1)).value = '배열 a :'
    ws.range((1,2)).value = a
    ws.range((3,1)).value = '배열 b :'
    ws.range((3,2)).value = b
    ws.range((10,1)).value = '배열 c :'
    ws.range((10,2)).value = c
```

⬛➡ a의 배열 : [1 3 5 7 9 11]

b의 배열 :

[[1]

 [3]

 [5]

 [7]

 [9]

 [11]]

c의 배열 :

[[1   3]

 [5   7]

 [9 11]]

	A	B	C	D	E	F	G
1	배열 a :	1	3	5	7	9	11
2							
3	배열 b :	1					
4		3					
5		5					
6		7					
7		9					
8		11					
9							
10	배열 c :	1	3				
11		5	7				
12		9	11				

[그림 1-3] 엑셀 출력 확인

a라는 1차원 배열(벡터)을 이용하여 b는 6행 1열의 행렬로 변형하였고, c는 3행 2열의 행렬로 변형되는 것을 확인할 수 있습니다. 엑셀에서도 같은 결과를 확인할 수 있습니다.

03 array indexing

지금까지 넘파이를 이용해서 배열을 만드는 과정을 살펴봤습니다. 이제부터 배열의 인덱스를 활용하여 우리가 원하는 요소를 추출하는 방법을 알아보겠습니다. 배열의 인덱스는 [그림 1–4]와 같이 0부터 시작합니다.

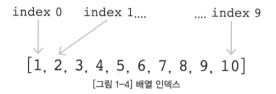

[그림 1–4] 배열 인덱스

다음과 같이 1차원 배열(벡터)을 선언하고 인덱스를 활용해서 원하는 요소를 추출해 보겠습니다.

```
[7] # 시트의 내용을 모두 지움
    ws.clear()


    ws.range((1, 1)).value = np.arange(1, 11)


    a = ws.range((1,1), (1,10)).value
    print('엑셀에 선언한 배열 가져오기 : ', a, sep='\n')
    print('')
    print('a 배열의 첫 번째 요소 값 : ', a[0])
    print('엑셀 (1,1)셀의 값 가져오기 : ', ws.range((1,1)).value)
```
엑셀에 선언한 배열 가져오기 :

[1.0, 2.0, 3.0, 4.0, 5.0, 6.0, 7.0, 8.0, 9.0, 10.0]

a 배열의 첫 번째 요소 값 : 1.0

엑셀 (1,1)셀의 값 가져오기 : 1.0

[그림 1–5] 엑셀 출력 확인

넘파이 배열의 첫 번째 요소는 [0]번으로 시작하지만, 엑셀에서 인덱스로 가져올 경우, (1, 1)로 시작하는 것을 기억해야 합니다.

다음으로 콜론(:)을 활용하여 원하는 요소를 추출합니다. 앞의 예제의 a 배열을 재활용하여 첫 번째 요소부터 5개의 요소를 추출합니다. 인덱스 번호는 0부터 시작함을 주의합니다. 다음의 코드는 인덱스 0번부터 인덱스 5번 전까지의 요소를 추출합니다.

```
[8] a_one_five = a[0:5]

    print(a_one_five)
```
➡ [1.0, 2.0, 3.0, 4.0, 5.0]

이번에는 2차원 배열(행렬)을 이용해서 인덱싱해 보겠습니다. 행렬은 행과 열로 구성되어 있음을 주의하여 알아보겠습니다.

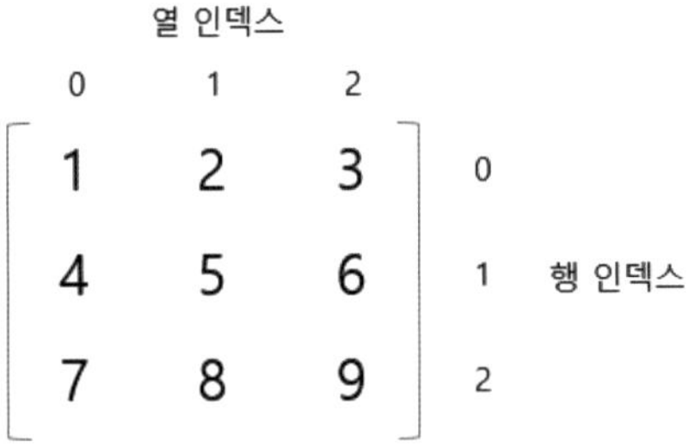

[그림 1-6] 행렬 인덱스

코드의 결과를 먼저 머릿속으로 시뮬레이션 해보고 print() 함수로 결과를 확인하면 도움이 많이 됩니다. 특히, 2차원 배열(행렬)의 인덱싱은 원핫인코딩 등 딥러닝 연산의 많은 부분에서 활용되니 꼭 숙지하고 넘어가면 좋습니다. 먼저 3 × 3 행렬을 엑셀에 선언합니다.

```
[9] # 시트의 내용을 모두 지움
    ws.clear()

    ws.range((2,2)).value = '3x3 행렬 : '
    ws.range((2,3)).value = np.arange(1, 10).reshape(3,3)
```
➡

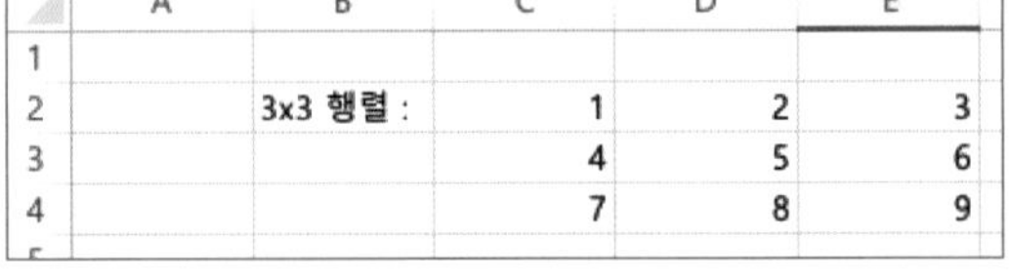

[그림 1-7] 엑셀 출력 확인

이제 특정 행(Row) 또는 특정 열(Column)을 추출하겠습니다. [그림 1-8]처럼 2차원 배열(행렬) 또한 각각의 인덱스 번호가 있습니다.

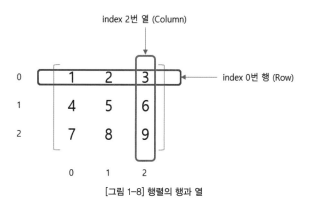

[그림 1-8] 행렬의 행과 열

1_1.xlsx의 엑셀 시트에 2행 2열에서 시작하는 3×4 배열을 선언합니다. 그리고 두 번째 행과 마지막 열을 각각 가져옵니다.

```
[10] ws.clear()

    ws.range((2,2)).value = np.arange(2, 14).reshape(3, 4)

    a = ws.range((3,2), (3,5)).value
    b = ws.range((2,5), (4,5)).value

    ws.range((6,1)).value = '두번째 행 : '
    ws.range((6,2)).value = a
    ws.range((7,1)).value = '마지막 열 : '
    ws.range((7,2)).value = b

    print('두번째 행 : ', a)
    print('마지막 열 : ', b)
```
두번째 행 : [6.0, 7.0, 8.0, 9.0]
마지막 열 : [5.0, 9.0, 13.0]

xlwings를 사용하여 시트의 시작 셀과 끝나는 셀을 지정하고 원하는 행과 열을 추출할 수 있습니다.

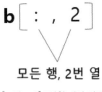

모든 행, 2번 열

[그림 1-9] 2차원 배열 인덱싱

넘파이는 콜론(:)을 이용하여 원하는 행과 열을 추출할 수 있는 방법을 제공합니다. 앞에서 엑셀에 선언한 배열을 가져와서 넘파이의 배열 연산을 위하여 ndarray로 타입을 변형하겠습니다. 그리고 새로운 넘파이 배열의 세 번째 열과 세 번째 행을 각각 추출하겠습니다.

```
[11] c = ws.range((2,2), (4,5)).value
     b = np.array(c)                        # ndarray로 타입 변형

     print('ndarray로 변형한 배열 : ', b, sep='\n')

     d = b[:, 2]
     e = b[2, :]

     print('b 배열의 세번째 열 : ', d)
     print('b 배열의 세번째 행 : ', e)
```

ndarray로 변형한 배열 :
[[2. 3. 4. 5.]
 [6. 7. 8. 9.]
 [10. 11. 12. 13.]]
b 배열의 세번째 열 : [4. 8. 12.]
b 배열의 세번째 행 : [10. 11. 12. 13.]

이렇게 넘파이로 배열의 행과 열을 추출할 때 콜론을 이용하는 방법, 원하는 열 또는 컬럼을 직접 지정하는 방법을 사용하여 배열의 원하는 값을 얻을 수 있습니다. 넘파이의 배열은 인덱스가 0부터 시작한다는 점을 주의하세요.

다음으로 넘파이를 이용한 행렬의 사칙연산과 행렬 곱에 대해 알아보겠습니다.

행렬의 기본 연산은 고등학교 수학에서 배웠습니다. 딥러닝에 대한 기본적인 행렬 연산을 알아보고 딥러닝에서 자주 사용하는 넘파이 주요 함수를 알아보겠습니다.

01 행렬의 사칙연산과 행렬곱

행렬의 사칙연산과 행렬곱에 대해서 알아보겠습니다. 다음의 코드를 먼저 보겠습니다.

```
[12] # 시트의 내용을 모두 지움
     ws.clear()
     a = np.arange(1, 5, 1).reshape((2, 2))
     b = np.arange(6, 10).reshape((2, 2))
     sumAandB = a + b
     subAandB = a - b
     divideAandB = a / b
     mulAandB = a * b
     matmulAandB = np.matmul(a, b)

     # 행렬 더하기
     ws.range((2,2)).value = a
     ws.range((2,4), (3,4)).merge()          # 2행 4열과 3행 4열 셀병합
     ws.range((2,4)).value = '+'
     ws.range((2,5)).value = b
     ws.range((2,7), (3,7)).merge()          # 2행 7열과 3행 7열 셀병합
     ws.range((2,7)).value = '='
     ws.range((2,8)).value = sumAandB

     # 행렬 빼기
     ws.range((5,2)).value = a
     ws.range((5,4), (6,4)).merge()          # 5행 4열과 6행 4열 셀병합
     ws.range((5,4)).value = '-'
     ws.range((5,5)).value = b
```

```python
ws.range((5,7), (6,7)).merge()              # 5행 4열과 6행 4열 셀병합
ws.range((5,7)).value = '='
ws.range((5,8)).value = subAandB


# 행렬 나누기
ws.range((8,2)).value = a
ws.range((8,4), (8,4)).merge()              # 8행 4열과 8행 4열 셀병합
ws.range((8,4)).value = '/'
ws.range((8,5)).value = b
ws.range((8,7), (9,7)).merge()              # 8행 7열과 9행 7열 셀병합
ws.range((8,7)).value = '='
ws.range((8,8)).value = divideAandB


# 행렬 곱하기(요소별 곱)
ws.range((11,2)).value = a
ws.range((11,4), (12,4)).merge()            # 11행 4열과 12행 4열 셀병합
ws.range((11,4)).value = '*'
ws.range((11,5)).value = b
ws.range((11,7), (12,7)).merge()            # 11행 7열과 12행 7열 셀병합
ws.range((11,7)).value = '='
ws.range((11,8)).value = mulAandB


# 행렬곱
ws.range((14,2)).value = a
ws.range((14,4), (15,4)).merge()            # 14행 4열과 15행 4열 셀병합
ws.range((14,4)).value = 'matmul'
ws.range((14,5)).value = b
ws.range((14,7), (15,7)).merge()            # 14행 7열과 15행 7열 셀병합
ws.range((14,7)).value = '='
ws.range((14,8)).value = matmulAandB
```

⮕

	1	2	3	4	5	6	7	8	9
1									
2		1	2	+	6	7	=	7	9
3		3	4		8	9		11	13
4									
5		1	2	-	6	7	=	-5	-5
6		3	4		8	9		-5	-5
7									
8		1	2	/	6	7	=	0.16666667	0.28571429
9		3	4		8	9		0.375	0.44444444
10									
11		1	2	*	6	7	=	6	14
12		3	4		8	9		24	36
13									
14		1	2	matmul	6	7	=	22	25
15		3	4		8	9		50	57

[그림 1-10] 엑셀 출력 확인

2행 2열 배열 두 개의 사칙연산을 한 결과입니다. 여기서 우리는 일반적인 곱셈과 행렬곱의 차이에 대해 생각할 수 있습니다. ($*$)의 곱셈은 행렬의 모양이 일치해야 한다는 조건이 있습니다. 행렬곱은 넘파이 matmul 함수를 사용하여 행렬곱을 연산합니다.

$$\begin{pmatrix} 1 & 2 \\ 3 & 4 \end{pmatrix} \text{ matmul } \begin{pmatrix} 6 & 7 \\ 8 & 9 \end{pmatrix} = \begin{pmatrix} 1*6 + 2*8 = 22 & 1*7 + 2*9 = 25 \\ 3*6 + 4*7 = 50 & 3*7 + 4*9 = 57 \end{pmatrix}$$

[그림 1-11] 행렬곱

앞의 코드와 그림에서 볼 수 있듯이, a $*$ b는 같은 위치의 원소끼리 곱셈을 하고 matmul 함수는 선형대수에서 나오는 행렬곱을 연산합니다. 행렬곱의 모양은 (n, m) $*$ (m, k)=(n, k)의 결과로 알 수 있습니다.

02 eye 함수

넘파이는 정방대각행렬 또는 n * m 대각행렬을 eye 함수를 이용하여 만들 수 있습니다. eye 함수는 인자로 행과 열을 받아 원하는 행렬을 만들 수 있습니다. eye 함수로 두 개의 행렬을 만들어서 엑셀에 출력하겠습니다.

```
[13] # 시트의 내용을 모두 지움
     ws.clear()

     a = np.eye(5)                    # 5행 5열
     b = np.eye(2,3)                  # 2행 3열

     ws.range((2,1)).value = '정방대각행렬 : '
     ws.range((2,2)).value = a

     ws.range((8,1)).value = 'n * m 대각행렬 : '
     ws.range((8,2)).value = b
```

	1	2	3	4	5	6
1						
2	정방대각행렬 :	1	0	0	0	0
3		0	1	0	0	0
4		0	0	1	0	0
5		0	0	0	1	0
6		0	0	0	0	1
7						
8	n*m 대각행렬 :	1	0	0		
9		0	1	0		

[그림 1-12] 엑셀 출력 확인

eye 함수는 k라는 인수로 단위행렬 요소의 시작점을 정할 수 있습니다. 다음의 코드를 참고하겠습니다.

```
[14] # 시트의 내용을 모두 지움
     ws.clear()


     a = np.eye(5, k=2)              # 5행 5열 2번 열부터 1이 시작
     b = np.eye(2,3,k=1)             # 2행 3열 1번 열부터 1이 시작


     ws.range((2,1)).value = '정방대각행렬 : '
     ws.range((2,2)).value = a


     ws.range((8,1)).value = 'n * m 대각행렬 : '
     ws.range((8,2)).value = b
```

	1	2	3	4	5	6
1						
2	정방대각행렬 :	0	0	1	0	0
3		0	0	0	1	0
4		0	0	0	0	1
5		0	0	0	0	0
6		0	0	0	0	0
7						
8	n*m 대각행렬 :	0	1	0		
9		0	0	1		

[그림 1-13] 엑셀 출력 확인

앞서 본 코드와 같은 a, b 행렬이지만 k의 인수에 따라 1이 시작하는 위치가 결정됩니다. k를 따로 설정하지 않으면 첫 번째 자리부터 자동으로 1이 채워집니다.

03 전치 행렬(Transpose)

행렬의 행과 열을 맞바꾼 행렬을 전치행렬이라 합니다. 넘파이는 이런 전치행렬 기능을 transpose 함수와 T로 제공하고 있습니다. 넘파이는 전치행렬은 두 가지 방법으로 사용 가능합니다. 다음의 코드에서 볼 수 있듯이 행렬명.transpose() 함수와 np.transpose() 모두 같은 출력 결과를 얻을 수 있습니다.

[15] # 시트의 내용을 모두 지움
ws.clear( )

ws.range((2,1)).value = 'a 행렬 : '
ws.range((2,2)).value = np.arange(1, 11, 1).reshape((2,5))

a = ws.range((2,2), (3,6)).value
a = np.array(a)   # 넘파이 사용을 위해 ndarray 자료형으로 변환

ws.range((5,1)).value = 'a행렬의 T : '
ws.range((5,2)).value = a.T

ws.range((11,1)).value = 'transpose 함수 1 : '
ws.range((11,2)).value = a.transpose( )

ws.range((17,1)).value = 'transpose 함수 2 : '
ws.range((17,2)).value = np.transpose(a)

	1	2	3	4	5	6
1						
2	a 행렬 :	1	2	3	4	5
3		6	7	8	9	10
4						
5	a행렬의 T :	1	6			
6		2	7			
7		3	8			
8		4	9			
9		5	10			
10						
11	transpose 함수 1 :	1	6			
12		2	7			
13		3	8			
14		4	9			
15		5	10			
16						
17	transpose 함수 2 :	1	6			
18		2	7			
19		3	8			
20		4	9			
21		5	10			

[그림 1–14] 엑셀 출력 확인

04 flip 함수

넘파이에서는 flip 함수를 이용하여 배열의 좌우 및 대칭 반전을 할 수 있습니다. 또한 axis 인수 값에 따라 반전의 방향을 정할 수 있습니다. axis 기본값은 행과 열 기준 좌우상하 대칭이고, axis=0은 행 기준 상하 대칭, axis=1은 열 기준 좌우 대칭으로 설정 가능합니다. 다음 코드와 같이 엑셀에서 확인해 보겠습니다.

```
[16] # 시트의 내용을 모두 지움
     ws.clear()

     a = np.arange(1, 10).reshape(3, 3)
     b = np.arange(1, 7).reshape(2, 3)

     ws.range((2,1)).value = '3행 3열 행렬 : '
     ws.range((2,2)).value = a
     ws.range((2,6)).value = '2행 3열 행렬 : '
     ws.range((2,7)).value = b

     # 3행 3열 행렬에 대한 변형
     ws.range((6,1)).value = 'default axis : '
     ws.range((6,2)).value = np.flip(a)
     ws.range((10,1)).value = 'axis=0 : '
     ws.range((10,2)).value = np.flip(a, axis=0)
     ws.range((14,1)).value = 'axis=1 : '
     ws.range((14,2)).value = np.flip(a, axis=1)

     # 2행 4열 행렬에 대한 변형
     ws.range((6,6)).value = 'default axis : '
     ws.range((6,7)).value = np.flip(b)
     ws.range((10,6)).value = 'axis=0 : '
     ws.range((10,7)).value = np.flip(b, axis=0)
     ws.range((14,6)).value = 'axis=1 : '
     ws.range((14,7)).value = np.flip(b, axis=1)
```

	1	2	3	4	5	6	7	8	9
1									
2	3행 3열 행렬 :	1	2	3		2행 3열 행렬 :	1	2	3
3		4	5	6			4	5	6
4		7	8	9					
5									
6	default axis :	9	8	7		default axis :	6	5	4
7		6	5	4			3	2	1
8		3	2	1					
9									
10	axis=0 :	7	8	9		axis=0 :	4	5	6
11		4	5	6			1	2	3
12		1	2	3					
13									
14	axis=1 :	3	2	1		axis=1 :	3	2	1
15		6	5	4			6	5	4
16		9	8	7					

[그림 1-15] 엑셀 출력 확인

05 pad 함수

넘파이는 pad 함수를 사용하여 배열 또는 행렬의 테두리에 특정 값을 추가할 수 있습니다. 합성곱 신경망(CNN)에서 넘파이 pad 함수를 사용하여 이미지 테두리에 특정 값을 추가할 때 사용합니다. pad_width 인수로 특정 값을 채울 위치를 지정하고 constant_values로 채울 값을 지정합니다. 즉 constant_values=0은 숫자 0으로 채운다는 뜻입니다. pad_width의 상하좌우 위치를 0 또는 1로 변경하면서 연습해 보십시오.

```
[17] # 시트의 내용을 모두 지움
    ws.clear()


    a = np.arange(1,5).reshape(2,2)


    ws.range((2,1)).value = '2행 2열 행렬 : '
    ws.range((2,2)).value = a


    ws.range((5,1)).value = '위 추가 : '
    ws.range((5,2)).value = np.pad(a, pad_width=((1, 0), (0, 0)), constant_values=0)


    ws.range((9,1)).value = '아래 추가 : '
    ws.range((9,2)).value = np.pad(a, pad_width=((0, 1), (0, 0)), constant_values=0)
```

```
ws.range((13,1)).value = '왼쪽 추가 : '
ws.range((13,2)).value = np.pad(a, pad_width=((0, 0), (1, 0)), constant_values=0)


ws.range((16,1)).value = '오른쪽 추가 : '
ws.range((16,2)).value = np.pad(a, pad_width=((0, 0), (0, 1)), constant_values=0)


ws.range((19,1)).value = '모든 위치 추가 : '
ws.range((19,2)).value = np.pad(a, pad_width=(1,1), constant_values=0)
```

	1	2	3	4	5
1					
2	2행 2열 행렬 :	1	2		
3		3	4		
4					
5	위 추가 :	0	0		
6		1	2		
7		3	4		
8					
9	아래 추가 :	1	2		
10		3	4		
11		0	0		
12					
13	왼쪽 추가 :	0	1	2	
14		0	3	4	
15					
16	오른쪽 추가 :	1	2	0	
17		3	4	0	
18					
19	모든 위치 추가 :	0	0	0	0
20		0	1	2	0
21		0	3	4	0
22		0	0	0	0

[그림 1-16] 엑셀 출력 확인

딥러닝은 미분 연산으로 W, B를 업데이트합니다. W와 B의 개념은 다음에 자세히 다룰 예정입니다. 이번에는 넘파이를 이용해 어떻게 미분을 프로그래밍하는지에 집중합니다. 고등학교 교육과정에서 미분의 기초를 배워 이미 함수 기울기와 미분의 의미에 대해 알고 있을 것입니다. 만약 알고 있다면 '미분 연산 프로그래밍'부터 시작하면 됩니다.

01 함수의 기울기

미분의 기초인 연속 함수의 한 점에서의 기울기에 대해 기초 개념부터 보겠습니다. 선형대수의 기초 해석학에 나오는 개념보다는 고등학교 수학의 기초 개념으로만 정리하도록 하겠습니다. 먼저 다음과 같은 $y=f(x)$ 함수의 그래프가 있다고 가정하겠습니다.

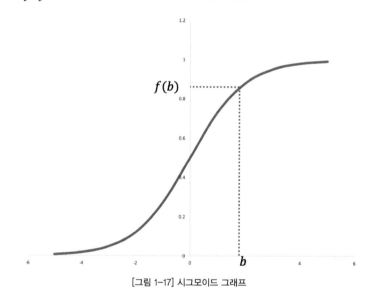

[그림 1-17] 시그모이드 그래프

$x = b$에서의 기울기는 어떻게 알 수 있을까요? [그림 1-18]처럼 가정을 해보겠습니다. $x = a$에서 $x = b$로 점점 이동한다고 가정하고 두 점을 지나는 직선의 기울기를 구하면 삼각형의 빗변의 길이를 구하는 공식에 의해 다음의 수식으로 표현이 가능합니다.

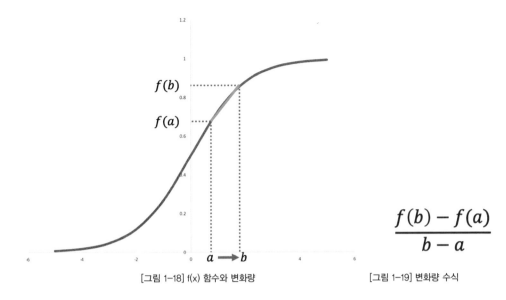

[그림 1-18] f(x) 함수와 변화량

$$\frac{f(b) - f(a)}{b - a}$$

[그림 1-19] 변화량 수식

다시 앞의 수식을 정리하면 x가 a에서 b로 이동할 때 $f(a)$에서 $f(b)$로 이동함을 의미합니다. 즉 x 변화에 대한 $f(x)$ 변화량의 비율로 정리할 수 있습니다. 다시 a에서 b 만큼의 변화량을 h 라고 한다면 주어진 수식은 다음과 같이 다시 쓸 수 있습니다.

$$\frac{f(a + h) - f(a)}{(a + h) - a}$$

$$\frac{f(a + h) - f(a)}{h}$$

[그림 1-20] 도함수 수식

정리하면, $x=a$에서 h만큼 x가 이동하면 그에 따라 $f(a)$도 $f(a + h)$만큼 이동하는 양을 기울기라고 표현합니다. 다시 처음의 문제로 돌아가서 $x=b$에서의 기울기는 어떻게 알 수 있을까요? 다시 한 번 다음과 같이 가정해 보겠습니다. x점이 이동하는 양을 h로 표현하였습니다. 여기서 함수의 극한 개념을 이용하여 생각해 보겠습니다. 만약 h가 무한히 작게 이동하고, h=0.0000000000001만큼만 이동한다고 가정하면 [그림 1-21]과 같이 볼 수 있습니다.

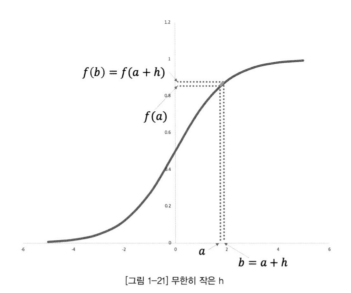

$f(b) = f(a + h)$

$f(a)$

a

$b = a + h$

[그림 1-21] 무한히 작은 h

즉, a는 b에서 만나게 되고 $f(a)$도 $f(b)$에서 만나게 됩니다. 즉 변화량이 무한히 작은, 0에 가깝게 작아지면 x는 결국 b점에서 만나게 되고, 그 변화량은 b점에서의 기울기를 의미하게 됩니다. 즉, b의 변화량을 무한히 작게 하면 $x = b$에서의 기울기를 구할 수 있습니다. 이러한 함수를 도함수라하고 리미트라고 읽는데 다음의 수식으로 일반화할 수 있습니다.

$$\lim_{h \to 0} \left(\frac{f(a + h) - f(a)}{h} \right)$$

[그림 1-22] 도함수

이러한 기울기를 미분값이라 하고 도함수를 이용하여 미분값을 구하는 방법을 수치미분이라고 합니다. 다음에 수치미분을 프로그래밍을 통해 조금 더 상세히 알아보겠습니다.

02 미분 프로그래밍

고등학교 때 미분을 배웠다면 다음과 같은 방법으로 계산했을 것입니다. 미분학에서는 해석적 미분이라고 합니다. 다음의 코드로 수치미분과 해석적 미분을 matplotlib를 이용하여 그래프로 비교해 보겠습니다.

$$f(x) = 2x^2 \qquad f(x) = 2x^4$$
$$f'(x) = 4x \qquad f'(x) = 8x^3$$

[그림 1-23] 해석적 미분

```
[16] import matplotlib.pyplot as plt

# 해석적 미분
x = np.arange(-5, 5.1, 0.1)

# f(x) 함수 정의
def f(x):
    return 2 * (x ** 2)

# f'(x) 함수 정의
def f_prime(x):
    return 4 * (x)

y = f(x)

# x=2에서의 접선 기울기
x0 = 2
gradient = f_prime(x0)

# 접선 방정식(기울기를 알고 (2,8)을 지나는 접선의 방정식)
tangent = gradient * (x - x0) + f(x0)
```

```
plt.grid(True)
plt.plot(x,y, label='y=f(x)')          # f(x) 함수 그래프
plt.plot(x,tangent, label="y=f'(x)")   # f'(x) 함수 그래프
plt.legend()                           # 범례 표시
plt.show()
```

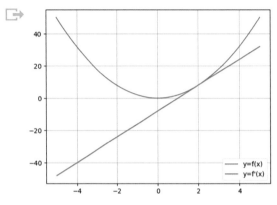

[17] # 수치적 미분
```
x = np.arange(-5, 5, 0.1)

# 함수 f(x) 정의
def f(x):
    return 2 * (x ** 2)

# 도함수를 이용해서 접선의 기울기 구하는 함수 f_prime(x) 정의
def f_prime(x):
    h = 1e-6                          # 0에 가까운 무한의 작은 값(변화량)
    return (f(x+h) - f(x)) / h

y = f(x)

# x=2에서의 접선 기울기
x0 = 2
gradient = f_prime(x0)
```

```
# 접선 방정식(기울기를 알고 (2,8)을 지나는 접선의 방정식)
tangent = gradient * (x - x0) + f(x0)

# 그래프 그리기
plt.grid(True)
plt.plot(x, y, label="y=f(x)")
plt.plot(x, tangent, label="y=f'(x)")
plt.scatter(x0, f(x0), color="red")
plt.legend()
plt.show()
```

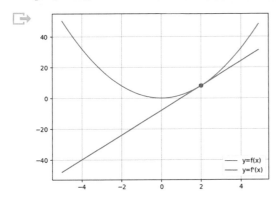

그래프 결과로 볼 수 있듯이, 수치미분 방법과 해석적 미분은 같은 결과를 출력합니다. 수치미분은 미분식을 몰라도 가능한 장점이 있지만, 계산량은 해석적 미분보다 더 많습니다. 또한, 해석적 미분은 함수의 도함수를 알고 있어야 한다는 단점도 있습니다.

참고로 앞의 두 방법의 장단점을 모두 합친 듀얼넘버라는 방법은 다음과 같이 표시합니다.

$$dual\ Number = (f(x), f'(x))$$

[그림 1-24] 듀얼넘버

이 듀얼넘버끼리의 연산도 가능합니다. 가장 간단한 듀얼넘버의 합과 곱은 다음과 같습니다.

$$(a, b) + (c, d) = (a + c, b + d)$$
$$(a, b) \times (c, d) = (ac, ad + cb)$$
$$n \times (a, b) = (na, nb)$$

[그림 1-25] 듀얼넘버 연산

합은 각각의 원소끼리 더해준다고 생각하면 됩니다. 듀얼넘버의 곱은 분배 법칙으로 계산하면 되는데, b와 d는 미분값이므로 아주 작습니다. 따라서 이 작은 두 수를 곱한 값은 '0'으로 간주하고 사라집니다. 예를 들어 $f(x)=2(x-2)^2$의 함수에서 $x=5$ 미분값을 듀얼넘버(Dual Number)를 이용하여 구해보겠습니다.

$$f(x) = 2(x-2)^2 \text{ 을 듀얼넘버로 미분값(x=5일때)을 구해보면}$$

X를 듀얼 넘버로 변경하면

$$x = (f(x), f'(x)) = (5,1) \quad (x = 5)$$
$$-2 = (-2,0)$$
$$x + (-2) = (5,1) + (-2,0) = (3,1)$$
$$(x + (-2))^2 = (3,1) \times (3,1) = (9,6)$$
$$2(x + (-2))^2 = 2 * (9,6) = (18,12)$$

[그림 1-26] 듀얼넘버를 이용하여 미분 계산

코드로 구현하면 다음과 같습니다.

```
[18] # f(x) = 2 * (x-2)^2에 대한 dual_number 연산

    def dual_plus(a : tuple, b: tuple):
        return(a[0] +b[0], a[1] +b[1])


    def dual_multi(a : tuple, b: tuple):
        return(a[0] * b[0], a[0] * b[1] + a[1] * b[0])


    def dual_n(a : tuple, n):
        return(a[0] * n, a[1] * n)


    x = (5,1)                        # 찾고자 하는 x=a의 a 값 지정
    b = (-2,0)                       # 상수


    z1 = dual_plus(x,b)
    print('듀얼넘버 합 : ', z1)


    z2 = dual_multi(z1,z1)
    print('듀얼넘버 곱 : ', z2)
```

```
z3 = dual_n(z2, 2)
print('듀얼넘버 상수배 : ', z3)


print("f(x) = ", z3[0])
print("f'(x) = ", z3[1])
```

⮕ 듀얼넘버 합 : (3, 1)
　듀얼넘버 곱 : (9, 6)
　듀얼넘버 상수배 : (18, 12)
　f(x) = 18
　f'(x) = 12

듀얼넘버를 이용하면 미분을 더욱 직관적이고 간단하게 계산할 수 있게 해줍니다. 하지만 듀얼넘버를 이용한 미분은 일반적인 미분보다는 계산량이 더 많아질 수 있으므로, 특정 문제에서 유용하게 사용될 수 있습니다.

지금까지 함수의 기울기와 도함수를 이용하여 한점에서의 기울기를 구했고, 그 기울기를 미분으로 구할 수 있게 되었습니다. 미분이란 입력 변수 x가 극한값이 미세하게 변할 때, $f(x)$는 얼마나 변하는가에 대한 변화량입니다. 이러한 내용은 뒤에 나올 경사하강법의 기초가 되기 때문에 수식보다는 미분의 의미를 잘 기억해야 합니다.

PART 02

딥러닝 개요

많은 데이터와 정답을 알려주면 컴퓨터는 데이터의 특징(Feature)을 스스로 학습해
나갑니다. 이러한 머신러닝 방법 중 사람의 뇌(뉴런)를 모방하여 학습하게 만든 방법이
딥러닝입니다.

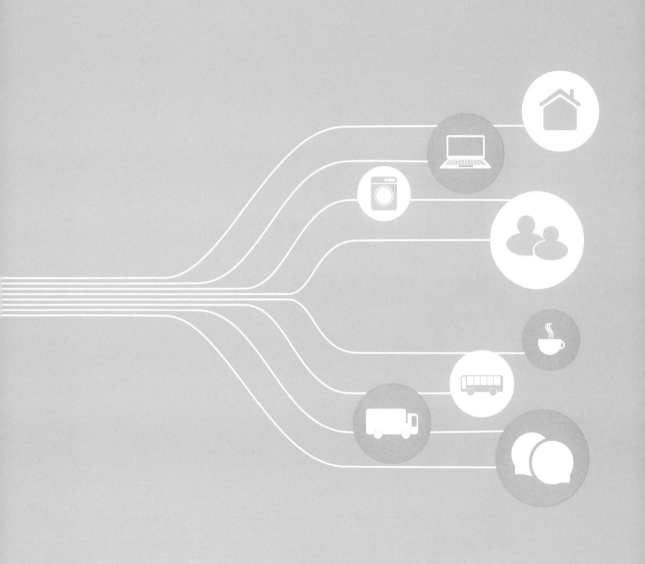

혹시 고양이와 강아지 사진을 구분할 수 있나요? 고양이와 강아지를 구분하는데 어떤 특징이 중요하다고 생각하나요?

- 고양이는 귀가 뾰족하다.
- 고양이는 눈이 동그랗다.
- 강아지는 입이 튀어나와 있다.
- 강아지는 귀가 아래로 쳐져 있다.
- 고양이와 강아지는…

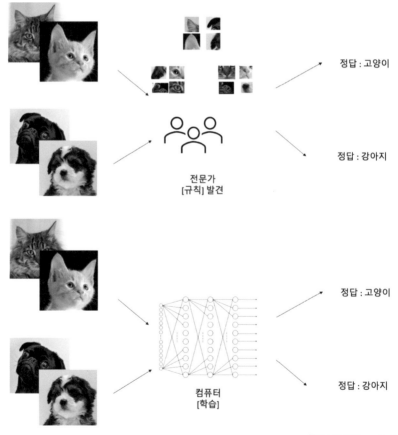

(출처 : https://www.pexels.com/ko-kr/)

[그림 2-1] 전문가 시스템과 머신러닝 차이

고양이와 강아지를 구분하는 데 몇 가지 특징이 있지만, 정확하게 설명하기는 어렵습니다. 고양이와 강아지의 구분은 인공지능 분야에서도 중요한 과제 중 하나입니다. 예전에는 전문가들이 고양이와 강아지의 차이를 귀, 눈, 입 등과 같은 규칙(RULE)을 만들어서 구분했습니다. 그 당시에는 데이터 수집이 굉장히 어렵기 때문에 이렇게 사람이 차이점을 찾아내서 구분하는 것이 가능했습니다. 데이터가 축적될수록 이러한 규칙을 만들기 어려워졌습니다. 축적되는 데이터에서는 예외가 발생하였습니다. 그래서 사람들은 이 구분점을 사람이 찾지 않고, 컴퓨터가 스스로 찾도록 학습을 하도록 하였습니다. 이러한 방법이 머신러닝입니다.

컴퓨터 학습을 중학교 시절에 배운 간단한 수식을 통해 살펴보겠습니다. [수식 2-1]과 같은 원점을 지나는 직선의 방정식이 있다고 가정합니다. 이때 원점이 아닌 한 점을 알게 되면 [a]값을 결정할 수 있습니다.

$$y = ax$$

[수식 2-1]

예를 들어 이 그래프가 (1,2)라는 점을 지난다고 해 보겠습니다.

$$2 = a \times 1$$

[수식 2-2]

[수식 2-2]에서 $a = 2$임을 바로 알 수 있습니다. 그럼 다시 생각해서 (1,2)와 (-1, -4) 이렇게 2개의 데이터를 가지고 있다고 가정하겠습니다.

$$2 = a \times 1$$
$$-4 = a \times (-1)$$

[수식 2-3]

[수식 2-3]에서 a값을 결정할 수 있을까요? $a = 2$일까요? 아니면 $a = 4$일까요? 그것도 아니면 중간인 $a = 3$이라고 해야 할까요? 중학교 시절에 답이 없다고 배웠을 것입니다.

하지만 데이터를 모은다고 가정하겠습니다. 우리는 무수한 데이터를 얻을 것이고 그 데이터들에는 모두 오차가 있을 것입니다. 그리고 모은 데이터에 최대한 맞는 [a]를 찾아내야 합니다. 이것이 가장 기본적으로 딥러닝을 정의할 수 있는 방법입니다. 가지고 있는 데이터를 설명할 수 있는 최적의 파라미터를 찾는 과정이 딥러닝을 학습하는 과정이라 말할 수 있습니다.

이제부터 a대신 w를 사용하겠습니다. w는 weight의 앞 글자이며, 무게라고 생각하면 이상하지만, 가중치라고 이해하면 됩니다. 딥러닝 원리의 가장 기초가 되는 부분이므로 꼭 이해하고 넘어갑니다.

01 엑셀 데이터 준비

A	B	C	D	E	F	G
	실제 w	3				
	예측 w					
	Learning Rate	0.01				
	x	y	예측	LOSS	dLOSS_dw	
		평균				

[그림 2-2] 엑셀 파일

2_1.xlsx 파일을 함께 열어 보겠습니다. 이제부터 y=3x 그래프를 따르는 데이터를 만들고 실제 w인 3을 예측하는 과정을 함께 하겠습니다. 첫째로 x 데이터를 만들겠습니다. 엑셀의 rand()라는 함수를 사용할 예정인데 rand() 함수는 0 ~ 1 사이의 랜덤한 값을 반환해 주는 함수입니다. 이 함수를 이용해서 −3에서 3까지 랜덤한 데이터 20개를 만들겠습니다. 원하는 최소값이 −3이고 최대값이 3이면 다음의 수식을 이용하여 구할 수 있습니다.

$$0 < rand < 1$$

$$0 \times 6 < rand \times 6 < 1 \times 6$$

$$0 \times 6 + (-3) < rand \times 6 + (-3) < 1 \times 6 + (-3)$$

$$-3 < rand \times 6 + (-3) < 3$$

$$최소값 < rand \times (최대값 - 최소값) + 최소값 < 최대값$$

[수식 2-4]

[수식 2-4]를 이용하여 원하는 범위의 데이터를 랜덤하게 만들겠습니다. [B7]셀에 다음과 같이
수식을 입력하고 [B7]셀을 [B26]셀까지 자동 채우기를 해줍니다.

B7			×	✓	f_x	=RAND()*6 -3	
▲	A	B	C	D	E	F	G
1							
2		실제 w	3				
3		예측 w					
4		Learning Rate	0.01				
5							
6		x	y	예측	LOSS	dLOSS_dw	
7		1.712884773					
8							
9							
10							
11							
12							
13							
14							
15							
16							
17							
18							
19							
20							
21							
22							
23							
24							
25							
26							
27			평균				
28							
29							

[그림 2-3] 자동 채우기

자동 채우기가 되면 값이 더 이상 바뀌지 않도록 [B7:B26]셀까지 모두 선택하고 [복사하기] -
[선택하여 붙여넣기] - [값]으로 더 이상 랜덤한 값이 나오지 않도록 [그림 2-4]와 같이 고정
합니다.

-2.323262683			
2.711498762			
평균			

[그림 2-4] 값 고정

x 데이터는 준비되었습니다. 이제 실제 y값을 구하겠습니다. 단 실제 y라고 해도 noise를 추가하겠습니다. noise는 위에서 구한 방법을 응용하여 -2에서 2까지 랜덤하게 부여하겠습니다.

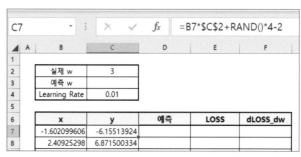

[그림 2-5] 엑셀 결과 출력

[C7]셀에 [그림 2-5]와 같이 수식을 입력하고 [C26]셀까지 자동 채우기를 합니다. 그리고 나서 역시 [복사] - [선택하여 붙여넣기] - [값]으로 값이 더 이상 바뀌지 않도록 고정합니다. 주의할 점은 [C2]셀은 절대 참조[$]로 해주어야 자동 채우기 할 때 값이 변하지 않고 입력됩니다.

이제 w를 모른다고 가정하고 w를 찾아보겠습니다. 일단 w를 모르니 랜덤한 값으로 생성합니다. -0.5에서 0.5 사이의 값이 되도록 초기값을 만듭니다. 그 이후 역시 값이 바뀌지 않도록 조치합니다.

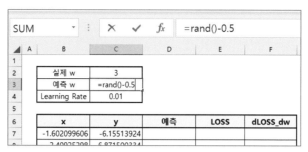

[그림 2-6] 엑셀 결과 출력

이제 예측값을 만들겠습니다.

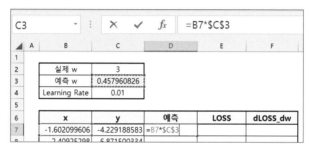

[그림 2-7] 엑셀 결과 출력

[D7]셀에 위의 수식을 입력하고 역시 자동 채우기를 통해 [D26]셀까지 값을 채워 넣습니다. 추가로 [C3]셀을 절대 참조를 해야 합니다. 이제 이 값들을 쉽게 비교해 보기 위해 그래프로 표시하겠습니다. 분산형 그래프를 추가합니다.

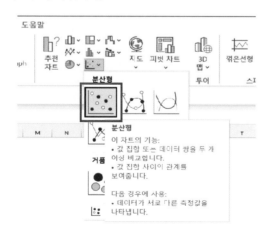

[그림 2-8] 그래프 추가

그래프에서 마우스 오른쪽 버튼을 클릭하여 [데이터 선택] – [계열 추가]를 통하여 실제값과 예측값을 각각 다른 계열로 추가합니다.

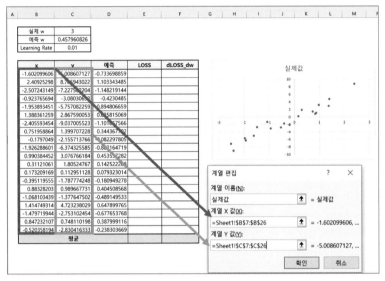

[그림 2-9] 계열 추가

이제 생성된 데이터에서 실제값과 예측값의 차이를 줄이면 됩니다. 차이를 줄이기 위해서는 수학적으로 정량적인 정의가 필요합니다. 다음의 손실 함수(Loss)를 통해 정의하겠습니다.

02 손실 함수(Loss)의 정의

모델이 예측한 값과 실제 값 사이의 차이를 줄이는 것이 중요한데, 이 차이를 손실(Loss)이라고 합니다. 그러나 이 차이를 간단하게 정의하는 것은 애매합니다. 예를 들어, 줄이고자 하는 값(Loss)을 "예측값 – 실제값"이라고 정의해 보겠습니다. 그러면 어떤 데이터에서는 양수가 나오고 다른 데이터에서는 음수가 나와 모든 데이터의 손실을 줄이려고 하면 결국 그 값이 상쇄되어 버립니다. 또한 노이즈를 추가했듯이 가지고 있는 데이터에도 노이즈가 있을 수 있습니다. 이 부분에 대한 고려도 필요합니다. 따라서 손실을 조금 더 명확하게 정의할 필요가 있습니다. 항상 만족해야 하는 것은 아니지만, 세 가지 손실 조건을 알아보겠습니다.

- 부호의 영향이 없어야 한다.
- 작은 오차는 작게, 큰 오차는 크게 반영한다.
- 미분이 가능해야 한다.

이렇게 세 가지 조건을 모두 만족하는 손실은 어떻게 정의해야 할까요? 생각나는 손실 함수가 있나요? 가장 간단한 손실 함수는 "예측값 − 실제값"을 제곱하는 것입니다. 그리고 모든 데이터에 대한 손실 함수의 합이 줄어드는 방향으로 학습을 진행하면 됩니다.

$$Loss = \frac{1}{N}\Sigma_{모든데이터}(예측값 - 실제값)^2$$

[수식 2-5]

[수식 2-5]와 같이 정의된 손실 함수를 MSE라고 부릅니다. Mean Squared Error의 앞글자이며, 예측값과 실제값의 차이(Error)를 제곱해서(Square) 평균(Mean)을 낸 수식입니다. [그림 2-10]과 같이 "예측값 − 실제값"의 길이(절대값)로 하는 정사각형의 면적을 다 더한 값이라고 생각하면 됩니다.

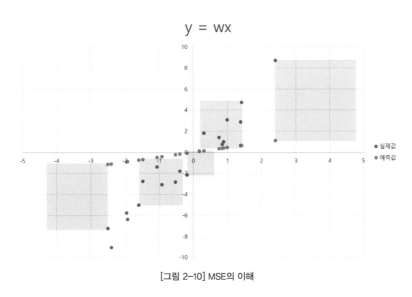

[그림 2-10] MSE의 이해

03 경사 하강법(Gradient Descent)

아주 어두운 산길에 혼자 서있다고 생각합니다. 너무 어두워서 앞이 전혀 보이지 않으면, 어떻게 산 아래로 내려갈 수 있을까요? 지면의 기울기의 방향을 보고 내려가는 곳을 알 수 있을 것입니다. 따라서 내려가는 방향의 지면 쪽으로 움직이면 언젠가 제일 아래쪽으로 도착할 것입니다. 그런데 한 가지 조건을 더 추가해 주어야 합니다. 아래로 내려올수록 내려오는 속도를 조금씩 줄여야 합니다. 그렇지 않고 빠르게 내려온다면 저점을 지나서 오히려 반대 방향으로 오를 수도 있습니다. 지면으로 내려가는 방향은 수학적으로 순간 기울기 즉 미분값으로 정의할 수 있습니다.

그리고 지면 기울기에 비례하여 기존 값을 기울기의 반대 방향으로 업데이트하면 됩니다. 이러한 방법을 경사 하강법(Gradient Descent)이라고 부릅니다.

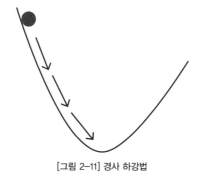

[그림 2-11] 경사 하강법

이를 수식으로 나타내면, 내려오려는 산은 손실 함수가 됩니다. 그리고 내려오는 주체는 우리가 바꿀 수 있는 값, 즉 w입니다.

$$w_{new} = w_{old} - lr \times \frac{dLoss}{dw}$$

[수식 2-6]

수식에서 처음 보는 "lr- Learning Rate"라는 값이 나옵니다. 학습률(Learning Rate)은 업데이트하는 Step Size를 나타내는 비례상수이고 우리가 예측하기 위해 정해 주어야 하는 하이퍼 파라미터(Hyper-Parameter)입니다. 0과 1 사이의 작은 값을 사용하며 일반적으로 0.01 정도의 값을 기본으로 사용합니다. 이제 업데이트하는 방법을 알았으니 w를 업데이트해 보겠습니다. 손실 함수를 w로 미분한 값을 구하겠습니다.

$$\text{Loss} = \frac{1}{N}\Sigma_{모든데이터}(예측값 - 실제값)^2$$
$$\text{Loss} = \frac{1}{N}\Sigma_{모든데이터}(wx - y)^2$$
$$\frac{dLoss}{dw} = \frac{1}{N}\Sigma_{모든데이터}2 \times (wx - y) \times x$$

[수식 2-7]

04 모델 구현

이제 이 경사 하강법을 이용하여 예측값을 업데이트해 보겠습니다. 일단 손실 함수를 먼저 계산해 보겠습니다. [그림 2-12]의 수식을 [E7]셀에 입력하고 [그림 2-13]과 같이 [E26]셀까지 자동 채우기를 해줍니다. 그리고 마지막 [E27]셀에는 각 데이터의 Loss를 평균을 내도록 수식을 입력해 줍니다. 이제 각 데이터에서 Loss를 w로 미분한 값을 구해 주겠습니다.

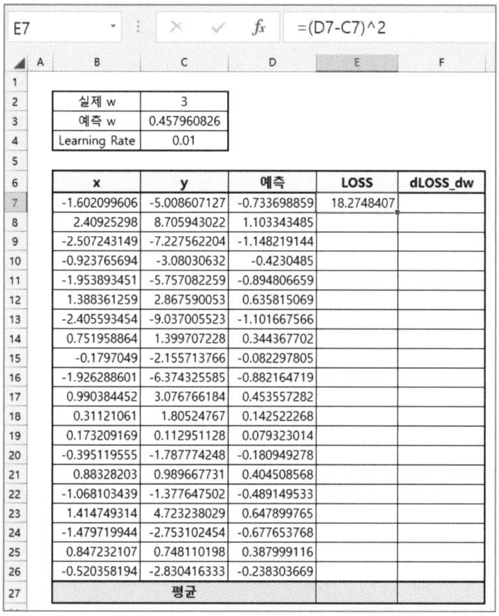
E7 =(D7-C7)^2

실제 w	3
예측 w	0.457960826
Learning Rate	0.01

x	y	예측	LOSS	dLOSS_dw
-1.602099606	-5.008607127	-0.733698859	18.2748407	
2.40925298	8.705943022	1.103343485		
-2.507243149	-7.227562204	-1.148219144		
-0.923765694	-3.08030632	-0.4230485		
-1.953893451	-5.757082259	-0.894806659		
1.388361259	2.867590053	0.635815069		
-2.405593454	-9.037005523	-1.101667566		
0.751958864	1.399707228	0.344367702		
-0.1797049	-2.155713766	-0.082297805		
-1.926288601	-6.374325585	-0.882164719		
0.990384452	3.076766184	0.453557282		
0.31121061	1.80524767	0.142522268		
0.173209169	0.112951128	0.079323014		
-0.395119555	-1.787774248	-0.180949278		
0.88328203	0.989667731	0.404508568		
-1.068103439	-1.377647502	-0.489149533		
1.414749314	4.723238029	0.647899765		
-1.479719944	-2.753102454	-0.677653768		
0.847232107	0.748110198	0.387999116		
-0.520358194	-2.830416333	-0.238303669		
평균				

[그림 2-12] 손실 함수 계산식

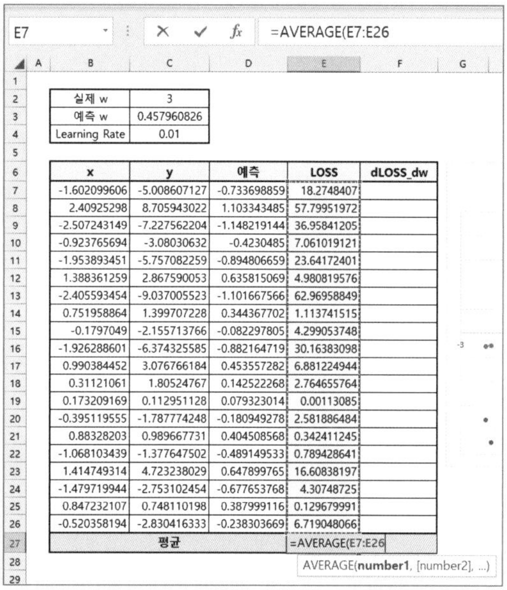
E7 =AVERAGE(E7:E26

실제 w	3
예측 w	0.457960826
Learning Rate	0.01

x	y	예측	LOSS	dLOSS_dw
-1.602099606	-5.008607127	-0.733698859	18.2748407	
2.40925298	8.705943022	1.103343485	57.79951972	
-2.507243149	-7.227562204	-1.148219144	36.95841205	
-0.923765694	-3.08030632	-0.4230485	7.061019121	
-1.953893451	-5.757082259	-0.894806659	23.64172401	
1.388361259	2.867590053	0.635815069	4.980819576	
-2.405593454	-9.037005523	-1.101667566	62.96958849	
0.751958864	1.399707228	0.344367702	1.113741515	
-0.1797049	-2.155713766	-0.082297805	4.299053748	
-1.926288601	-6.374325585	-0.882164719	30.16383098	
0.990384452	3.076766184	0.453557282	6.881224944	
0.31121061	1.80524767	0.142522268	2.764655764	
0.173209169	0.112951128	0.079323014	0.00113085	
-0.395119555	-1.787774248	-0.180949278	2.581886484	
0.88328203	0.989667731	0.404508568	0.342411245	
-1.068103439	-1.377647502	-0.489149533	0.789428641	
1.414749314	4.723238029	0.647899765	16.60838197	
-1.479719944	-2.753102454	-0.677653768	4.30748725	
0.847232107	0.748110198	0.387999116	0.129679991	
-0.520358194	-2.830416333	-0.238303669	6.719048066	
평균			=AVERAGE(E7:E26	

AVERAGE(**number1**, [number2], ...)

[그림 2-13] 손실 함수 평균

이제 [그림 2-14]의 수식을 이용하여 각 데이터에서 손실 함수에 대해 w로 미분한 값을 구해 주겠습니다. 그리고 자동 채우기를 이용하여 나머지 행들도 값을 채워 줍니다.

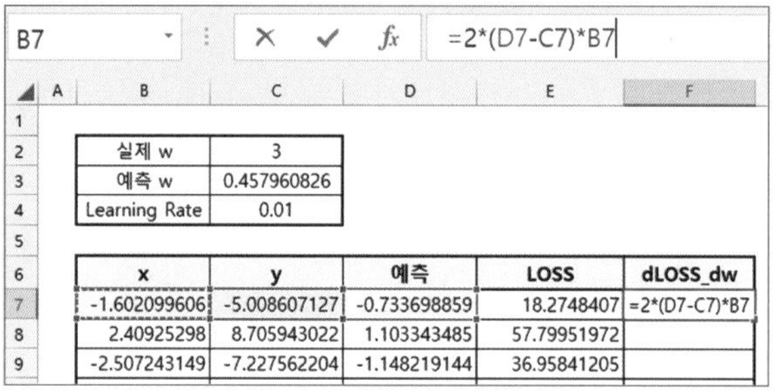
B7 =2*(D7-C7)*B7

실제 w	3
예측 w	0.457960826
Learning Rate	0.01

x	y	예측	LOSS	dLOSS_dw
-1.602099606	-5.008607127	-0.733698859	18.2748407	=2*(D7-C7)*B7
2.40925298	8.705943022	1.103343485	57.79951972	
-2.507243149	-7.227562204	-1.148219144	36.95841205	

[그림 2-14] 손실 함수에 대한 w 미분값

[수식 2-7]을 이용하여 손실 함수에 대한 w의 미분값을 구했습니다. 이제 w를 업데이트해 주겠습니다.

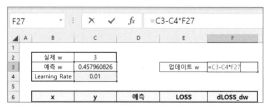

[그림 2-15] w 업데이트

새로운 w를 구했으니 기존 w를 대신해서 업데이트 하겠습니다. [그림 2-16]과 같이 그냥 붙여넣으면 순환 참조로 인해 수식이 계산되지 않으므로, 값으로 붙여 넣어주셔야 합니다.

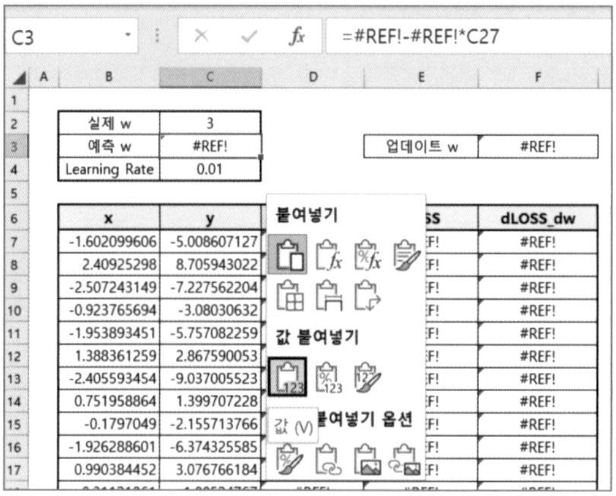

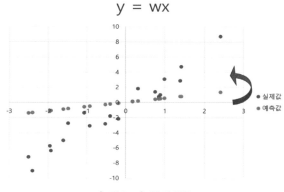

[그림 2-16] 값으로 고정

업데이트가 완료되면, [그림 2-17]과 같이 예측값의 그래프가 실제 그래프 쪽으로 이동된 것을 볼 수 있습니다.

[그림 2-17] 예측값 변화

업데이트 이후 새로운 w가 계산됩니다. 이것을 계속 반복하면 실제 w 값에 가깝게 예측할 수 있습니다. 그런데 복사 붙여넣기를 계속한다는 것이 매우 번거로운 일입니다. 이러한 작업을 자동화할 수 있습니다. [그림 2-18]과 같이 [옵션] – [리본 사용자 지정] – [기본 탭]에서 개발도구를 체크해 줍니다.

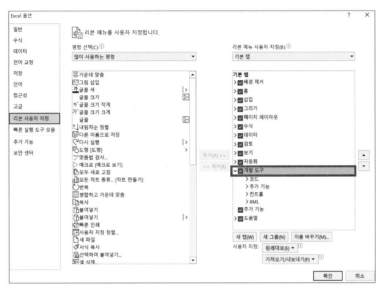

[그림 2-18] 개발도구 활성화

[그림 2-19] 매크로 기록

탭을 선택해보면 [매크로 기록]이라는 버튼이 있습니다. [그림 2-19]와 같이 버튼을 클릭하고 매크로 기록이라는 창이 뜨면 확인을 눌러 기록을 시작합니다. 새로운 w 값을 선택하고 예전 w 값으로 [값으로 붙여넣기]를 하고 기록 중지 버튼을 누릅니다. 기록이 끝나면 이 기록을 실행할 버튼을 만듭니다. 개발도구 탭의 삽입에서 양식 컨트롤 중 단추를 추가 클릭해 원하는 곳에 드래그해 주면 버튼이 생성됩니다.

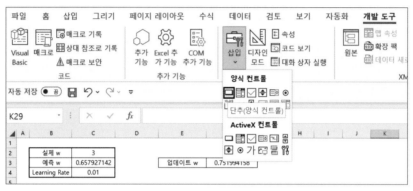

[그림 2-20] 버튼 추가

이후에 우리가 기록한 매크로를 추가하면 기록했던 행동을 하는 버튼을 만들 수 있습니다. 이 버튼으로 자동으로 w값을 편하게 업데이트할 수 있습니다. 매크로 버튼을 계속 눌러서 w의 업데이트를 반복하면 실제 값과 유사하게 그래프가 움직이는 것을 확인할 수 있습니다.

[그림 2-21] 매크로 추가

이제 다른 문제점을 생각해 보겠습니다. 키와 몸무게를 예측하는 모델을 만든다고 가정했을 때 그 그래프는 원점을 지나는 그래프는 아닐 것입니다. 학교에서 $y = ax$ 다음으로 배웠을 $y = ax + b$ 그래프를 예측해 보겠습니다. 한 가지 문제점이 생겼습니다. 예측해야 하는 변수(Parameter)가 한 개 더 생겼습니다. 이럴 때는 어떻게 해야 할까요?

01 편미분

생각이 많아지면 복잡해지기만 합니다. 조금 심플하게 생각하면 됩니다. 손실 함수를 각각 변수에 대해서만 미분하면 됩니다. 이를 편미분이라고 합니다. 편미분으로 [수식 2-6]을 다시 생각해 보면 다음처럼 정리됩니다.

$$w_{new} = w_{old} - lr \times \frac{dLoss}{dw}$$

$$b_{new} = b_{old} - lr \times \frac{dLoss}{db}$$

[수식 2-8]

$$Loss = \frac{1}{N}\Sigma_{모든데이터}(예측값 - 실제값)^2$$

$$Loss = \frac{1}{N}\Sigma_{모든데이터}(wx + b - y)^2$$

$$\frac{dLoss}{dw} = \frac{1}{N}\Sigma_{모든데이터}2 \times (wx + b - y) \times x$$

$$\frac{dLoss}{db} = \frac{1}{N}\Sigma_{모든데이터}2 \times (wx + b - y) \times 1$$

[수식 2-9]

[수식 2-9]를 이용해서 매크로를 이용하여 업데이트도 가능하지만, 이번에는 앞에서 배운 파이썬으로 엑셀을 제어해서 업데이트를 해보겠습니다. 주피터 노트북을 실행합니다.

〈소스〉 2_2.ipynb

```python
[1] import xlwings as xw
    import numpy as np
    import time
    import random


    # 엑셀 파일을 열고 시트 지정
    wb = xw.Book('2_2.xlsx')
    data_ws = wb.sheets[0]
    train_ws = wb.sheets[1]


    # 예측하고자 하는 W와 B 값 지정
    # 업데이트 스텝 사이즈(Learning rate) 지정
    W_t = 3
    B_t = 2
    lr = 0.01


    # 데이터 개수 정의
    data_num = 20


    # x 값을 -3에서 3까지 랜덤하게 20개 생성
    X = np.random.rand(data_num, 1) * 6 - 3
    data_ws.range(3,2).value = X


    # 실제 w와 b 값에 Noise 추가하여 실제 y 값 구함
    noise = np.random.rand(data_num, 1) * 4 - 2
    Y_t = W_t * X + B_t + noise
    data_ws.range(3,3).value = Y_t
```

엑셀로 데이터를 만들던 것을 파이썬 코드로 변경해 보았습니다. 실행하고 나면 엑셀 파일이 열리고, 데이터가 생성된 것을 볼 수 있습니다. 차트는 [그림 2-9]와 같이 추가해 줍니다.

02 확률적 경사 하강법(Stochastic Gradient Descent)

이번에는 확률적 경사 하강법을 설명하겠습니다. 경사 하강법은 크게 두 가지 문제점이 있습니다. 첫 번째는 업데이트양입니다. 우리가 예제로는 겨우 20개 데이터밖에 사용하지 않았지만, 실제 문제에서는 몇만 개 몇십만 개 혹은 몇백만 개의 데이터를 다루게 될지 모릅니다. 그러면 한 번의 업데이트를 위해 백만 번의 계산을 하는 것은 매우 비효율적입니다. 이럴 때 우리는 어떻게 해야 할까요? 우리도 국회에서 정책을 만들 때 모든 국민이 원하는 방향을 알고서 그 방향으로 결정하는 것이 좋겠지만, 그렇지 못하기 때문에 대표인 국회의원을 뽑아서 국회의원들이 모든 국민을 대표하여 정책을 만듭니다. 이를 딥러닝에도 똑같이 적용하는 것입니다. DATA를 대표하는 대표를 몇 명 뽑고 그 대표들의 손실을 줄이는 쪽으로 학습하면 됩니다. 이 대표의 수를 딥러닝에서는 배치 사이즈(Batch Size)라고 부릅니다. 그리고 대표는 한번 업데이트가 되고 나면 바로 다른 대표들로 교체가 되어, 결국 모든 데이터들이 대표 한 번씩을 할 수 있도록 합니다. 이를 미니 배치(Mini Batch)라고 부르고, 모든 데이터가 한 번씩 대표가 되었을 때까지의 학습을 1 에포크(Epoch)라고 부릅니다. 계산의 편의를 위해 배치 사이즈를 1로 만들어서 학습하려고 합니다.

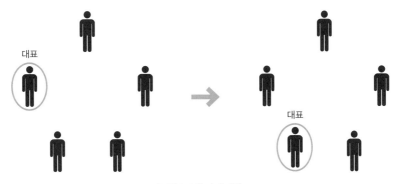

[그림 2-22] 미니 배치

두 번째 문제는 무엇일까요? 우리가 살아가면서 항상 최선의 선택을 하는 것이 정답이 아닐 수 있습니다. 손실을 줄이는 것이 한 치 앞도 보이지 않는 산길에서 산 아래로 내려가는 것과 같다고 비유를 했습니다. 그런데 산길이라는 것이 항상 한 방향으로만 오목하지 않습니다.

[그림 2-23] 미시적 관점의 경사 하강법

[그림 2-23]에서는 당연히 오른쪽 방향으로 가는 것이 좋은 선택, 즉 최선의 선택입니다. 하지만 산길이 [그림 2-24]처럼 생겼다면 어떨까요?

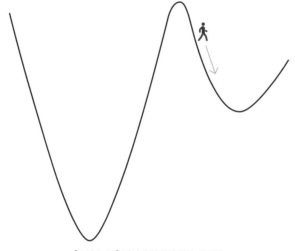

[그림 2-24] 거시적 관점의 경사 하강법

처음에 잘못된 선택이라도 왼쪽으로 조금 더 가봤다면, 더 아래쪽으로 많이 내려왔을 수도 있습니다. 이렇게 우리가 줄이고자 하는 손실이라는 것은 한 방향으로 오목한 모양이 아닐 수 있기 때문에 가끔은 경사의 반대편도 올라가 보는 것이 좋습니다. 이를 해결하는 방법은 간단합니다. 앞의 문제 해결 방법과 정확히 일치합니다. 대표를 뽑아서 학습하면 어떤 대표들은 내려가는 방향이 아닌 오르는 선택을 할 수도 있고, 이런 대표가 연달아 몇몇이 나오면 우리는 지금의 언덕을 넘어 더 아래 방향으로 이동할 수도 있습니다. 한 치 앞도 보이지 않는 산길이기 때문에 모든 곳을 직접 찾아가 볼 수는 없습니다. 따라서 딥러닝도 최적의 해를 구해 준다는 보장은 없습니다.

03 모델 구현

앞에서 배운 내용들을 엑셀로 구현하겠습니다. 학습 과정을 조금 더 이해하기 쉽게 엑셀 시트를 2개로 나누어 1개는 DATA를 저장하고 다른 한 개의 시트는 학습 과정을 보여 주도록 설정하겠습니다.

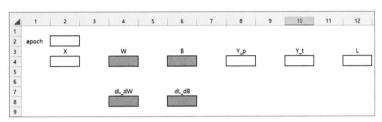

[그림 2-25] 엑셀 학습 과정 시트

위 데이터를 만드는 코드는 똑같이 실행하면 됩니다. 그 이후 w와 b를 랜덤하게 만들어 주겠습니다.

```
[2]  # w와 b의 예측값을 랜덤하게 생성
     W = np.random.rand(1) − 0.5
     B = np.random.rand(1) − 0.5
     train_ws.range(4,4).value = W
     train_ws.range(4,6).value = B
```

만든 데이터 중 첫 번째 데이터(3행의 데이터)를 TRAIN 시트로 가지고 옵니다. 확률적 경사 하강법을 적용하기 위해 가지고 있는 데이터 중 대표 한 명을 모셔 왔다고 생각하면 됩니다.

```
[3]  # 첫 번째 데이터 로드
     # 계산이 쉽도록 numpy array로 변환
     X = data_ws.range(3, 2).value
     X = np.reshape(np.array(X),(1,1))

     Y_t = data_ws.range(3, 3).value
     Y_t = np.reshape(np.array(Y_t),(1,1))

     train_ws.range(4,2).value = X
     train_ws.range(4,10).value = Y_t
```

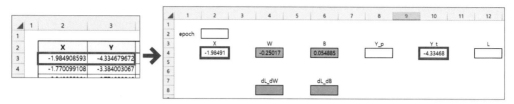

[그림 2-26] 데이터 1개 로드

이제 데이터가 한 개만 있다고 생각하고 손실 함수에 대한 w와 b의 미분값을 각각 구합니다.
[수식 2-8]을 그대로 구현해 보겠습니다.

[4] # W, B를 이용하여 예측값을 계산하고 손실 함수까지 계산

```
Y_p = X * W + B
L = np.square(Y_p - Y_t)

# Loss에 대한 W와 B의 미분값 구함
dL_dW = (Y_p - Y_t) * X
dL_dB = (Y_p - Y_t)

train_ws.range(4,8).value = Y_p
train_ws.range(4,8).value = Y_p

train_ws.range(4,12).value = L
train_ws.range(8,4).value = dL_dW
train_ws.range(8,6).value = dL_dB
```

[5] # W와 B를 업데이트

```
W = W - lr * dL_dW
B = B - lr * dL_dB

train_ws.range(4,4).value = W
train_ws.range(4,6).value = B
```

각각의 미분값을 이용하여 w와 b를 업데이트하면 됩니다. 이 과정을 자세히 보면 다음과 같이 생각할 수 있습니다.

① Batch−Size(이 책에서는 1)만큼 데이터를 가지고 온다.
② 기존의 w와 b를 활용하여 예측값을 만들고 예측값을 계산한다.
③ 예측값과 실제값의 손실 함수를 계산한다.
④ 손실 함수에 대한 w와 b 각각의 미분값을 구한다.
⑤ ④에서 구한 미분값을 활용하여 w와 b를 업데이트한다.

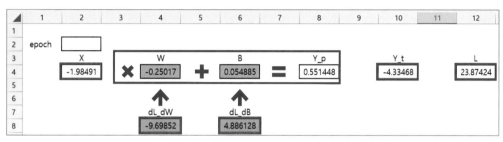

[그림 2-27] 학습 과정

엑셀에 값을 써주는 부분이 반복되기 때문에 함수를 따로 생성합니다.

```
[6] # 엑셀에 값을 업데이트해 주는 함수 정의
    def update_val():
        train_ws.range(4,2).value = X
        train_ws.range(4,10).value = Y_t

        train_ws.range(4,4).value = W
        train_ws.range(4,6).value = B

        train_ws.range(4,8).value = Y_p
        train_ws.range(4,12).value = L

        train_ws.range(8,4).value = dL_dW
        train_ws.range(8,6).value = dL_dB
    update_val()
```

반복문을 활용하여 앞의 과정을 원하는 에포크만큼 반복하게 만들어 줍니다. 또한 학습 순서가 매번 고정되지 않도록 각 에포크마다 random 함수의 shuffle 기능을 활용하여 순서를 무작위로 섞겠습니다.

```
[7]  # 위 과정을 원하는 에포크만큼 반복
     epoch_num = 10
     time_delay = 1
     for e in range(epoch_num):
         train_ws.range(2,2).value = e +1

         # 순서대로 학습하지 않도록 순서를 섞음
         batch_turn = list(range(data_num))
         random.shuffle(batch_turn)

         Loss_Sum = 0
         for i in batch_turn:
             # i 번째 데이터를 가지고 옴
             X = data_ws.range(3 + i, 2).value
             X = np.reshape(np.array(X),(1,1))

             Y_t = data_ws.range(3 + i,3).value
             Y_t = np.reshape(np.array(Y_t),(1,1))

             # W, B를 이용하여 예측값을 계산하고 Loss까지 계산
             Y_p = X * W + B
             L = np.mean(np.square(Y_p − Y_t))
             Loss_Sum = Loss_Sum + L

     # Loss에 대한 W와 B의 미분값 구함
         dL_dW = (Y_p − Y_t) * X
         dL_dB = (Y_p − Y_t)

     # W와 B를 업데이트
         W = W − lr * dL_dW
         B = B − lr * dL_dB
```

```
# 1 epoch 끝나면 Loss를 표기하고 값을 업데이트
    print("epoch : ",e + 1, ", Loss : ", Loss_Sum)

# 진행 상황을 보기 위해 일정 시간 대기
    update_val()
    time.sleep(time_delay)
```

epoch : 1 , Loss : 356.61386814390494
epoch : 2 , Loss : 100.71394993134729
epoch : 3 , Loss : 35.31661578315309
epoch : 4 , Loss : 17.463552050996203
epoch : 5 , Loss : 11.687751731161718
epoch : 6 , Loss : 9.418745039635606
epoch : 7 , Loss : 8.166822106505924
epoch : 8 , Loss : 7.410552326456222
epoch : 9 , Loss : 6.954883564141195
epoch : 10 , Loss : 6.642484408662816

TRAIN 시트에서 값을 가지고 오고 학습하는 과정을 확인할 수 있습니다. 원하는 에포크만큼 학습이 끝나면 그래프를 다시 그리겠습니다.

```
[8]  # DATA 시트에 값을 업데이트
    Loss_Sum = 0
    for i in range(data_num):
        X = data_ws.range(3 + i, 2).value
        X = np.reshape(np.array(X),(1,1))
        Y_t = data_ws.range(3 + i,3).value
        Y_t = np.reshape(np.array(Y_t),(1,1))
        Y_p = X * W + B
        L = np.mean(np.square(Y_p − Y_t))
        Loss_Sum = Loss_Sum + L
        data_ws.range(3 + i, 4).value = Y_p
        data_ws.range(3 + i, 5).value = L
    data_ws.range(23, 5).value =Loss_Sum / data_num
```

X	Y	예측	LOSS
-1.984908593	-4.334679672	-5.199168431	0.747340814
-1.770099108	-3.384003067	-4.560704784	1.384626932
-2.342055361	-6.771298846	-6.260691523	0.260719838
1.620766511	5.560468499	5.517734875	0.001826163
-1.538699751	-4.580372812	-3.872932185	0.50047224
1.150948222	3.546695959	4.121325872	0.330199537
-0.451636223	-0.805326919	-0.641927068	0.026699511
-0.80511171	-1.686253661	-1.692538257	3.94962E-05
2.357327004	7.074596478	7.706963619	0.399888201
2.37471273	7.609321418	7.758638032	0.022295451
0.545634651	3.113775057	2.322193442	0.626601452
0.118277741	2.171532294	1.051989515	1.253376034
1.864556106	7.522873699	6.242334135	1.639781575
-2.565848585	-7.652751819	-6.925856928	0.528376184
-0.49329996	-0.159570736	-0.765761363	0.367467077
-2.317551694	-6.364335543	-6.187860936	0.031143287
-0.970895374	-2.547990691	-2.185285785	0.131554849
0.880598597	3.454861723	3.317784037	0.018790292
0.861186061	3.283711367	3.260085473	0.000558183
-0.281015296	1.123284757	-0.134802071	1.582782467
평균			0.492726979

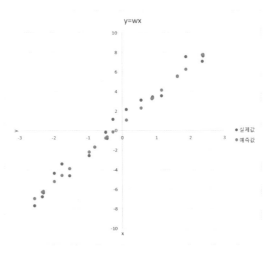

[그림 2-28] 학습 이후 예측값

실제 문제를 해결할 때는 한 가지 조건으로 결과를 예측할 수 있는 문제는 거의 없습니다. 예를 들어 건강 상태를 수치로 나타낼 때는 키, 몸무게 등 신체 정보와 피검사 소변검사와 같은 여러 검사 수치를 종합적으로 반영하여 결과값이 나옵니다. 이렇듯 한 가지 조건으로 결정되지 않고 여러 특징(Feature)으로 결과를 예측하는 모델을 공부하겠습니다. 앞서 아무리 학습할 파라미터가 많아지더라도 편미분을 활용하면 학습이 가능하다는 것을 알고 있습니다. 피처의 수가 많을 때 더 효율적으로 학습할 수 있도록 행렬에 대해 알아보겠습니다.

01 행렬 표현

b는 일단 무시하고, w1, w2를 하나의 행렬로 표현하면 다음과 같습니다.

$$Y\_p = w1 \times x1 + w2 \times x2$$

$$Y\_p = \begin{bmatrix} x1 & x2 \end{bmatrix} \times \begin{bmatrix} w1 \\ w2 \end{bmatrix}$$

$$Y\_p = X \times W$$

[수식 2-10]

[수식 2-10]과 같이 행렬로 쉽게 표현이 가능합니다. 번외의 이야기지만 딥러닝이 발달하면서 그래픽 카드의 가격이 높아졌다는 사실을 다들 알 것입니다. 이렇게 딥러닝은 행렬연산으로 표현이 가능하고, 행렬 연산에 최적화된 프로세서가 바로 그래픽 카드이기 때문입니다.

02 행렬 연산의 이해

행렬 연산을 깊게는 다루지 않겠지만, 행렬의 곱셈을 이해하여야 합니다. 행렬곱은 다음과 같이 정의되는데 앞 행렬 열의 수(m)와 뒤 행렬 행의 수(m)가 같아야만 연산이 가능합니다.

$$\text{Batch size} \begin{bmatrix} x11 & \cdots & x1m \\ \vdots & \ddots & \vdots \\ xn1 & \cdots & xnm \end{bmatrix} \times \begin{bmatrix} w11 & \cdots & w1k \\ \vdots & \ddots & \vdots \\ wm1 & \cdots & wmk \end{bmatrix} = \text{Batch size} \begin{bmatrix} y11 & \cdots & y1k \\ \vdots & \ddots & \vdots \\ yn1 & \cdots & xnk \end{bmatrix}$$

Input feature 수 / Input feature 수 / Ouput feature 수 / Ouput feature 수

$$(n,\ m) \times (m,\ k) = (n,\ k)$$

[수식 2-11]

X 행렬의 행의 개수는 배치 사이즈를 나타내고, 열의 개수는 입력으로 들어오는 데이터의 피처 개수를 의미합니다. W 행렬의 행의 개수는 앞 X 행렬의 열의 개수와 같아야 하며, 열의 개수는 출력으로 나오는 데이터의 피처의 개수를 의미합니다. 이렇게 행렬 연산이 끝나고 나서 나오는 Y 행렬의 행은 배치 사이즈, 열은 출력의 피처 개수를 의미합니다. 추가로 눈썰미가 좋은 사람은 X 와 W의 위치가 바뀐 것을 눈치챘을 것입니다. 이는 큰 의미는 없지만, 사람이 데이터를 보는 방법에 따라 표현했기 때문입니다.

이름	나이	키
김철수	30	175
이영희	25	165
박지훈	22	177

이름	김철수	이영희	박지훈
나이	30	25	22
키	175	165	177

[그림 2-25] 데이터의 방향

오른쪽보다 왼쪽의 데이터가 눈에 더 잘 띌 것입니다. 보통 행의 방향으로 데이터를 쌓아나가고 열의 방향으로 피처를 적기 때문입니다. 이점을 유지하기 위해 X와 W의 순서를 바꿔 적어 주었습니다. 다음과 같이 약간의 트릭을 이용하여 편향값(b)도 행렬 안으로 집어넣을 수 있지만, 계산 편의를 위해 편향값은 따로 더하겠습니다.

$$Y\_p = w1x1 + w2x2 + b$$

$$Y\_p = \begin{bmatrix} x1 & x2 & 1 \end{bmatrix} \times \begin{bmatrix} w1 \\ w2 \\ b \end{bmatrix}$$

[수식 2-12]

이제 수식을 행렬로 간단히 나타내면 다음과 같이 표현할 수 있습니다.

$$Y\_p = XW + B$$

[수식 2-13]

이제 행렬로 표현하는 것에 익숙해졌으니 W와 B를 업데이트하기 위해서 손실 함수에 대한 W와 B의 미분값을 같이 구해보도록 합니다. 각 파라미터에 대해 미분값을 계산해 보겠습니다. 손실 함수는 확률적 경사 하강법(SGD)을 사용하기 때문에 각 데이터 하나만 고려하면 되어서 모든 값을 평균 낼 필요가 없어졌습니다. 또한 손실 함수에 1/2을 곱했는데, 제곱을 미분하면 2가 상수가 되기 때문에 이를 상쇄하기 위해 곱했습니다.

$$Loss = \frac{1}{2} \times (예측값 - 실제값)^2$$

$$Loss = (w1x1 + w2x2 + b - y)^2$$

$$\frac{dLoss}{dw1} = (w1x1 + w2x2 + b - y) \times x1 = (예측값 - 실제값) \times x1$$

$$\frac{dLoss}{dw2} = (w1x1 + w2x2 + b - y) \times x2 = (예측값 - 실제값) \times x2$$

$$\frac{dLoss}{db} = (w1x1 + w2x2 + b - y) \times 1 = = (예측값 - 실제값)$$

[수식 2-14]

그런데 (예측값 - 실제값)을 다르게 표현할 수도 있습니다. 이를 이용하면 수식은 더욱 간단하게 정리가 됩니다.

$$Loss = \frac{1}{2} \times (Y\_p - Y\_t)^2$$

$$\frac{dLoss}{dY\_p} = (Y\_p - y\_t)$$

$$\frac{dLoss}{dW} = \begin{bmatrix} \frac{dLoss}{dw1} \\ \frac{dLoss}{dw2} \end{bmatrix} = \begin{bmatrix} x1 \\ x2 \end{bmatrix} \times [(예측값 - 실제값)]$$

$$\frac{dLoss}{dW} = X^T \times [(예측값 - 실제값)] = X^T \times \frac{dLoss}{dY\_p}$$

$$\frac{dLoss}{dB} = \begin{bmatrix} \frac{dLoss}{db} \end{bmatrix} = [(예측값 - 실제값)] = \frac{dLoss}{dY\_p}$$

[수식 2-15]

03 모델 구현

위에서 구한 수식을 이용하여 파이썬에서 구현하겠습니다. 엑셀 파일을 열고 20개의 랜덤한 데이터를 만들어 예측할 W와 B를 정합니다.

〈소스〉 2_3.ipynb

```
[1] import xlwings as xw
    import numpy as np
    import time
    import random


    # 파일을 오픈하고 시트 지정
    wb = xw.Book('2_3.xlsx')
    data_ws = wb.sheets[0]
    train_ws = wb.sheets[1]


    # 예측하고자 하는 W 값 지정
    # 업데이트 스텝 size(Learning rate) 지정
    W_t = np.array([[3],[-2]])
    B_t = [2]
    lr = 0.01


    # 데이터 개수 정의
    data_num = 20


    # x 값을 -3에서 3까지 랜덤하게 20개 생성
    X = np.random.rand(data_num,2) * 6 - 3
    data_ws.range(3,2).value = X


    # 실제 w와 b 값에 Noise 추가하여 실제 y 값 구함
    noise = np.random.rand(data_num,1) * 2 - 1
    Y_t = np.matmul(X, W_t) + B_t + noise
    data_ws.range(3,4).value = Y_t
```

⤷

x1	x2	y_t	예측	LOSS
0.170278212	-0.017414427	2.067408944		
-0.999426034	-0.295341689	-0.94921941		
-2.975420729	-0.992995107	-4.435326499		
-0.902361911	2.47989202	-6.3506941		
-0.714259771	1.568600718	-3.424865512		
1.134126075	1.816324524	1.088486218		
-0.549051205	0.879566284	-0.814144893		
-2.013448406	-2.145126188	0.286448007		
1.726871811	1.995887138	3.405610323		
-0.17044315	-0.56217493	3.393217833		
0.69846719	0.687722134	2.292243406		
-0.554083263	-1.854113539	4.115065113		
-2.939008773	0.033372528	-6.791977425		
1.343639069	2.31096752	0.561818211		
-0.950915363	-0.241907644	-0.722576427		
-0.340089262	0.194133043	0.425367049		
-1.1198394	-1.930114105	3.048288078		
-2.131291272	-0.116610167	-4.610759622		
-0.848546154	-0.75612178	1.947272634		
1.819433824	-1.120102215	8.982134972		
평균				0.12079323

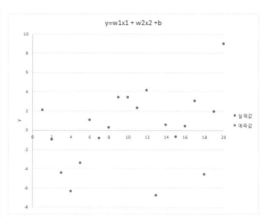

[그림 2-30] 데이터 준비

Train 시트로 이동하여 계속 진행하겠습니다. 예측할 W와 B 행렬을 랜덤하게 생성합니다. 주의할 점은 각 행렬의 크기를 잘 생각하고 만들어야 합니다.

[2] # w와 b의 예측값을 랜덤하게 생성
    W = np.random.rand(2,1) − 0.5
    B = np.random.rand(1,1) − 0.5

지난번과 같이 첫 번째 데이터 하나를 가지고 오고 예측값을 만들고 손실 함수까지 계산하겠습니다.

[3] # 배치 순서의 첫 번째 데이터를 Train 화면에 가지고 옴
    X = data_ws.range((3, 2),(3, 3)).value
    X = np.reshape(np.array(X),(1,2))

    Y_t = data_ws.range(3,4).value
    Y_t = np.reshape(np.array(Y_t),(1,1))

    # 예측 w, b를 이용하여 예측값을 계산하고 Loss까지 계산
    Y_p = np.matmul(X, W) + B
    L = np.sum(np.square(Y_p − Y_t))

손실 함수에 대한 각 행렬의 미분을 구하겠습니다.

```
[4] # Loss에 대한 W와 B의 미분값 구함
    dL_dW = 2 * np.matmul(X.T,(Y_p - Y_t))
    dL_dB = 2 * (Y_p - Y_t)

    # W와 B를 업데이트
    W = W - lr * dL_dW
    B = B - lr * dL_dB
```

⇨

한 번의 업데이트가 끝났습니다. 이제 반복문을 활용하여 앞선 과정을 우리가 원하는 만큼 반복해 주면 완성입니다. 일단 TRAIN 시트에 값을 업데이트하는 함수를 만들겠습니다.

```
[5] # 엑셀에 값을 업데이트해 주는 함수 정의
    def update_val():
        train_ws.range((4,2),(4,3)).value = X
        train_ws.range((4,13),(4,13)).value = Y_t
        train_ws.range((4,5),(5,5)).value = W
        train_ws.range((4,7),(4,7)).value = B
        train_ws.range((4,9),(4,9)).value = Y_p
        train_ws.range((4,13),(4,13)).value = L
        train_ws.range((8,5),(9,5)).value = dL_dW
        train_ws.range((8,7),(8,7)).value = dL_dB
    update_val()
```

⇨

원하는 에포크만큼 반복 학습하는 코드를 만들겠습니다.

```
[6] # 위 과정을 원하는 epoch만큼 반복
    epoch_num = 10
    time_delay = 1

    for e in range(epoch_num):
        # 현재 epoch수
        train_ws.range(2,2).value = e +1
```

```python
# epoch 내 순서를 섞음
batch_turn = list(range(data_num))
random.shuffle(batch_turn)

Loss_Sum = 0
# 데이터를 섞어준 순서대로 하나씩 불러옴
for i in batch_turn:
    X = data_ws.range((3 + i, 2),(3 + i, 3)).value
    X = np.reshape(np.array(X),(1,2))

    Y_t = data_ws.range(3 + i, 4).value
    Y_t = np.reshape(np.array(Y_t),(1,1))

    Y_p = np.matmul(X, W) + B
    L = np.sum(np.square(Y_p - Y_t))
    Loss_Sum = Loss_Sum + L

    dL_dW = 2 * np.matmul(X.T,(Y_p - Y_t) )
    dL_dB = 2 * (Y_p - Y_t)

    W = W - lr * dL_dW
    B = B - lr * dL_dB

    # 1 epoch 끝나면 Loss를 표기하고 값을 업데이트
    print("epoch : ",e + 1, ", Loss : ", Loss_Sum)

    # 진행 상황을 보기 위해 일정 시간 대기
    update_val()
    time.sleep(time_delay)
```

epoch : 1 , Loss : 278.7797366875142
epoch : 2 , Loss : 125.6424699965526
epoch : 3 , Loss : 64.1246380642521
epoch : 4 , Loss : 36.87957976234301
epoch : 5 , Loss : 22.835079440050507

epoch : 6 , Loss : 14.81950848022175

epoch : 7 , Loss : 10.49578979728431

epoch : 8 , Loss : 8.12729786808344

epoch : 9 , Loss : 6.730448882145451

epoch : 10 , Loss : 5.75280031941291

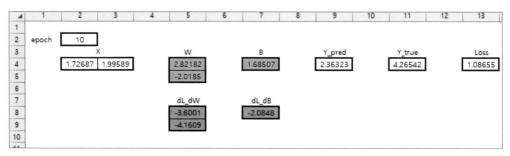

[그림 2-31] 학습 과정

마지막으로 업데이트된 W와 B를 이용하여 예측값을 업데이트하고 그래프를 그리겠습니다.

```
[7] # DATA 시트에 값을 업데이트
    Loss_Sum = 0
    for i in range(data_num):
        X = data_ws.range((3 + i, 2),(3 + i, 3)).value
        X = np.reshape(np.array(X),(1,2))

        Y_t = data_ws.range(3 + i, 4).value
        Y_t = np.reshape(np.array(Y_t),(1,1))

        Y_p = np.matmul(X, W) + B
        L = np.sum(np.square(Y_p − Y_t))
        Loss_Sum = Loss_Sum + L
        data_ws.range(3 + i, 5).value = Y_p
        data_ws.range(3 + i, 6).value = L
    data_ws.range(23, 6).value =Loss_Sum / data_num
```

x1	x2	y_t	예측	LOSS
-1.167380024	-0.102543986	-1.138685296	-1.300230598	0.026096885
-1.167016701	-0.386203417	-0.278892862	-0.734250033	0.207350153
2.991643623	2.91843904	4.213480355	4.56898633	0.126384498
0.82386053	1.207453867	2.765405957	1.781419187	0.968229964
2.039883621	-0.768063934	8.826663015	9.191116431	0.132826292
0.204568403	-0.849210709	3.5592243	4.107671792	0.300794652
-0.729095457	-2.413535759	5.527812637	4.554942657	0.946475998
-1.43792532	1.935933037	-6.778332854	-6.133283673	0.416088447
0.061322469	0.147984513	1.297442676	1.712260678	0.172073975
-1.274898451	0.161635591	-1.590954688	-2.133648036	0.29451607
-1.464590702	0.435488015	-3.259408561	-3.22117071	0.001462133
-0.999963738	0.256512746	-0.94295652	-1.536884848	0.352750858
-1.988296946	1.356762733	-7.442249013	-6.55267597	0.791340199
-1.691305943	1.049381726	-4.636265245	-5.091733152	0.207451015
2.884143531	2.311810448	6.600674655	5.469941622	1.278557192
-0.004187295	1.025525977	-0.389221288	-0.222687005	0.027733667
1.823193065	0.01901514	6.687972661	7.004283348	0.10005245
-2.843270342	-1.358958386	-3.783965233	-3.587374202	0.038648033
1.239952278	1.394025363	2.417002333	2.598967788	0.033111427
2.12375755	-1.886561247	11.40125227	11.65843903	0.066145032
평균				0.32440445

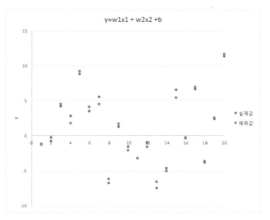

[그림 2-32] 학습 결과

예측을 잘하는 것을 확인할 수 있습니다.

지금까지는 함수의 모양을 미리 알고 예측하였습니다. 하지만 현실의 문제는 앞의 문제와 같이 함수의 모양을 예측하기 어려운 경우가 대부분입니다. 이러한 경우는 어떻게 해야 할까요? 일단 딥러닝(Deep Learning)이라는 단어에서 힌트를 얻을 수 있습니다.

01 딥러닝(Deep Learning)

형태를 모르는 함수를 예측하는 경우 딥러닝의 이름처럼 깊게 쌓으면 됩니다. 앞서 행렬을 이용해서 W의 차원을 잘 조절하면 아웃풋 피처의 개수를 조절할 수 있음을 배웠습니다. 이 방법을 활용하여 깊게 쌓아 보겠습니다. 예를 들면 층을 2개로 깊게 쌓을 경우, 처음 X의 피처 개수가 1개인 경우 W1의 행 개수는 1개 열 개수는 10개로 정함으로써 아웃풋(O1)의 피처를 10개로 만들 수 있습니다. 그 다음 W2의 행 개수는 Z1의 피처 개수인 10개, W2의 열 개수는 최종 아웃풋(Y_p)의 피처 개수인 1개로 설정할 수 있습니다.

[수식 2-16]

깊게 쌓을 경우 손실 함수에 대한 각 파라미터의 미분값(기울기)은 어떻게 구할까요? 체인룰을 이용하면 쉽게 구할 수 있습니다.

$$o = f(x) \text{ (o가 x에 대한 함수이면)}$$
$$y = g(o) \text{ (y가 o에 대한 함수이면)}$$

$$\frac{dy}{dx} = \frac{dy}{do} \times \frac{do}{dx}$$

[수식 2-17]

체인룰을 이용하면 다음와 같이 손실 함수에 대한 각각의 미분값을 아래와 같이 정할 수 있습니다.

$$O = X \times W1$$
$$Y\_p = O \times W2$$
$$\text{Loss} = \frac{1}{2} \times (Y\_p - Y\_t)^2$$

[수식 2-18]

이렇게 W1, W2를 이용하여 두 번에 걸쳐 Y를 예측하고 Loss까지 구해봅니다. 이제 Loss에 대해 각 W1과 W2의 미분값을 구하여 업데이트만 해주면 됩니다. 미분값을 다음과 같이 체인룰을 이용하여 순서대로 구할 수 있습니다.

$$\frac{dLoss}{dY\_p} = (Y\_p - Y\_t)$$

$$\frac{dLoss}{dW2} = \frac{dY\_p}{dW2} \times \frac{dLoss}{dY\_p} = O^T \times \frac{dLoss}{dY\_p}$$

$$\frac{dLoss}{dO} = \frac{dLoss}{dY\_p} \times \frac{dY\_p}{dO} = \frac{dLoss}{dY\_p} \times W2^T$$

$$\frac{dLoss}{dW1} = \frac{dO}{dW1} \times \frac{dLoss}{dO} = X^T \times \frac{dLoss}{dO}$$

[수식 2-19]

y=ax에서 y를 a에 대하여 미분하면 x가 나오고 x에 대하여 미분하면 a가 나오는 것이 당연한 것처럼, Y=XW에서 Y를 X에 대하여 미분하면 W가 나오고, W에 대하여 미분하면 X가 나옵니다. 그런데 중간중간 행렬곱 순서가 바뀌고, 전치행렬이 붙습니다. 이는 행렬의 모양을 유지하기 위함입니다. 예를 들어 Loss에 대한 W2의 미분행렬은 W2 행렬의 모양과 같아야 합니다. 따라서 [그림 2-33]처럼 계산이 됩니다.

[그림 2-33] 손실 함수에 대한 W 행렬의 미분 형태

총 3단계에 걸쳐 Y를 예측할 예정입니다. 과정은 다음과 같습니다.

[그림 2-34] 예측 과정

전체 코드는 다음과 같이 확인할 수 있습니다.

〈소스〉 2_4.ipynb

```
[1] import xlwings as xw
    import numpy as np
    import time
    import random

    # 반복되는 계산을 용이하게 만들기 위한 함수
    def get_data(index, row_num, x_col, x_f_num, y_col, y_f_num):
        '''
        데이터를 가지고 오는 함수
            Args:
            index : 데이터의 행 번호
            row_num : 첫 데이터 행 번호
            x_col : X 데이터의 열 번호
            x_f_col : X 데이터의 피처 개수
            y_col : Y 데이터의 열 번호
            y_f_num : Y 데이터의 피처 개수
            Return:
            X(numpy array): index 번째 데이터 X
            Y_t(numpy array) : index 번째 데이터 Y
        '''
```

```
        X = data_ws.range((row_num + index, x_col),(row_num + index, x_col + x_f_num
        − 1)).value
        X = np.reshape(np.array(X),(1,x_f_num))
        Y_t = data_ws.range((row_num + index, y_col),(row_num + index, y_col +
        y_f_num − 1)).value
        Y_t = np.reshape(np.array(Y_t), (1, y_f_num))
        return X, Y_t
```

추가로 get_data( ) 함수는 엑셀 시트에서 각 행의 데이터를 한 개씩 가지고 오는 함수입니다. 엑셀 파일을 열고 데이터를 생성합니다. 예측할 함수($y=x^2 − x + 2$)의 모양이 복잡하기 때문에 데이터(100개)를 충분히 생성하겠습니다.

```
[2]  # 파일을 오픈하고 시트 지정
     wb = xw.Book('2_4.xlsx')
     data_ws = wb.sheets[0]
     train_ws = wb.sheets[1]

     # 업데이트 스텝 size(Learning rate) 지정
     lr = 0.01

     # 데이터 개수 정의
     data_num = 100
     X = np.random.rand(data_num,1) * 6 −3
     data_ws.range(3,2).value = X

     # numpy의 행렬 연산을 활용하여 Y_t를 구해주고 노이즈 추가
     noise = np.random.rand(data_num,1) * 2 − 1
     Y_t = np.square(X) − X + 2 + noise
     data_ws.range(3,3).value = Y_t
```

다음으로 W와 B 행렬을 만들어 줍니다. 유의해야 할 점은 행렬의 크기를 잘 고려해야 합니다. 행렬 형태가 다를 경우에 행렬 곱을 할 수 없기 때문입니다.

[3] # W와 B들을 각각 랜덤하게 생성
    # shape에 주의(input 피처수, output 피처수)
    W1 = np.random.rand(1,10) − 0.5
    B1 = np.random.rand(1,10) − 0.5

    W2 = np.random.rand(10,10) − 0.5
    B2 = np.random.rand(1,10) − 0.5

    W3 = np.random.rand(10,1) − 0.5
    B3 = np.random.rand(1,1) − 0.5

첫 번째 데이터를 가지고 와서 계산을 통하여 Y 값을 예측해 봅니다. 그리고 Loss도 구해 줍니다. 이렇게 예측하는 과정을 순전파(Forward Propagation)라고 합니다.

[4] # 정의한 함수를 이용하여 순전파 구현
    X, Y_t = get_data(0,3,2,1,3,1)
    Z1 = np.matmul(X, W1) + B1
    Z2 = np.matmul(Z1, W2) + B2
    Y_p = np.matmul(Z2, W3) + B3
    L = np.mean(np.square(Y_p−Y_t))

그리고 Loss를 가지고 파라미터의 미분값을 앞단으로 전달하는 과정을 역전파(Back Propagation)라고 합니다. 역전파를 구현해 보겠습니다.

[5] # 정의된 함수를 이용하여 역전파 구현
    dL_dY_p = Y_p − Y_t

    dL_dB3 = dL_dY_p
    dL_dW3 = np.matmul(Z2.T, dL_dY_p)
    dL_dZ2 = np.matmul(dL_dY_p, W3.T)

    dL_dB2 = dL_dZ2
    dL_dW2 = np.matmul(Z1.T, dL_dZ2)
    dL_dZ1 = np.matmul(dL_dZ2, W2.T)

```
dL_dB1 = dL_dZ1
dL_dW1 = np.matmul(X.T, dL_dZ1)
dL_dX = np.matmul(dL_dZ1, W1.T)
```

⇥

미리 함수로 구현해 두었기 때문에 손쉽게 역전파를 구할 수 있습니다. 이제 각 파라미터의 미분
값을 이용하여 파라미터를 업데이트 해주면 됩니다.

```
[6] # W와 B를 업데이트
    W1 = W1 − lr * dL_dW1
    B1 = B1 − lr * dL_dB1

    W2 = W2 − lr * dL_dW2
    B2 = B2 − lr * dL_dB2

    W3 = W3 − lr * dL_dW3
    B3 = B3 − lr * dL_dB3
```

⇥

1개의 데이터에서 진행한 내용에 대해 반복문을 사용하여 원하는 에포크만큼 반복하면 됩니다.
일단 업데이트해 주는 함수를 정의해 주고, 원하는 만큼 반복하겠습니다.

```
[7] # 엑셀에 값을 업데이트해 주는 함수 정의
    def update_val():
        train_ws.range((4,2),(4,2)).value = X
        train_ws.range((4,76),(4,76)).value = Y_t

        train_ws.range((4,4),(4,13)).value = W1
        train_ws.range((4,15),(4,24)).value = B1
        train_ws.range((4,26),(4,35)).value = Z1

        train_ws.range((4,37),(13,46)).value = W2
        train_ws.range((4,48),(4,57)).value = B2
        train_ws.range((4,59),(4,68)).value = Z2
```

```
        train_ws.range((4,70),(13,70)).value = W3
        train_ws.range((4,72),(4,72)).value = B3
        train_ws.range((4,74),(4,74)).value = Y_p
        train_ws.range((4,78),(4,78)).value = L

        train_ws.range((16,74),(16,74)).value = dL_dY_p

        train_ws.range((16,70),(25,70)).value = dL_dW3
        train_ws.range((16,72),(16,72)).value = dL_dB3
        train_ws.range((16,59),(16,68)).value = dL_dZ2

        train_ws.range((16,37),(25,46)).value = dL_dW2
        train_ws.range((16,48),(16,57)).value = dL_dB2
        train_ws.range((16,26),(16,35)).value = dL_dZ1

        train_ws.range((16,4),(16,13)).value = dL_dW1
        train_ws.range((16,15),(16,24)).value = dL_dB1
    update_val()
```

⇥

```
[8] # 위 과정을 원하는 epoch만큼 반복
    epoch_num = 30
    time_delay = 1

    for e in range(epoch_num):
        # 현재 epoch수
        train_ws.range(2,2).value = e +1

        # epoch 내 순서를 섞음
        batch_turn = list(range(data_num))
        random.shuffle(batch_turn)

        Loss_Sum = 0
```

```python
# 데이터를 섞어준 순서대로 하나씩 불러옴
for i in batch_turn:
    # 순전파
    X, Y_t = get_data(i,3,2,1,3,1)

    Z1 = np.matmul(X, W1) + B1

    Z2 = np.matmul(Z1, W2) + B2

    Y_p = np.matmul(Z2, W3) + B3

L = np.mean(np.square(Y_p-Y_t))
Loss_Sum = Loss_Sum + L

    # 역전파
    dL_dY_p = Y_p - Y_t
    dL_dB3 = dL_dY_p
    dL_dW3 = np.matmul(Z2.T, dL_dY_p)
    dL_dZ2 = np.matmul(dL_dY_p, W3.T)

    dL_dB2 = dL_dZ2
    dL_dW2 = np.matmul(Z1.T, dL_dZ2)
    dL_dZ1 = np.matmul(dL_dZ2, W2.T)

    dL_dB1 = dL_dZ1
    dL_dW1 = np.matmul(X.T, dL_dZ1)
    dL_dX =  np.matmul(dL_dZ1, W1.T)

    # 업데이트
    W1 = W1 - lr * dL_dW1
    B1 = B1 - lr * dL_dB1

    W2 = W2 - lr * dL_dW2
    B2 = B2 - lr * dL_dB2
```

```
        W3 = W3 - lr * dL_dW3
        B3 = B3 - lr * dL_dB3


    # 1 epoch 끝나면 Loss를 표기하고 값을 업데이트
    print("epoch : ",e + 1, ", Loss : ", Loss_Sum)


    # 진행 상황을 보기 위해 일정 시간 대기
    update_val()
    time.sleep(time_delay)
```

⮕ epoch : 1 , Loss : 959.130501812588
  epoch : 2 , Loss : 816.5134358896139
  epoch : 3 , Loss : 799.1708603941248
  epoch : 4 , Loss : 768.2257224604185
  epoch : 5 , Loss : 766.3619231157695
  epoch : 6 , Loss : 767.5980265907821
  epoch : 7 , Loss : 778.3526882140361
  epoch : 8 , Loss : 768.862873465546
  epoch : 9 , Loss : 771.4760516242656
  epoch : 10 , Loss : 761.4090064891269
  epoch : 11 , Loss : 775.9110235339074
  epoch : 12 , Loss : 759.1630456061282
  epoch : 13 , Loss : 764.0041195923253
  epoch : 14 , Loss : 756.0745663884046
  epoch : 15 , Loss : 743.3420279761475
  epoch : 16 , Loss : 657.5762171736877
  epoch : 17 , Loss : 753.6940773077237
  epoch : 18 , Loss : 749.7768674743083
  epoch : 19 , Loss : 742.0493997778146
  epoch : 20 , Loss : 744.8301488947016
  epoch : 21 , Loss : 759.4516525822858
  epoch : 22 , Loss : 738.5579020360296
  epoch : 23 , Loss : 743.304682871064

```
epoch : 24 , Loss : 729.3427701370023
epoch : 25 , Loss : 733.7759418893397
epoch : 26 , Loss : 740.2367257391667
epoch : 27 , Loss : 717.3797627444114
epoch : 28 , Loss : 716.0485429173975
epoch : 29 , Loss : 733.5717322858281
epoch : 30 , Loss : 716.0386158374516
```

30번이나 반복을 하는데, 예전과는 다르게 Loss값이 거의 줄지 않습니다. 어떻게 된 걸까요? 예측 결과를 보겠습니다.

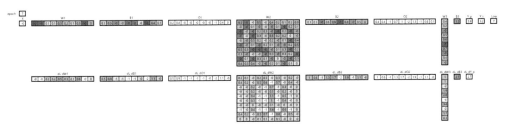

[그림 2-35] 학습된 파라미터 값

[9] # DATA 시트에 값을 업데이트
```python
Loss_Sum = 0
for i in range(data_num):
    X, Y_t = get_data(i,3,2,1,3,1)
    Z1 = np.matmul(X, W1) + B1
    Z2 = np.matmul(Z1, W2) + B2
    Y_p = np.matmul(Z2, W3) + B3
    L = np.mean(np.square(Y_p-Y_t))
    Loss_Sum = Loss_Sum + L
    data_ws.range(3 + i, 4).value = Y_p
    data_ws.range(3 + i, 5).value = L
data_ws.range(103, 5).value =Loss_Sum
```

x	y_t	예측	LOSS
0.988051569	1.656815645	3.949765229	**5.257617793**
-2.60970445	11.09990258	5.986549881	**26.14637587**
1.562396119	2.024460465	3.624613618	**2.560490114**
1.400067376	3.000195385	3.716512204	**0.513109786**
0.515496755	2.129865885	4.217290983	**4.357343541**
-1.00820022	4.421115868	5.079896063	**0.433991345**
-0.36064317	3.282545342	4.713296922	**2.047050083**
1.492880481	2.994361447	3.663968256	**0.448373278**
-0.36146444	3.229818448	4.713761865	**2.202088065**
2.518227895	5.571319939	3.083492018	**6.189287765**
-0.58560091	3.823639159	4.840651437	**1.034313973**
1.310421095	2.056049876	3.76726333	**2.928251488**
1.280478048	2.993240528	3.78421488	**0.625640426**
2.594062685	6.274330234	3.040559942	**10.4572703**
2.039527266	4.006431601	3.35449708	**0.42501862**
1.398145.41	4.722216112	5.300654329	**0.334590771**

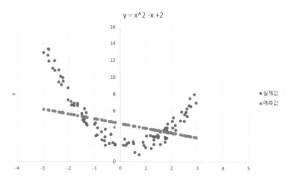

[그림 2-36] 예측 결과

03 활성화 함수(Activation Function)

학습 과정에서 무엇을 놓쳤을까요? 예측하려는 함수는 선형 함수가 아닙니다. 그런데 선형 함수는 아무리 깊게 연결해도 선형을 벗어날 수 없습니다. 다음 수식에서 w를 여러 개 만들어 깊게 쌓아도 결국 새로운 w 하나로 대체가 가능합니다. 이전의 결과도 보면 결국 선형의 그래프로 예측한 것을 확인할 수 있습니다.

$$y = w3 \times \left(w2 \times \left(w1 \times x\right)\right) = w1w2w3 \times x = w\_new \times x$$

[수식 2-20]

뉴런(신경세포)에 대해 조금 더 공부해 보겠습니다. 생물 시간에 공부한 내용이 기억나겠지만, 이 신경세포는 앞단에서 들어온 자극을 그대로 뒤 신경세포에 전달하지 않습니다. 어느 일정 값 (임계값)이 넘어서는 자극만 전달합니다. 그럼으로써 비선형을 만들 수 있습니다.

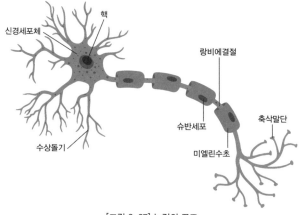

[그림 2-37] 뉴런의 구조

다음으로 비선형성을 만들 수 있는 함수를 확인하겠습니다. 이러한 함수를 활성화 함수(Activation Function)라고 부릅니다. 그중에서 가장 많이 사용하는 Relu 함수를 구현하겠습니다. Relu는 입력값이 양수이면 값을 그대로 전달하고 음수이면 값을 0으로 만들어 전달합니다.

$$Relu(x) = \begin{cases} x \ (x > 0) \\ 0 \ (x \le 0) \end{cases}$$

[수식 2–21]

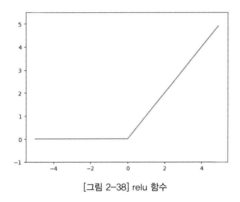

[그림 2–38] relu 함수

역전파를 위해 Relu의 미분값을 구해보겠습니다. 입력값이 양수이면 1, 0이거나 음수이면 0입니다. 기울기를 생각하면 쉽게 구할 수 있습니다.

$$\frac{dRelu}{dx} = \begin{cases} 1 \ (x > 0) \\ 0 \ (x \le 0) \end{cases}$$

[수식 2–22]

한 가지 생각해 볼 점은 앞선 연산과는 다르게 활성화 함수는 학습할 파라미터는 따로 없습니다. 단순히 함수의 형태(모양)만 변경해 주는 역할을 한다고 생각하면 됩니다. 이제 활성화 함수까지 이용하여 이전 문제를 다시 풀어보겠습니다.

04 모델 구현

앞의 모델 구조에서 Z값 다음에 활성화 함수 Relu를 추가하여 모델을 개선하겠습니다.

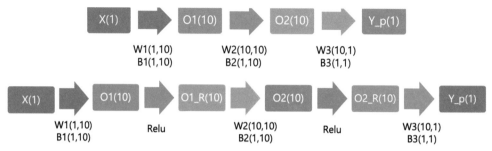

[그림 2-39] 활성화 함수를 포함한 학습 과정

항상 정해진 엑셀 파일 위치에 값을 업데이트하면 모델의 모양을 마음대로 바꾸기 어렵기 때문에 엑셀에 쉽게 값을 쓸 수 있도록 함수(show_excel)를 추가했습니다.

〈소스〉 2_5.ipynb

```
[1] import xlwings as xw
    import numpy as np
    import time
    import random
    import platform


    # 반복되는 계산을 용이하게 만들기 위한 함수
    def show_excel(show_list, show_list_name, color_list, start_row, start_col):
        ""
        엑셀에 값을 표기해 주는 함수
            Args:
        show_list(list) : 보여줄 데이터(numpy array) List
        show_list_name(list) : 보여줄 이름(string) List
        color_list(list) : 보여줄 색상(string) List
                "N" : 색상 없음
                "R" : RED
                "G" : GREEN
                "B" : BLUE
        start_row : 첫 데이터 행 번호
```

```
        start_col : 첫 데이터 열 번호
    Return:
            None : 엑셀에 값 표기
    '''

  col_num = start_col


for arr, arr_name, color in zip(show_list, show_list_name, color_list):
  train_ws.range((start_row,col_num)).value = arr_name


for arr, arr_name, color in zip(show_list, show_list_name, color_list):
  train_ws.range((start_row,col_num)).value = arr_name


  arr_rage = train_ws.range((start_row + 1,col_num),(start_row +
  arr.shape[0],col_num + arr.shape[1] −1))


  arr_rage.value = arr
  if(platform.system( ) == 'Windows'):
    arr_rage.api.Borders.LineStyle = 2              # 선 스타일
    arr_rage.api.Borders.ColorIndex = 1             # 선 색상
    arr_rage.api.Borders.Weight = 1                 # 선 굵기


  else:
    from appscript import k

    arr_rage.api.get_border(which_border=1).line_style.set(k.dash)
    arr_rage.api.get_border(which_border=1).weight.set(2)
    arr_rage.api.get_border(which_border=2).line_style.set(k.dash)
    arr_rage.api.get_border(which_border=2).weight.set(2)
    arr_rage.api.get_border(which_border=3).line_style.set(k.dash)
    arr_rage.api.get_border(which_border=3).weight.set(2)
    arr_rage.api.get_border(which_border=4).line_style.set(k.dash)
    arr_rage.api.get_border(which_border=4).weight.set(2)


if(color == "N"):
  pass
```

```python
        else:
          arr_min = np.min(arr)
          arr_max = np.max(arr)
          if(arr_min==arr_max):
            pass
          else:
            for r in range(arr.shape[0]):
              for c in range(arr.shape[1]):
                color_val = int((arr[r,c] - arr_min)/(arr_max - arr_min) * 255)
                if(color == "R"):
                  train_ws.range((start_row + 1 + r,col_num + c)).color =
                  (255,255-color_val,255-color_val)
                if(color == "G"):
                  train_ws.range((start_row + 1 + r,col_num + c)).color =
                  (255-color_val,255,255-color_val)
                if(color == "B"):
                  train_ws.range((start_row + 1 + r,col_num + c)).color =
                  (255-color_val,255-color_val,255)

      col_num = col_num + arr.shape[1] + 1


    def get_data(index, row_num, x_col, x_f_num, y_col, y_f_num):
      …코드 생략…
      return X, Y_t
```

```python
[2] # 파일을 오픈하고 시트 지정
    wb = xw.Book('2_5.xlsx')
    data_ws = wb.sheets[0]
    train_ws = wb.sheets[1]


    # 업데이트 스텝 size(Learning rate) 지정
    lr = 0.01


    # 데이터 개수 정의
    data_num = 100
```

```
X = np.random.rand(data_num,1) * 6 -3
data_ws.range(3,2).value = X


# numpy의 행렬 연산을 활용하여 Y_t를 구해주고 노이즈 추가
noise = np.random.rand(data_num,1) * 2 - 1
Y_t = np.square(X) - X + 2  + noise
data_ws.range(3,3).value = Y_t
```

⇥

[3]
```
# W와 B들을 각각 랜덤하게 생성
# shape에 주의(input 피처수, output 피처수)
W1 = np.random.rand(1,10) - 0.5
B1 = np.random.rand(1,10) - 0.5


W2 = np.random.rand(10,10) - 0.5
B2 = np.random.rand(1,10) - 0.5
W3 = np.random.rand(10,1) - 0.5
B3 = np.random.rand(1,1) - 0.5
```

⇥

순전파를 구할 때 중간중간 출력에 Relu 활성화 함수를 추가합니다.

[4]
```
# 정의한 함수를 이용하여 순전파 구현
X, Y_t = get_data(0,3,2,1,3,1)

Z1 = np.matmul(X, W1) + B1
A1 = np.where(Z1>0,Z1,0)

Z2 = np.matmul(A1, W2) + B2
A2 = np.where(Z2>0,Z2,0)

Y_p = np.matmul(A2, W3) + B3

L = np.mean(np.square(Y_p-Y_t))
```

⇥

새로 만든 함수로 순전파 값을 엑셀에 업데이트해 줍니다.

```
[5] show_excel([X,W1,B1,Z1,A1,W2,B2,Z2,A2,W3, B3, Y_p,Y_t]
              ,['X','W1','B1','Z1','A1','W2','B2','Z2','A2','W3', 'B3', 'Y_p','Y_t']
              ,['N','R','R','N','N','R','R','N','N','R', 'R', 'N','N']
              ,4, 2)
```

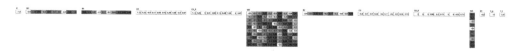

[그림 2-40] 순전파 결과

역전파를 구할 때도 활성화 함수에 대한 역전파 연산이 누락되지 않도록 주의합니다.

```
[6] # 정의된 함수를 이용하여 역전파 구현
    dL_dY_p = Y_p - Y_t

    dL_dB3 = dL_dY_p
    dL_dW3 = np.matmul(A2.T, dL_dY_p)
    dL_dA2 = np.matmul(dL_dY_p, W3.T)
    dL_dZ2 = np.where(Z2>0,dL_dA2,0)

    dL_dB2 = dL_dZ2
    dL_dW2 = np.matmul(A1.T, dL_dZ2)
    dL_dA1 = np.matmul(dL_dZ2, W2.T)
    dL_dZ1 = np.where(Z1>0,dL_dA1,0)

    dL_dB1 = dL_dZ1
    dL_dW1 = np.matmul(X.T, dL_dZ1)
    dL_dX = np.matmul(dL_dZ1, W1.T)
```

[7] show_excel([dL_dX,dL_dW1,dL_dB1,dL_dZ1,dL_dA1,dL_dW2,dL_dB2,dL_dZ2
            ,dL_dA2,dL_dW3,dL_dB3,dL_dY_p]
        ,['dL_dX','dL_dW1','dL_dB1','dL_dZ1','dL_dA1','dL_dW2','dL_dB2','dL_dZ2'
        ,'dL_dA2','dL_dW3','dL_dB3','dL_dY_p']
        ,['N','G','G','N','N','G','G','N','N','G','G','N']
        ,16, 2)

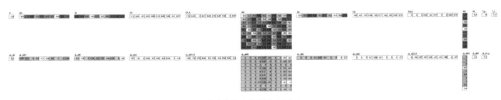

[그림 2-41] 역전파 결과

[8] # W와 B를 업데이트
    W1 = W1 − lr * dL_dW1
    B1 = B1 − lr * dL_dB1

    W2 = W2 − lr * dL_dW2
    B2 = B2 − lr * dL_dB2

    W3 = W3 − lr * dL_dW3
    B3 = B3 − lr * dL_dB3

이제 위 과정을 원하는 에포크만큼 반복합니다.

[9] # 위 과정을 원하는 epoch만큼 반복
    epoch_num = 30
    time_delay = 1

    train_ws.clear()

    for e in range(epoch_num):

```python
# 현재 epoch수
train_ws.range(2,2).value = e +1

# epoch 내 순서를 섞음
batch_turn = list(range(data_num))
random.shuffle(batch_turn)

Loss_Sum = 0

# 데이터를 섞어준 순서대로 하나씩 불러옴
for i in batch_turn:
    # 순전파
    X, Y_t = get_data(i,3,2,1,3,1)
    Z1 = np.matmul(X, W1) + B1
    A1 = np.where(Z1>0,Z1,0)

    Z2 = np.matmul(A1, W2) + B2
    A2 = np.where(Z2>0,Z2,0)

    Y_p = np.matmul(A2, W3) + B3

    L = np.mean(np.square(Y_p-Y_t))

    Loss_Sum = Loss_Sum + L

    # 역전파
    dL_dY_p = Y_p - Y_t

    dL_dB3 = dL_dY_p
    dL_dW3 = np.matmul(A2.T, dL_dY_p)
    dL_dA2 = np.matmul(dL_dY_p, W3.T)
    dL_dZ2 = np.where(Z2>0,dL_dA2,0)
    dL_dB2 = dL_dZ2

    dL_dW2 = np.matmul(A1.T, dL_dZ2)
    dL_dA1 = np.matmul(dL_dZ2, W2.T)
```

```
        dL_dZ1 = np.where(Z1>0,dL_dA1,0)


        dL_dB1 = dL_dZ1
        dL_dW1 = np.matmul(X.T, dL_dZ1)
        dL_dX  =  np.matmul(dL_dZ1, W1.T)


        # 업데이트
        W1 = W1 - lr * dL_dW1
        B1 = B1 - lr * dL_dB1
        W2 = W2 - lr * dL_dW2
        B2 = B2 - lr * dL_dB2
        W3 = W3 - lr * dL_dW3
        B3 = B3 - lr * dL_dB3


    # 1 epoch 끝나면 Loss를 표기하고 값을 업데이트
    print("epoch : ",e + 1, ", Loss : ", Loss_Sum)


    # 진행 상황을 보기 위해 일정 시간 대기
    show_excel([X,W1,B1,Z1,A1,W2,B2,Z2,A2,W3, B3, Y_p,Y_t]
            ,['X','W1','B1','Z1','A1','W2','B2','Z2','A2','W3', 'B3', 'Y_p','Y_t']
            ,['N','R','R','N','N','R','R','N','N','R', 'R', 'N','N']
            ,4, 2)


    show_excel([dL_dX,dL_dW1,dL_dB1,dL_dZ1,dL_dA1,dL_dW2,dL_dB2,dL_dZ2
            ,dL_dA2,dL_dW3,dL_dB3,dL_dY_p]
            ,['dL_dX','dL_dW1','dL_dB1','dL_dZ1','dL_dA1','dL_dW2','dL_dB2'
            ,'dL_dZ2','dL_dA2','dL_dW3','dL_dB3','dL_dY_p']
            ,['N','G','G','N','N','G','G','N','N','G','G','N']
            ,16, 2)


    time.sleep(time_delay)
```
⟹ epoch : 1 , Loss : 686.8396624427431
  epoch : 2 , Loss : 161.435918354723
  epoch : 3 , Loss : 126.09966581436987
  epoch : 4 , Loss : 122.33153016768475

```
epoch : 5 , Loss : 121.4361129905903
epoch : 6 , Loss : 99.72210035914486
epoch : 7 , Loss : 90.81140261789517
epoch : 8 , Loss : 72.60492079675478
epoch : 9 , Loss : 74.22376687708659
epoch : 10 , Loss : 62.360391935194166
epoch : 11 , Loss : 63.80057265484261
epoch : 12 , Loss : 83.65102548374523
epoch : 13 , Loss : 48.400684655394485
epoch : 14 , Loss : 65.71895312778524
epoch : 15 , Loss : 59.54415685590083
epoch : 16 , Loss : 65.63821048938598
epoch : 17 , Loss : 52.27118913973375
epoch : 18 , Loss : 91.00121387443677
epoch : 19 , Loss : 81.03261257486457
epoch : 20 , Loss : 67.99019335547084
epoch : 21 , Loss : 62.96943398462894
epoch : 22 , Loss : 66.58918444355908
epoch : 23 , Loss : 70.26628150443814
epoch : 24 , Loss : 78.83129534973637
epoch : 25 , Loss : 64.13967025699468
epoch : 26 , Loss : 77.37966929838245
epoch : 27 , Loss : 83.73137197744622
epoch : 28 , Loss : 58.27919158049708
epoch : 29 , Loss : 53.898400569179046
epoch : 30 , Loss : 47.36519389959044
```

이전과는 다르게 Loss가 쭉 감소하는 것을 볼 수 있습니다. 그래프를 예측해 보겠습니다.

[10] # DATA 시트에 값을 업데이트
```
Loss_Sum = 0
for i in range(data_num):
    X, Y_t = get_data(i,3,2,1,3,1)
    Z1 = np.matmul(X, W1) + B1
    A1 = np.where(Z1>0,Z1,0)

    Z2 = np.matmul(A1, W2) + B2
    A2 = np.where(Z2>0,Z2,0)

    Y_p = np.matmul(A2, W3) + B3

    L = np.mean(np.square(Y_p−Y_t))
    Loss_Sum = Loss_Sum + L
    data_ws.range(3 + i, 4).value = Y_p
    data_ws.range(3 + i, 5).value = L
data_ws.range(103, 5).value =Loss_Sum
```

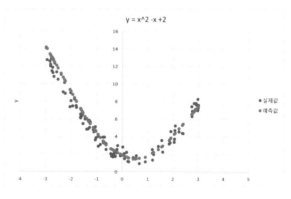

X	Y_t	예측	LOSS
-1.786471747	7.311324949	7.99658049	0.469575156
2.079072595	4.732223927	4.359184024	0.139158769
2.821938679	7.790305166	6.854666132	0.875420401
-1.534623042	5.482174136	6.675798377	1.424738828
1.199982937	1.348205095	2.145766625	0.636104395
2.866493355	7.132478759	6.999069392	0.017798059
-0.444279682	2.057300217	2.609979844	0.30545477
0.078779612	2.046802955	1.80815266	0.056953964
1.183635577	2.530616545	2.11863934	0.169725218
-0.946314708	3.991392734	4.250425005	0.067097717
-1.062336373	3.597915729	4.71323775	1.243943209
1.925778025	4.615833786	3.842585178	0.597913411
-2.669090244	10.8133952	12.60030578	3.193049408
-1.564532548	6.523142741	6.832654223	0.095797357
-2.016191703	8.993455925	9.201311752	0.043204045
-1.605133966	6.275862112	7.045582164	0.592468959

[그림 2-42] 예측 결과

지금까지는 임의로 생성한 데이터를 바탕으로 딥러닝 모델을 만들고 학습시키는 작업을 하였습니다. 다음 파트부터는 실제의 데이터 세트를 가지고 학습을 진행해보겠습니다.

PART 03

회귀 예제

실제 데이터로 인공지능 모델을 만들 때 고려해야 할 부분이 있습니다. 데이터 세트에
대해서 결측치 처리 및 데이터 분포를 맞추기 위한 전처리를 해야 합니다. 또한 모델이
과소접합이나 과대접합되는 것을 방지하고 모든 데이터에 적용할 수 있도록 일반화 성능을
높여야 합니다. 이번 파트에서는 이와 같은 점을 고려하여 실제 데이터를 가지고 모델을
만들어 보겠습니다.

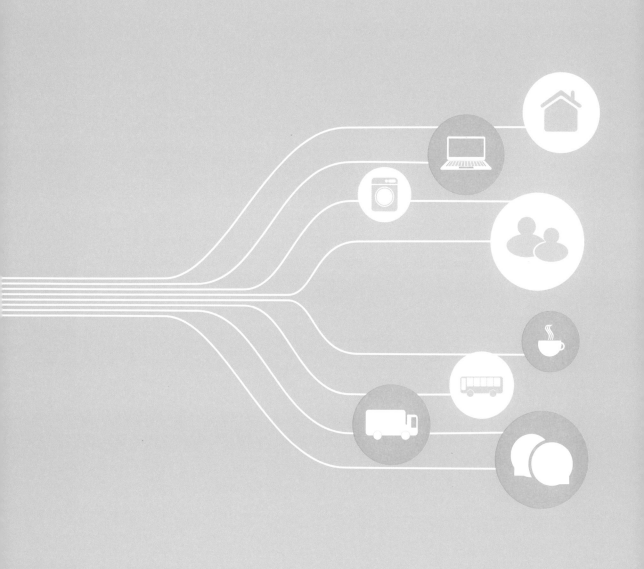

Part 1에서 설치한 사이킷런(Scikit-Learn)에서 제공하는 예제 데이터로 학습을 진행하겠습니다. 사이킷런에서는 머신러닝 및 인공지능을 활용해볼 수 있는 다양한 예제 데이터를 제공합니다. 이번 파트에서는 앞서 배운 내용을 응용하여 Diabetes Data Set(당뇨병 환자 데이터)를 가지고 모델을 만들어 보겠습니다. 당뇨병 데이터 세트는 당뇨병 발병 이후 1년 후 나이, 성별, BMI, 평균 혈압(bp), 혈액 검사 수치(S1 ~ S6)를 측정하여 병이 얼마나 악화되었는지를 추적한 데이터입니다. 다만 피처 정보에 대한 내용이 학습에 영향을 미치지는 않으므로 참고만 하겠습니다.

Data Set	내용	구분
load_iris	붓꽃(iris)의 종류	classification
load_diabetes	442명의 당뇨병 환자 데이터	regression
load_digits	0~9의 숫자 필기 이미지 데이터	classification
load_linnerud	운동 능력 데이터	regression
load_wine	와인 등급 데이터	classification
load_breast_cancer	유방암 진단 데이터	classification

(출처 : scikit-learn.org/stable/datasets/toy_dataset.html)

[그림 3-1] 사이킷런 제공 데이터

01 데이터 확인 및 모델 만들기

사이킷런에서 load_diabetes( ) 명령어를 통해서 데이터를 불러올 수 있습니다. 사이킷런에서 제공하는 당뇨병(Diabetes) 데이터 세트는 피처 값의 범위가 -0.2 ~ 0.2 사이로 스케일링(Scaling) 되어 있으나, 학습을 위해서 "scaled=False" 옵션을 통해서 스케일링 되지 않은 원본의 값으로 데이터를 로드하여 사용하겠습니다.

〈소스〉 3_1.ipynb

```
[1] import xlwings as xw
    import numpy as np
    import time
    import random
    from appscript import k
    import platform
```

```
# 반복되는 계산을 용이하게 만들기 위한 함수
def show_excel(show_list, show_list_name, color_list, start_row, start_col):
    …코드 생략…


# 엑셀에서 데이터를 가지고 오는 함수
def get_data(index, row_num, x_col, x_f_num, y_col, y_f_num):
    …코드 생략…


# Scikit-Learn에서 당뇨병 데이터 불러오기
from sklearn.datasets import load_diabetes
diabetes=load_diabetes(scaled=False)


# Excel 파일을 오픈하고, 시트의 이름 지정
wb = xw.Book('3_1.xlsx')
data_ws = wb.sheets[0]
train_ws = wb.sheets[1]


# Excel Sheet 초기화
data_ws.clear()
train_ws.clear()


# 당뇨병 데이터를 설정한 엑셀 시트로 로드
data_ws.range((1,1)).value = diabetes.feature_names      # Feature 이름
data_ws.range((2,1)).value = diabetes.data               # Data Load


# Target Data Load
data_ws.range((1,11)).value = "Y_t"
Y_t = np.reshape(np.array(diabetes.target),(-1,1))
data_ws.range((2,11)).value = Y_t
```

엑셀에 불러온 데이터를 열(Column) 정보를 확인하면 총 10개의 피처(age, sex, ⋯, s6)와 1개의 Target 값(Y_t)이 있고, 행(Row) 정보를 보면 총 데이터의 개수는 442개로 데이터가 구성되어 있음을 확인할 수 있습니다. 다시 정리하면 당뇨병 데이터 세트의 데이터는 442×10의 크기로 되어 있고, 데이터에 대한 정답(Target) 역시 442개의 1차원 배열로 되어 있습니다.

데이터를 엑셀에 로드하였으니 엑셀에서 입력된 값을 훑어보고 결측치를 찾아보겠습니다. 다행히도 데이터 세트에 결측치는 없습니다. 결측치가 없으니 별도의 처리 없이 학습을 진행할 수 있습니다.

10개 열 / 결과 / 442개 행

	1	2	3	4	5	6	7	8	9	10	11
1	age	sex	bmi	bp	s1	s2	s3	s4	s5	s6	Y_t
2	59	2	32.1	101	157	93.2	38	4	4.8598	87	151
3	48	1	21.6	87	183	103.2	70	3	3.8918	69	75
4	72	2	30.5	93	156	93.6	41	4	4.6728	85	141
5	24	1	25.3	84	198	131.4	40	5	4.8903	89	206
6	50	1	23	101	192	125.4	52	4	4.2905	80	135
7	23	1	22.6	89	139	64.8	61	2	4.1897	68	97
8	36	2	22	90	160	99.6	50	3	3.9512	82	138
9	66	2	26.2	114	255	185	56	4.55	4.2485	92	63
					•••	•••					
439	60	2	28.2	112	185	113.8	42	4	4.9836	93	178
440	47	2	24.9	75	225	166	42	5	4.4427	102	104
441	60	2	24.9	99.67	162	106.6	43	3.77	4.1271	95	132
442	36	1	30	95	201	125.2	42	4.79	5.1299	85	220
443	36	1	19.6	71	250	133.2	97	3	4.5951	92	57

[그림 3-2] 당뇨병 데이터 세트 형태

당뇨병 데이터로 앞서 Part 2의 4)에서 만든 모델을 응용하여 학습을 진행하겠습니다. 학습률, W, B는 그대로 유지하고 학습 시간을 위해서 에포크(30 → 20) 및 레이어(3 → 2)를 줄이고 학습을 진행하겠습니다.

항목	값
학습률(Learning Rate)	0.01
에포크(epoch)	30 → 20
레이어(Layer)	3 → 2
W1	10 × 10
W2	10 × 1
B1	1 × 10
B2	1 × 1

[그림 3-3] 하이퍼 파라미터 설정

```
[2]  # W와 B들을 각각 랜덤하게 생성
     # (10) -> (10) -> 1
     W1 = np.random.rand(10,10)
     B1 = np.random.rand(1,10)

     W2 = np.random.rand(10,1)
     B2 = np.random.rand(1,1)

     # 업데이트 스텝 size(Learning rate) 지정
     lr = 0.01

     # 데이터 개수 정의
     data_num = len(diabetes.data)

     # 위 과정을 원하는 epoch만큼 반복
     epoch_num = 20
     time_delay = 1

     for e in range(epoch_num):
         # 현재 epoch수
         train_ws.range((2,2)).value = e +1

         # epoch 내 순서를 섞어 주기
         batch_turn = list(range(data_num))
         random.shuffle(batch_turn)

         Loss_Sum = 0

     # 데이터를 섞어준 순서대로 하나씩 불러오기
         for i in batch_turn:
             # 순전파
             X, Y_t = get_data(i,2,1,10,11,1)

             # 레이어1
             Z1 = np.matmul(X, W1) + B1
             A1 = np.where(Z1>0, Z1, 0)
```

```python
# 출력층
Y_p = np.matmul(A1, W2) + B2

# Loss 계산
L = np.mean(np.square(Y_p-Y_t))
Loss_Sum = Loss_Sum + L

# 역전파
# 손실 함수 미분
dL_dY_p = Y_p - Y_t

# 출력층 역전파
dL_dB2 = dL_dY_p
dL_dW2 = np.matmul(A1.T, dL_dB2)
dL_dA1 = np.matmul(dL_dB2, W2.T)

# 레이어1 역전파
dL_dZ1 = np.where(Z1>0, dL_dA1, 0)
dL_dB1 = dL_dZ1
dL_dW1 = np.matmul(X.T, dL_dZ1)

# 입력층 역전파 계산
dL_dX = np.matmul(dL_dZ1, W1.T)

# 업데이트
W1 = W1 - lr * dL_dW1
B1 = B1 - lr * dL_dB1
W2 = W2 - lr * dL_dW2
B2 = B2 - lr * dL_dB2


# 1  epoch 끝나면 Loss를 표기하고 값을 업데이트
print("epoch : ",e + 1, ", Loss : ", Loss_Sum)

# 진행 상황을 보기 위해 일정 시간 대기
time.sleep(time_delay)
```

```
show_excel([X.T, W1, B1.T,Z1.T,A1.T,W2,B2.T,Y_p,Y_t]
          ,['X', 'W1', 'B1', 'Z1', 'A1', 'W2', 'B2', 'Y_p', 'Y_t']
          ,['N', 'R', 'R', 'N', 'N', 'R', 'R', 'N', 'N']
          ,4, 2)

show_excel([dL_dX.T,dL_dW1,dL_dB1.T,dL_dZ1.T,dL_dA1.T,dL_dW2,dL_dB2.T]
          ,['dL_dX','dL_dW1','dL_dB1','dL_dZ1','dL_dA1','dL_dW2','dL_dB2']
          ,['B','G','G','N','N','G','G']
          ,16, 2)
```

epoch : 1 , Loss : 10153371.045150433

epoch : 2 , Loss : 5450985.964977072

epoch : 3 , Loss : 3791857.5213673767

epoch : 4 , Loss : 3104741.338220967

epoch : 5 , Loss : 2823158.268030246

epoch : 6 , Loss : 2705619.699939651

epoch : 7 , Loss : 2657441.2813326586

epoch : 8 , Loss : 2638159.52539625

epoch : 9 , Loss : 2628851.8723022416

epoch : 10 , Loss : 2625522.0888755843

epoch : 11 , Loss : 2624363.762701524

epoch : 12 , Loss : 2623918.698180591

epoch : 13 , Loss : 2623363.9998289137

epoch : 14 , Loss : 2623599.2227904615

epoch : 15 , Loss : 2623565.2869925904

epoch : 16 , Loss : 2623354.7553429543

epoch : 17 , Loss : 2623428.815099202

epoch : 18 , Loss : 2623030.090509959

epoch : 19 , Loss : 2623538.8331524925

epoch : 20 , Loss : 2623417.948941409

학습이 진행된 후 결과 값을 보면 몇 가지 이상한 점을 발견할 수 있습니다. 우선은 에포크가 진행되어도 Loss가 감소하지 않습니다. 또한 엑셀의 Train Sheet을 보면 대부분의 값이 0으로 계산되었고 W1, W2의 모든 값이 음수(-)로 업데이트 되었으며, Data Sheet의 예측치(Y_p) 확인 시 모두 똑같은 값으로 예측하였습니다. 왜 이와 같은 상황이 발생하였을까요? 하나씩 살펴보겠습니다.

[3] # 결과값 확인

```
data_ws.range((1,12)).value = "Y_p"
Loss_Sum = 0
for i in range(data_num):

    # 레이어 입력
    X, Y_t = get_data(i,2,1,10,11,1)

    # 레이어1
    Z1 = np.matmul(X, W1) + B1
    A1 = np.where(Z1>0, Z1, 0)

    # 출력층
    Y_p = np.matmul(A1, W2) + B2
    data_ws.range((2+i,12)).value = Y_p
```

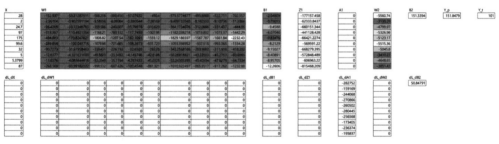

[그림 3-4] 학습 결과

	1	2	3	4	5	6	7	8	9	10	11	12
1	age	sex	bmi	bp	s1	s2	s3	s4	s5	s6	Y_t	Y_p
2	59	2	32.1	101	157	93.2	38	4	4.8598	87	151	152.019971
3	48	1	21.6	87	183	103.2	70	3	3.8918	69	75	152.019971
4	72	2	30.5	93	156	93.6	41	4	4.6728	85	141	152.019971
5	24	1	25.3	84	198	131.4	40	5	4.8903	89	206	152.019971
6	50	1	23	101	192	125.4	52	4	4.2905	80	135	152.019971
7	23	1	22.6	89	139	64.8	61	2	4.1897	68	97	152.019971
8	36	2	22	90	160	99.6	50	3	3.9512	82	138	152.019971
9	66	2	26.2	114	255	185	56	4.55	4.2485	92	63	152.019971
10	60	2	32.1	83	179	119.4	42	4	4.4773	94	110	152.019971
11	29	1	30	85	180	93.4	43	4	5.3845	88	310	152.019971
12	22	1	18.6	97	114	57.6	46	2	3.9512	83	101	152.019971
13	56	2	28	85	184	144.8	32	6	3.5835	77	69	152.019971

[그림 3-5] 모델 예측값(Y_p)

Train Sheet에서 확인 시 활성화 함수 이전의 선형 변환의 값(Z1 = W1 * X + B1)이 모두 음수로 계산되었습니다. 앞서 설명하였듯이 활성화 함수 ReLu는 음수 입력값을 모두 0으로 반환하기 때문에 활성화 함수 다음의 값(A1)은 모두 0으로 계산하였습니다. ReLu의 출력 값이 모두 0으로 계산되었기 때문에 아무리 역전파를 계산하여도 W와 B가 업데이트 되지 못하고 음수로 업데이트 되었습니다. 따라서 최종 결과값(Y_p)을 예측할 때에도 ReLu의 출력값이 0이므로 마지막 B2의 값만 반환하게 되어 모든 Y_p의 값이 동일하게 계산되었습니다(Y_p = W2 * Z1 + B2). 그렇다면 어떻게 문제를 해결할 수 있을까요?

학습 데이터를 살펴보겠습니다. 엑셀의 min( ), max( ) 함수를 가지고 각 피처의 최대, 최소값을 확인해 보았습니다. 성별(sex)처럼 단순하게 1, 2로 구분되어 있는 피처도 있지만 이외의 피처는 결과값을 포함하여 1에서 346까지 다양한 분포로 데이터가 존재하는 것을 확인할 수 있습니다. 하지만 신경망 학습을 위해서 생성한 W 및 B의 초기값은 0 ~ 1 사이의 값으로 학습 값과 곱해졌을 경우 Data마다 그 영향성이 다를 수 있습니다.

age		sex		bmi		bp		s1		s2		s3		s4		s5		s6		Y_p	
min	max	min	max	min	max	min	max	min	max	min	max	min	max	min	max	min	max	min	max	min	max
19	79	1	2	18	42.2	62	133	97	301	41.6	242.4	22	99	2	9.09	3.258	6.107	58	124	25	346

[그림 3-6] 피처와 아웃풋의 최대, 최소값

이와 같은 경우를 해결하기 위해서는 두 가지의 방법이 있습니다. 첫째는 앞서 배운 학습률을 조절하는 경우입니다. 앞선 코드와 동일하게 학습률만 더 작은 값인 0.000001로 수정하여 실행해 보겠습니다.

```
[4]  # W와 B들을 각각 랜덤하게 생성
     # (10) → (10) → 1
     W1 = np.random.rand(10,10)
     B1 = np.random.rand(1,10)


     W2 = np.random.rand(10,1)
     B2 = np.random.rand(1,1)


     # 업데이트 스텝 size(Learning rate) 지정
     lr = 0.000001              # 0.001(기존) → 0.000001(변경)


     # 데이터 개수 정의
     data_num = len(diabetes.data)
```

```python
# 위 과정을 원하는 epoch만큼 반복
epoch_num = 20
time_delay = 1

for e in range(epoch_num):
    # 현재 epoch수
    …코드 생략…
```

➡ epoch : 1 , Loss : 5606322.9728262955
  epoch : 2 , Loss : 3527680.425897932
  epoch : 3 , Loss : 2897344.8919512182
  epoch : 4 , Loss : 2690129.812725122
  epoch : 5 , Loss : 2572886.0735192206
  epoch : 6 , Loss : 2425308.257404307
  epoch : 7 , Loss : 2249990.907397795
  epoch : 8 , Loss : 2189836.988208275
  epoch : 9 , Loss : 2072468.8761259718
  epoch : 10 , Loss : 2008894.9324922254
  epoch : 11 , Loss : 1922155.7626896484
  epoch : 12 , Loss : 1945592.257849484
  epoch : 13 , Loss : 1922285.3039833677
  epoch : 14 , Loss : 1881278.0814240573
  epoch : 15 , Loss : 1766510.9803732915
  epoch : 16 , Loss : 1808902.932856498
  epoch : 17 , Loss : 1764669.0992861188
  epoch : 18 , Loss : 1820159.5823793737
  epoch : 19 , Loss : 1764289.2323980718
  epoch : 20 , Loss : 1775708.3081277448

학습률을 0.000001로 변경하여 학습 시에는 에포크 진행에 따라 Loss 값이 잘 감소하는 것을 확인할 수 있습니다. 또한 활성화 함수(ReLu) 이전에 선형변환 구간에서 이전과는 다르게 양수의 값으로 계산되었고, 활성화 함수 이후의 값도 0이 아닌 값으로 계산되고 있는 것을 확인할 수 있습니다.

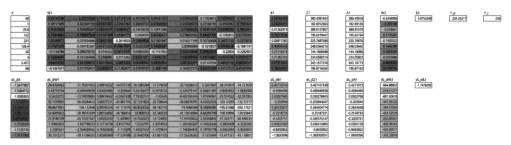

[그림 3-7] 학습률 변경 이후 W, B 값 업데이트

	1	2	3	4	5	6	7	8	9	10	11	12
1	age	sex	bmi	bp	s1	s2	s3	s4	s5	s6	Y_t	Y_p
2	59	2	32.1	101	157	93.2	38	4	4.8598	87	151	193.866
3	48	1	21.6	87	183	103.2	70	3	3.8918	69	75	87.4218
4	72	2	30.5	93	156	93.6	41	4	4.6728	85	141	174.067
5	24	1	25.3	84	198	131.4	40	5	4.8903	89	206	152.972
6	50	1	23	101	192	125.4	52	4	4.2905	80	135	143.401
7	23	1	22.6	89	139	64.8	61	2	4.1897	68	97	106.484
8	36	2	22	90	160	99.6	50	3	3.9512	82	138	130.932
9	66	2	26.2	114	255	185	56	4.55	4.2485	92	63	163.931
10	60	2	32.1	83	179	119.4	42	4	4.4773	94	110	164.386
11	29	1	30	85	180	93.4	43	4	5.3845	88	310	171.354
12	22	1	18.6	97	114	57.6	46	2	3.9512	83	101	140.766
13	56	2	28	85	184	144.8	32	6	3.5835	77	69	157.639

[그림 3-8] 학습률 변경 이후 결과값(Y_p) 예측

02 데이터 정규화

앞선 내용과 같이 단순히 학습률만 수정하여 접근하는 방법은 추천하지 않습니다. 당뇨병 데이터 세트에서 bp와 s5의 값을 예를 들어 설명해 보겠습니다. bp의 최대값은 133이고 s5의 최대값은 6.107입니다. 단순히 물리적인 숫자의 크기가 22배 크다고 bp가 s5보다 22배의 중요도를 가진다고 말할 수 없습니다.

조금 더 극단적인 예를 들어 W값이 0.1이라고 가정하고 입력값이 X1=100,000인 경우와 X2=10인 경우를 생각해보면 그 영향성은 X2에 더 큰 영향성을 가질 수밖에 없습니다. (X1 * W=10,000, X2 * W=1) 물론 신경망 내부에서 데이터에 자동으로 맞출 수 있게 잘 설계할 수도 있지만, 당뇨병 데이터 세트와 같이 데이터의 개수가 작은 데이터에서는 학습을 어렵게 만드는 요인입니다.

이렇게 다양한 범위의 데이터를 다룰 때 필요한 방법은 모든 데이터가 동일한 스케일로 반영되도록 하는 정규화(Normalization) 작업이 필요합니다.

가장 많이 사용되는 정규화 방법은 Min-Max 정규화, Z-Score 정규화 방법 등이 있습니다. Min-Max 정규화는 데이터 중에서 가장 작은 값을 0, 가장 큰 값을 1로 두고, 나머지 값들은 비율을 맞춰서 모두 0과 1 사이의 값으로 스케일링하는 방법입니다. Z-Score 정규화는 데이터값에서 평균을 뺀 값을 표준편차로 나누는 작업으로 고등학교 통계 시간에 배웠던 표준화 작업을 하는 것입니다. 즉 피처의 값이 평균과 동일하면 0으로 정규화되고 평균보다 작으면 음수, 평균보다 크면 양수로 나타나게 됩니다.

$$Min-Max\ Normalization\ =\ \frac{(X - MIN(X))}{(MAX(X)\ -\ MIN(X))}$$

[수식 3-1]

$$Z-Score\ Normalization\ =\ \frac{(X - Average(X))}{(STD(X))}$$

[수식 3-2]

조금 더 직관적으로 이해가 쉬운 Min-Max 정규화를 적용하여 학습을 진행해 보겠습니다. 피처값과 결과값(Y_t) 모두 동일하게 Min-Max 정규화를 계산 후 학습을 진행하였습니다. 이때 학습률은 위와 동일하게 0.000001를 유지하여 학습하였습니다.

```
[5] # Min-Max Scaling
    X = diabetes.data
    X_min = np.min(X, axis=0)          # 최소값
    X_max = np.max(X, axis=0)          # 최대값
    X = (X - X_min) / (X_max - X_min)  # Min-Max Scaling
    data_ws.range((2,1)).value = X


    # Y값 Min - Max Scaling
    data_ws.range((1,13)).value = "Y_t_2" # 별도의 열을 생성하여 데이터 입력
    Y_t = np.reshape(np.array(diabetes.target),(-1,1))
    Y_t_2 = (Y_t - np.min(Y_t))/(np.max(Y_t) - np.min(Y_t))
    data_ws.range((2,13)).value = Y_t_2


    # W와 B들을 각각 랜덤하게 생성
    # (10) -> (10) -> (1)
    W1 = np.random.rand(10,10)
    B1 = np.random.rand(1,10)
```

```
W2 = np.random.rand(10,1)
B2 = np.random.rand(1,1)


lr = 0.000001

# 데이터 개수 정의
data_num = len(diabetes.data)

# 위 과정을 원하는 epoch만큼 반복
epoch_num = 20
time_delay = 1


for e in range(epoch_num):
    # 현재 epoch수
    train_ws.range((2,2)).value = e +1


    # epoch 내 순서 섞어주기
    batch_turn = list(range(data_num))
    random.shuffle(batch_turn)


    Loss_Sum = 0

    # 데이터를 섞어준 순서대로 하나씩 불러오기
    for i in batch_turn:
        # 순전파
        X, Y_t = get_data(i,2,1,10,13,1)

        # Hidden layer1
        Z1 = np.matmul(X, W1) + B1
        A1 = np.where(Z1>0, Z1, 0)

        # 출력층
        Y_p = np.matmul(A1, W2) + B2
```

```python
# Loss 계산
L = np.mean(np.square(Y_p-Y_t))
Loss_Sum = Loss_Sum + L


# 역전파
# 손실 함수 미분
dL_dY_p = Y_p - Y_t


# 출력층 역전파
dL_dB2 = dL_dY_p
dL_dW2 = np.matmul(A1.T, dL_dB2)
dL_dA1 = np.matmul(dL_dB2, W2.T)


# Hidden Layer 역전파
dL_dZ1 = np.where(Z1>0, dL_dA1, 0)
dL_dB1 = dL_dZ1
dL_dW1 = np.matmul(X.T, dL_dZ1)


# 입력층 역전파 계산
dL_dX = np.matmul(dL_dZ1, W1.T)


# 업데이트
W1 = W1 - lr * dL_dW1
B1 = B1 - lr * dL_dB1


W2 = W2 - lr * dL_dW2
B2 = B2 - lr * dL_dB2


# 1 epoch 끝나면 Loss를 표기하고 값을 업데이트
print("epoch : ",e + 1, ", Loss : ", Loss_Sum)


# 진행 상황을 보기 위해 일정 시간 대기
time.sleep(time_delay)
show_excel([X.T, W1, B1.T,Z1.T,A1.T,W2,B2.T,Y_p,Y_t]
           ,['X', 'W1', 'B1', 'Z1', 'A1', 'W2', 'B2', 'Y_p', 'Y_t']
```

```
          ,['N', 'R', 'R', 'N', 'N', 'R', 'R', 'N', 'N']
          ,4, 2)


    show_excel([dL_dX.T,dL_dW1,dL_dB1.T,dL_dZ1.T,dL_dA1.T,dL_dW2,dL_dB2.T]
               ,['dL_dX', 'dL_dW1', 'dL_dB1', 'dL_dZ1', 'dL_dA1', 'dL_dW2', 'dL_dB2']
               ,['B', 'G', 'G', 'N', 'N', 'G', 'G']
               ,16, 2)
```

epoch : 1 , Loss : 17086.62414771125
epoch : 2 , Loss : 16553.675783258062
epoch : 3 , Loss : 16039.149470464694
epoch : 4 , Loss : 15542.308905130723
epoch : 5 , Loss : 15062.446963126567
epoch : 6 , Loss : 14598.900875895746
epoch : 7 , Loss : 14151.037360079496
epoch : 8 , Loss : 13718.2399346383
epoch : 9 , Loss : 13299.932532044668
epoch : 10 , Loss : 12895.56038299542
epoch : 11 , Loss : 12504.592041522523
epoch : 12 , Loss : 12126.523604361055
epoch : 13 , Loss : 11760.875555760731
epoch : 14 , Loss : 11407.183922677601
epoch : 15 , Loss : 11065.00889784929
epoch : 16 , Loss : 10733.92956094441
epoch : 17 , Loss : 10413.537650405577
epoch : 18 , Loss : 10103.446862242137
epoch : 19 , Loss : 9803.286830533922
epoch : 20 , Loss : 9512.70459624281

변수들의 정규화 작업 후 학습 진행 시 Loss가 잘 감소하는 것을 확인할 수 있습니다. 다만 Loss
의 값이 충분히 수렴되지 않아 보이고 더 감소할 수 있는 경향을 보입니다. 여기서는 사용자가
어떻게 학습을 진행할지 결정해야 합니다. 에포크를 더 늘릴지, 레이어를 더 깊게 학습할지, 학
습률을 변경할지 등을 결정할 수 있습니다. 이렇게 인공지능 및 머신러닝 모델을 구성할 때 사용
자가 직접 결정하고 세팅해주는 값을 하이퍼 파라미터(Hyper Parameter)라고 합니다. 앞서 정규
화 작업 전에 학습률을 감소시킨 것 역시 학습을 위하여 하이퍼 파라미터를 설정한 것이라고 볼
수 있습니다.

현재는 에포크를 증가시키기에는 연산량이 증가하므로 우선은 학습률을 변경시키며 Loss 감소
에 대한 효과를 확인해 보겠습니다. 학습률을 0.0001, 0.001로 변경하여 학습을 진행해 보고,
0.000001을 포함하여 학습률에 대한 Loss 감소를 비교해보았습니다. 확실히 학습률이 0.001인
경우에 빠르게 Loss가 감소하고 특정 값에 수렴하는 경향을 보였습니다.

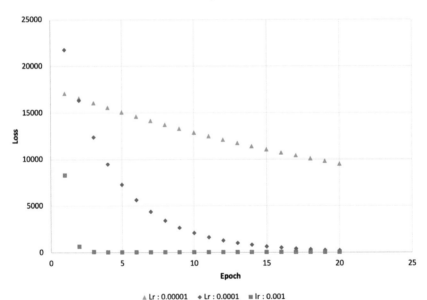

[그림 3-9] 학습률에 따른 Loss 감소 추이

04 과소/과대 적합 방지

하이퍼 파라미터 중 하나인 학습률을 바꿔서 학습할 때, 모든 학습률에서 에포크가 진행될수록 Loss가 감소하는 것을 확인할 수 있었습니다. 앞서 배운 것을 생각해본다면 신경망은 Loss가 작아지도록 학습을 진행하고 있기 때문에 에포크가 진행될수록 Loss는 계속해서 작아질 것입니다. 그렇다면 에포크를 무한대로 계속 진행시키는 것이 효율적일까요?

인공지능 모델을 만드는 이유는 주어진 데이터를 가장 잘 대변하는 모델을 찾는 것도 있지만, 신규 데이터 입력에 대해서 예측을 잘하는 것입니다. 서론에서 설명하였듯이 인공지능 모델을 구축할 때 가장 주의해야 할 것이 과소적합(Underfit) 및 과대적합(Overfit)을 피하는 것입니다. 과소적합은 인공지능 모델이 데이터의 구조를 충분히 표현하지 못하고 데이터를 단순하게 표현하여 발생하는 것입니다. 반대로 과대적합은 현재 주어진 데이터에 너무 과하게 고려하여 학습을 하여 새로운 데이터 세트에 대해서 정확성이 떨어지게 되는 것을 의미합니다.

과소적합과 과대적합을 방지 및 검증하기 위해서 주어진 학습 데이터를 모델 학습에 모두 사용하지 않고 학습 데이터(Train Data)와 테스트 데이터(Test Data)로 나눕니다. 통상 학습 데이터는 80%, 테스트 데이터는 20%로 나누는 것이 일반적이나 상황에 따라서 비율은 75%:25%, 70%:30%와 같이 변경할 수 있습니다. 이렇게 나눠진 데이터를 가지고 학습 데이터로는 모델을 학습 진행하고 학습을 통해 계산된 W와 B에 테스트 데이터를 입력시켜서 모델에 대해 채점하게 됩니다(정확히는 손실 함수에 대한 Loss를 계산하게 됩니다).

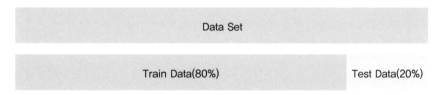

[그림 3-10] 데이터 세트 나누기

모델을 검증하기 위하여 당뇨병 데이터 세트를 학습 데이터와 테스트 데이터로 나누도록 하겠습니다. 총 442개의 데이터 중 약 20%인 88개의 데이터를 테스트 데이터로 사용하겠습니다. 보통은 무작위로 섞어서 데이터를 나누지만 현재의 데이터는 무작위로 섞여 있다고 가정하고 순서대로 1~354까지는 학습데이터, 355 ~ 442까지는 테스트 데이터로 잘라서 사용하겠습니다.

〈소스〉 3_2.ipynb

[1] …코드 생략…

```
# Train - Test Data Split
# Test Data를 약 20%로 나눔(88개)
test_split = 88


# Train Data 개수 정의
data_num = len(diabetes.data)


# For Train Data
# 1 ~ 354번째 까지의 데이터를 잘라내어 Train Data로 사용
X_train = X[:data_num - test_split]
Y_train = Y_t_2[:data_num - test_split]


data_ws.range((1,1)).value = diabetes.feature_names
data_ws.range((1,11)).value = "Y_t_2"


data_ws.range((2,1)).value = X_train
data_ws.range((2,11)).value = Y_train


# For Test Data
# 354 ~ 442번째 까지의 데이터를 잘라내어 Test Data로 사용
X_test = X[data_num - test_split:]
Y_test = Y_t_2[data_num - test_split:]


data_ws.range((1,14)).value = diabetes.feature_names
data_ws.range((1,24)).value = "Y_t_2"


data_ws.range((2,14)).value = X_test
data_ws.range((2,24)).value = Y_test
```

➡

기존에 사용하던 학습 코드를 수정하여 테스트 데이터에 대해 Loss를 계산하는 마이너스(−) 코드를 추가하였습니다. 에포크 당 업데이트된 가중치(W1, W2)와 바이어스(B1, B2)를 가지고 Validation Loss를 계산하고 기존과 동일하게 에포크 당 Loss의 총합을 계산하였습니다.

```
[2]  # 위 과정을 원하는 epoch만큼 반복
     epoch_num = 20
     time_delay = 1

     # 업데이트 스텝 size(Learning rate) 지정
     lr = 0.0001

     for e in range(epoch_num):
     …코드 생략…

       # Test Set에 대한 Loss 계산
       for j in range(test_split):
         X_val, Y_t_val = get_data(j, 2, 14, 10, 24, 1)

         # Hidden layer1
         Z1 = np.matmul(X_val, W1) + B1
         A1 = np.where(Z1>0, Z1, 0)

         # Output Layer
         Y_p = np.matmul(A1, W2) + B2

         # Loss 계산
         L_val = np.mean(np.square(Y_p−Y_t_val))
         val_loss += L_val

       # 1 epoch끝나면 Loss를 표기하고 값을 업데이트
       print("epoch : ",e + 1, ", Loss : ", Loss_Sum, ", Val_loss :", val_loss)
       …코드 생략…
```

```
▷ epoch :  1 , Loss :  13380.997511111416 , Val_loss : 1125.342701313373
  epoch :  2 , Loss :  2266.227957427319 , Val_loss : 224.35559363465404
  epoch :  3 , Loss :  480.4543383755272 , Val_loss : 51.00454166408769
  epoch :  4 , Loss :  120.35512341420193 , Val_loss : 15.181927748091566
  epoch :  5 , Loss :  43.43217762863458 , Val_loss : 7.602190803035239
  epoch :  6 , Loss :  26.330632194023057 , Val_loss : 6.062490854230038
  epoch :  7 , Loss :  22.687966061601994 , Val_loss : 5.815004908582465
  epoch :  8 , Loss :  21.925114620295396 , Val_loss : 5.789170361382947
  epoch :  9 , Loss :  21.754091477671345 , Val_loss : 5.797689275029647
  epoch :  10 , Loss :  21.7041088087755 , Val_loss : 5.8105855238965844
  epoch :  11 , Loss :  21.700258880744645 , Val_loss : 5.8093206955882835
  epoch :  12 , Loss :  21.69643605879067 , Val_loss : 5.807608589265173
  epoch :  13 , Loss :  21.694134131563917 , Val_loss : 5.808870490167648
  epoch :  14 , Loss :  21.687368730683996 , Val_loss : 5.80942127027524
  epoch :  15 , Loss :  21.680159971555955 , Val_loss : 5.804814734125864
  epoch :  16 , Loss :  21.677234914156994 , Val_loss : 5.805031246302259
  epoch :  17 , Loss :  21.67190218228338 , Val_loss : 5.807480618607798
  epoch :  18 , Loss :  21.669749972717938 , Val_loss : 5.805903110853028
  epoch :  19 , Loss :  21.664645217392422 , Val_loss : 5.804259911223651
  epoch :  20 , Loss :  21.658606560019482 , Val_loss : 5.801883452640581
```

실행된 결과를 보면 특이한 점 하나를 발견할 수 있습니다. 8번째 에포크에서 9번째 에포크로 넘어가는 순간에 Test Set에 대한 Loss는 감소하였지만, Validation Loss는 오히려 감소하지 않고 증가하는 경향을 보입니다. 그리고 에포크가 더 증가하더라도 Validation Loss는 일정 수준을 유지하는 경향입니다. 해당 구간부터 학습 데이터에만 과하게 학습되는 구간으로 앞서 설명한 과대적합(Overfit)이 시작되는 구간으로 볼 수 있습니다.

반대로 만약에 에포크를 5번째까지만 선정하여 학습을 진행하고 마쳤다고 가정하면 해당 구간에서는 학습 데이터 및 테스트 데이터 모두 Loss가 더 저감될 수 있음에도 학습을 마친 경우가 됩니다. 이러한 구간은 과소적합(Underfit)이 되었다고 볼 수 있습니다.

따라서 모델을 최적화하기 위해서는 에포크를 적절히 설정하여 학습을 진행하고 최종 모델은 8번째 에포크에서 계산된 W와 B를 저장하여 최종 모델에 업데이트하는 전략이 필요합니다.

이번에는 동일하게 사이킷런에서 제공하는 예제 데이터 중 체력 검사 데이터(linnerud)를 활용하여 실전 예제를 풀어보겠습니다. 이 데이터는 미국 하버드 대학에서 수집한 운동 생리학 실험 데이터입니다. 20명의 체력 단련을 하는 선수들의 세 가지 체력 요소(체중, 허리둘레, 맥박)와 이들이 수행한 세 가지 운동(철봉, 스쿼트, 레그프레스)에 대한 세 가지 측정치(운동 횟수, 운동 중량, 운동 후 2분 동안 맥박수)를 포함합니다. 이 데이터 세트의 특징은 맞춰야 할 정답이 1개가 아니라 3개입니다. 이렇게 출력값이 여러 개일 때는 어떻게 모델을 만들고 학습해야 할까요?

01 데이터 확인

데이터를 확인하기 전 앞에서 만들어 놓은 함수를 먼저 정의하겠습니다.

〈소스〉 3_3.ipynb

```
[1] import xlwings as xw
    import numpy as np
    import time
    import random
    import platform

    # 반복되는 계산을 용이하게 만들기 위한 함수
    def show_excel(show_list, show_list_name, color_list, start_row, start_col):
    …코드 생략…


    def get_data(index, row_num, x_col, x_f_num, y_col, y_f_num):
    …코드 생략…

        return X, Y_t
```

데이터를 로드합니다.

```
[2] from sklearn.datasets import load_linnerud
    linnerud=load_linnerud()
```

엑셀로 데이터를 로드해 보겠습니다. 결과를 보면 3개의 입력값이 있고 3개의 출력값을 예측해야 하는 데이터 셋입니다. 총 데이터의 개수는 20개로 매우 작은 데이터셋입니다. 따라서 정확한 예측보다는 출력이 여러 개일 때 모델을 어떻게 설계해야 하는지 더 집중해서 예제를 풀어보겠습니다.

```
[3] # 파일 오픈하고 시트 지정
    wb = xw.Book('3_3.xlsx')
    data_ws = wb.sheets[0]
    train_ws = wb.sheets[1]

    # 업데이트 스텝 size(Learning rate) 지정
    lr = 0.01

    # 데이터 개수 정의
    data_num = len(linnerud.data)

    # 데이터를 엑셀로 로드
    data_ws.range(1,1).value = linnerud.feature_names
    data_ws.range(2,1).value = linnerud.data

    data_ws.range(1,4).value = linnerud.target_names
    Y_t = np.reshape(np.array(linnerud.target),(-1,3))
    data_ws.range(2,4).value = Y_t
```

앞선 당뇨병 예제와 같이 여러 범위의 값들을 0과 1 사이의 값으로 변경해 주겠습니다.

[4] # Min-Max Scale 적용

```
data_min = np.min(linnerud.data.axis=0)
data_max = np.max(linnerud.data.axis=0)
data_min_max =(linnerud.data - data_min) / (data_max - data_min)
data_ws.range((1,8)).value = linnerud.feature_names
data_ws.range((2,8)).value = data_min_max
print(data_min_max)
```

```
[[0.25       0.55721393 0.15555556]
 [0.0625     0.29850746 0.15555556]
 [0.6875     0.25373134 0.33777778]
 [0.6875     0.27363184 0.05333333]
 [0.75       0.52238806 0.14666667]
 [0.1875     0.25373134 0.07555556]
 [0.4375     0.25373134 0.05777778]
 [0.3125     0.37313433 0.06666667]
 [0.875      0.74626866 0.06666667]
 [1.         1.         1.        ]
 [1.         0.34825871 0.05777778]
 [0.75       0.7960199  0.4       ]
 [0.8125     0.82089552 0.35555556]
 [0.         0.         0.11111111]
 [0.3125     0.09950249 0.02666667]
 [0.6875     0.7960199  0.42222222]
 [0.1875     0.04975124 0.        ]
 [0.625      0.89552239 0.24444444]
 [0.875      0.87064677 0.21333333]
 [0.0625     0.29850746 0.08      ]]
```

[5] # Min—Max Scale 적용

```
target_min = np.min(linnerud.target,axis=0)
target_max = np.max(linnerud.target,axis=0)
target_min_max = (linnerud.target - target_min) / (target_max - target_min)
data_ws.range((1,11)).value = linnerud.target_names
data_ws.range((2,11)).value = target_min_max
print(target_min_max)
```

```
[[0.48623853 0.33333333 0.14285714 ]
 [0.46788991 0.4        0.21428571 ]
 [0.50458716 0.46666667 0.42857143 ]
 [0.22018349 0.26666667 0.57142857 ]
 [0.46788991 0.26666667 0.         ]
 [0.40366972 0.33333333 0.35714286 ]
 [0.66972477 0.46666667 0.35714286 ]
 [0.26605505 0.2        0.5        ]
 [0.34862385 0.         1.         ]
 [0.14678899 0.13333333 0.35714286 ]
 [0.28440367 0.2        0.14285714 ]
 [0.25688073 0.13333333 0.21428571 ]
 [0.14678899 0.2        0.64285714 ]
 [1.         1.         0.14285714 ]
 [0.50458716 0.33333333 0.         ]
 [0.58715596 0.4        0.57142857 ]
 [0.34862385 0.4        0.28571429 ]
 [0.17431193 0.06666667 0.21428571 ]
 [0.16513761 0.13333333 0.28571429 ]
 [0.         0.13333333 0.78571429]]
```

컬럼별로 0과 1 사이 값으로 스케일이 맞아진 것을 확인할 수 있습니다.

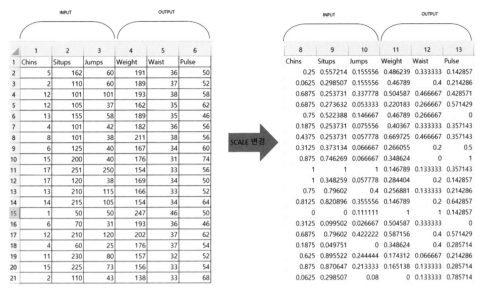

[그림 3-11] 데이터 구조(스케일링 전 후)

02 다중 출력 모델 설계

다중 출력(MULTI-OUTPUT)의 경우 가장 간단한 모델은 각각의 결과를 예측하는 모델을 따로따로 만드는 것입니다.

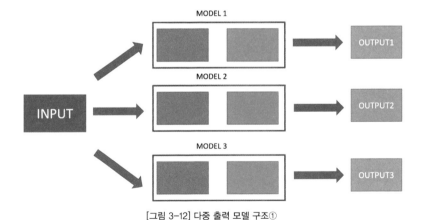

[그림 3-12] 다중 출력 모델 구조①

이렇게 모델을 구성하면 3개의 모델을 각각 따로 예측하는 것이므로 단일 출력 모델 3개를 만들어 학습하면 됩니다. 앞에서처럼 만들면 되기 때문에 따로 예제를 함께 돌려보지는 않겠습니다.

두 번째는 모델의 일부를 공유하는 구조를 만드는 것입니다. 입력 3개가 출력 3개로 값이 나오기 위해 중간의 무언가 연관된 특성이 있다고 믿고 그 특성은 공유하도록 만드는 것입니다.

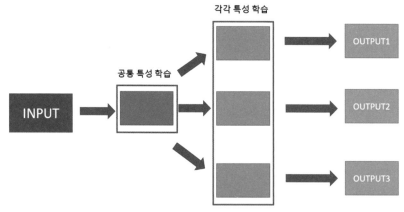

[그림 3-13] 다중 출력 모델 구조②

이렇게 설계를 하면 각 출력에 대한 공통적인 특성을 학습하는 부분이 있고, 분개된 이후에는 각각 출력에 맞는 특성을 학습할 수 있습니다. 어떤 구조가 더 좋다는 정답은 없습니다. 문제마다 본인의 판단으로 구조를 만들어 학습하면 됩니다. 첫 번째 방법은 각각의 모델 3개를 만들면 되므로 따로 구현없이 두 번째 방법으로 모델을 구성해 보겠습니다.

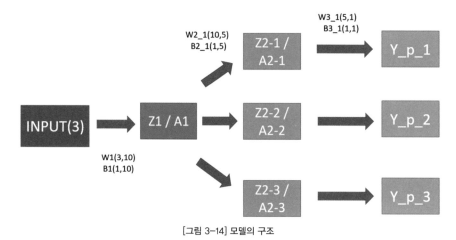

[그림 3-14] 모델의 구조

초기값을 정의해 줍니다.

```
[6] # 초기값 설정
    W1 = np.random.rand(3,10)
    B1 = np.random.rand(1,10)

    W2_1 = np.random.rand(10,5)
    B2_1 = np.random.rand(1,5)

    W2_2 = np.random.rand(10,5)
    B2_2 = np.random.rand(1,5)

    W2_3 = np.random.rand(10,5)
    B2_3 = np.random.rand(1,5)

    W3_1 = np.random.rand(5,1)
    B3_1 = np.random.rand(1,1)

    W3_2 = np.random.rand(5,1)
    B3_2 = np.random.rand(1,1)

    W3_3 = np.random.rand(5,1)
    B3_3 = np.random.rand(1,1)
```

⇥

순전파를 정의해 줍니다.

```
[7] # 순전파
    X, Y_t = get_data(0,2,8,3,11,3)

    # 공통 레이어1
    Z1 = np.matmul(X, W1) + B1
    A1 = np.where(Z1>0, Z1, 0)

    # 각 레이어2
    Z2_1 = np.matmul(A1, W2_1) + B2_1
    A2_1 = np.where(Z2_1>0, Z2_1, 0)
```

```
Z2_2 = np.matmul(A1, W2_2) + B2_2
A2_2 = np.where(Z2_2>0, Z2_2, 0)

Z2_3 = np.matmul(A1, W2_3) + B2_3
A2_3 = np.where(Z2_3>0, Z2_3, 0)

# 각 예측값
Y_p_1 = np.matmul(Z2_1, W3_1) + B3_1
Y_p_2 = np.matmul(Z2_2, W3_2) + B3_2
Y_p_3 = np.matmul(Z2_3, W3_3) + B3_3

# 각 LOSS
L1 = np.mean(np.square(Y_p_1-Y_t[:,0]))
L2 = np.mean(np.square(Y_p_2-Y_t[:,1]))
L3 = np.mean(np.square(Y_p_3-Y_t[:,2]))
```

⊏▶

```
[8] train_ws.clear()
    show_excel([W2_1,B2_1.T,Z2_1.T, A2_1.T,W3_1,B3_1.T,Y_p_1]
              ,["W2_1","B2_1","Z2_1", "A2_1","W3_1","B3_1","Y_p_1"]
              ,["R","R","N", "N","R","R","N", "N"]
              ,2, 21)

    show_excel([X.T, W1, B1.T,Z1.T,A1.T,W2_2,B2_2.T,Z2_2.T, A2_2.T,W3_2,B3_2.T,Y_p_2, Y_t.T]
              ,["X", "W1", "B1","Z1","A1","W2_2","B2_2","Z2_2", "A2_2","W3_2","B3_2","Y_p_2", "Y_t"]
              ,["N", "R", "R","N","N","R","R","N", "N","R","R","N", "N"]
              ,26, 2)

    show_excel([W2_3,B2_3.T,Z2_3.T, A2_3.T,W3_3,B3_3.T,Y_p_3]
              ,["W2_3","B2_3","Z2_3", "A2_3","W3_3","B3_3","Y_p_3"]
              ,["R","R","N", "N","R","R","N", "N"]
              ,50, 21)
```

⊏▶

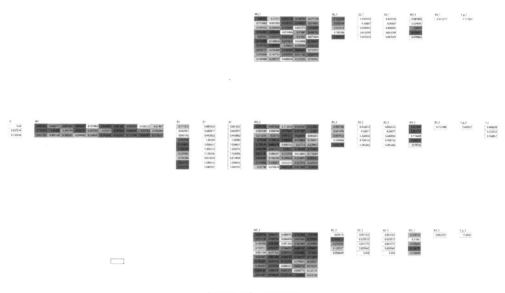

[그림 3-15] 순전파 결과

03 다중 출력 모델의 역전파

다중 출력 모델의 역전파 방법에도 크게 두 가지가 있습니다. 첫 째로 각각의 출력에 대한 LOSS 를 계산하여 각 출력에 대한 역전파를 따로따로 실시하는 것입니다.

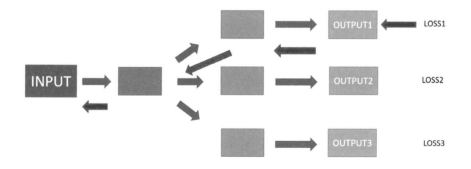

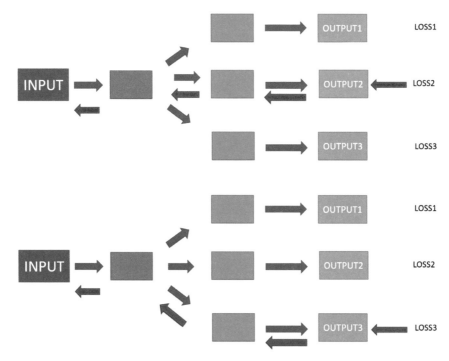

[그림 3-16] 각 LOSS에 대한 역전파

이렇게 학습되면 출력의 개수에 따라 업데이트도 그만큼 많이 일어나게 됩니다. 다른 방법은 어떨까요? 각 출력에 대한 LOSS를 하나로 합쳐 새로운 LOSS를 만들어 학습시키는 방법입니다. 이때 각 LOSS를 그냥 더하지 않고 가중치를 주면서 더할 수도 있습니다.

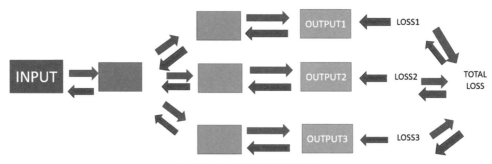

[그림 3-17] LOSS 합에 대한 역전파

역시나 어떤 방법이 더 좋다고 결론적으로 말할 수는 없습니다. 두 번째 방법이 계산의 횟수 측면에서 빠르기 때문에 책에서는 이 방법으로 학습을 진행해 보겠습니다.

```
[9] # 역전파
    # loss1
    dL1_dY_p_1 = Y_p_1 - Y_t[:,0]
    dL1_dB3_1 = dL1_dY_p_1
    dL1_dW3_1 = np.matmul(A2_1.T, dL1_dY_p_1)
    dL1_dA2_1 = np.matmul(dL1_dY_p_1, W3_1.T)

    dL1_dZ2_1 = np.where(Z2_1>0, dL1_dA2_1, 0)
    dL1_dB2_1 = dL1_dZ2_1
    dL1_dW2_1 = np.matmul(A1.T, dL1_dZ2_1)
    dL1_dA1_1 = np.matmul(dL1_dZ2_1, W2_1.T)

    # loss2
    dL2_dY_p_2 = Y_p_2 - Y_t[:,1]
    dL2_dB3_2 = dL2_dY_p_2
    dL2_dW3_2 = np.matmul(A2_2.T, dL2_dY_p_2)
    dL2_dA2_2 = np.matmul(dL2_dY_p_2, W3_2.T)

    dL2_dZ2_2 = np.where(Z2_2>0, dL2_dA2_2, 0)
    dL2_dB2_2 = dL2_dZ2_2
    dL2_dW2_2 = np.matmul(A1.T, dL2_dZ2_2)
    dL2_dA1_2 = np.matmul(dL2_dZ2_2, W2_2.T)

    # loss3
    dL3_dY_p_3 = Y_p_3 - Y_t[:,2]
    dL3_dB3_3 = dL3_dY_p_3
    dL3_dW3_3 = np.matmul(A2_3.T, dL3_dY_p_3)
    dL3_dA2_3 = np.matmul(dL3_dY_p_3, W3_3.T)

    dL3_dZ2_3 = np.where(Z2_3>0, dL3_dA2_3, 0)
    dL3_dB2_3 = dL3_dZ2_3
    dL3_dW2_3 = np.matmul(A1.T, dL3_dZ2_3)
    dL3_dA1_3 = np.matmul(dL3_dZ2_3, W2_3.T)
```

```
dL_dA1 = dL1_dA1_1 + dL2_dA1_2 + dL3_dA1_3

dL_dZ1 = np.where(Z1>0, dL_dA1, 0)
dL_dB1 = dL_dZ1
dL_dW1 = np.matmul(X.T, dL_dZ1)
dL_dX = np.matmul(dL_dZ1, W1.T)
```

[➡]

[10] show_excel([dL1_dW2_1,dL1_dB2_1.T,dL1_dZ2_1.T, dL1_dA2_1.T,dL1_dW3_1,dL1_
            dB3_1.T,dL1_dY_p_1]
            ,["dL1_dW2_1","dL1_dB2_1","dL1_dZ2_1", "dL1_dA2_1","dL1_dW3_1","dL1_
            dB3_1","dL1_dY_p_1"]
            ,["G","G","N", "N","G","G","N"]
            ,14, 21)

    show_excel([dL_dX.T, dL_dW1, dL_dB1.T,dL_dZ1.T,dL_dA1.T,dL2_dW2_2,dL2_dB2_2.T,dL2_
            dZ2_2.T, dL2_dA2_2.T,dL2_dW3_2,dL2_dB3_2.T,dL2_dY_p_2]
            ,["dL_dX", "dL_dW1", "dL_dB1","dL_dZ1","dL_dA1","dL2_dW2_2","dL2_
            dB2_2","dL2_dZ2_2", "dL2_dA2_2","dL2_dW3_2","dL2_dB3_2","dL2_dY_p_2"]
            ,["N", "G", "G","N","N","G","G","N", "N","G","G","N"]
            ,38, 2)

    show_excel([dL3_dW2_3,dL3_dB2_3.T,dL3_dZ2_3.T, dL3_dA2_3.T,dL3_dW3_3,dL3_
            dB3_3.T,dL3_dY_p_3]
            ,["dL3_dW2_3","dL3_dB2_3","dL3_dZ2_3", "dL3_dA2_3","dL3_dW3_3","dL3_
            dB3_3","dL3_dY_p_3"]
            ,["G","G","N", "N","G","G","N"]
            ,62, 21)

[➡]

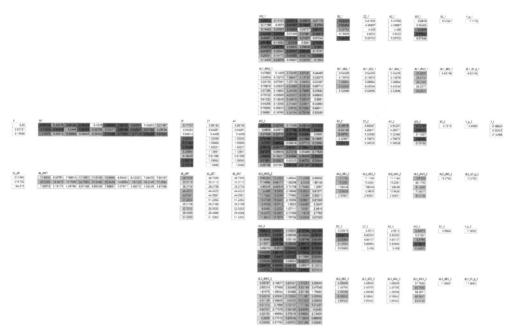

[그림 3-18] 역전파 결과

이제 이런 방법을 원하는 에포크만큼 반복하면 학습이 완료됩니다.

[11] # 위 과정을 원하는 epoch만큼 반복하기
```
epoch_num = 20
time_delay = 1


train_ws.clear()


for e in range(epoch_num):
    # 현재 epoch수
    train_ws.range((2,2)).value = e +1

    # epoch 내 순서 섞기
    batch_turn = list(range(data_num))
    random.shuffle(batch_turn)

    Loss_Sum = 0
```

```
# 데이터를 섞어준 순서대로 하나씩 불러오기
for i in batch_turn:

    # 순전파
    X, Y_t = get_data(i,2,8,3,11,3)

    # 공통 레이어1
    Z1 = np.matmul(X, W1) + B1
    A1 = np.where(Z1>0, Z1, 0)

    # 각 레이어2
    Z2_1 = np.matmul(A1, W2_1) + B2_1
    A2_1 = np.where(Z2_1>0, Z2_1, 0)

    Z2_2 = np.matmul(A1, W2_2) + B2_2
    A2_2 = np.where(Z2_2>0, Z2_2, 0)

    Z2_3 = np.matmul(A1, W2_3) + B2_3
    A2_3 = np.where(Z2_3>0, Z2_3, 0)

    Y_p_1 = np.matmul(Z2_1, W3_1) + B3_1

    Y_p_2 = np.matmul(Z2_2, W3_2) + B3_2

    Y_p_3 = np.matmul(Z2_3, W3_3) + B3_3

    L1 = np.mean(np.square(Y_p_1-Y_t[:,0]))
    L2 = np.mean(np.square(Y_p_2-Y_t[:,1]))
    L3 = np.mean(np.square(Y_p_3-Y_t[:,2]))
    Loss_Sum = Loss_Sum + L1 + L2 + L3

    # 역전파
    # loss1
    dL1_dY_p_1 = Y_p_1 - Y_t[:,0]
    dL1_dB3_1 = dL1_dY_p_1
```

```
dL1_dW3_1 = np.matmul(A2_1.T, dL1_dY_p_1)
dL1_dA2_1 = np.matmul(dL1_dY_p_1, W3_1.T)


dL1_dZ2_1 = np.where(Z2_1>0, dL1_dA2_1, 0)
dL1_dB2_1 = dL1_dZ2_1
dL1_dW2_1 = np.matmul(A1.T, dL1_dZ2_1)
dL1_dA1_1 = np.matmul(dL1_dZ2_1, W2_1.T)


# loss2
dL2_dY_p_2 = Y_p_2 - Y_t[:,1]
dL2_dB3_2 = dL2_dY_p_2
dL2_dW3_2 = np.matmul(A2_2.T, dL2_dY_p_2)
dL2_dA2_2 = np.matmul(dL2_dY_p_2, W3_2.T)


dL2_dZ2_2 = np.where(Z2_2>0, dL2_dA2_2, 0)
dL2_dB2_2 = dL2_dZ2_2
dL2_dW2_2 = np.matmul(A1.T, dL2_dZ2_2)
dL2_dA1_2 = np.matmul(dL2_dZ2_2, W2_2.T)


# loss3
dL3_dY_p_3 = Y_p_3 - Y_t[:,2]
dL3_dB3_3 = dL3_dY_p_3
dL3_dW3_3 = np.matmul(A2_3.T, dL3_dY_p_3)
dL3_dA2_3 = np.matmul(dL3_dY_p_3, W3_3.T)


dL3_dZ2_3 = np.where(Z2_3>0, dL3_dA2_3, 0)
dL3_dB2_3 = dL3_dZ2_3
dL3_dW2_3 = np.matmul(A1.T, dL3_dZ2_3)
dL3_dA1_3 = np.matmul(dL3_dZ2_3, W2_3.T)


dL_dA1 = dL1_dA1_1 + dL2_dA1_2 + dL3_dA1_3


dL_dZ1 = np.where(Z1>0, dL_dA1, 0)
dL_dB1 = dL_dZ1
dL_dW1 = np.matmul(X.T, dL_dZ1)
```

```python
        dL_dX = np.matmul(dL_dZ1, W1.T)


        # 업데이트
        W1 = W1 - lr * dL_dW1
        B1 = B1 - lr * dL_dB1


        W2_1 = W2_1 - lr * dL1_dW2_1
        B2_1 = B2_1 - lr * dL1_dB2_1


        W2_2 = W2_2 - lr * dL2_dW2_2
        B2_2 = B2_2 - lr * dL2_dB2_2


        W2_3 = W2_3 - lr * dL3_dW2_3
        B2_3 = B2_3 - lr * dL3_dB2_3


        W3_1 = W3_1 - lr * dL1_dW3_1
        B3_1 = B3_1 - lr * dL1_dB3_1


        W3_2 = W3_2 - lr * dL2_dW3_2
        B3_2 = B3_2 - lr * dL2_dB3_2


        W3_3 = W3_3 - lr * dL3_dW3_3
        B3_3 = B3_3 - lr * dL3_dB3_3


    # 1 epoch 끝나면 Loss를 표기하고 값을 업데이트
    print("epoch : ",e + 1, ", Loss : ", Loss_Sum)


    show_excel([W2_1,B2_1.T,Z2_1.T, A2_1.T,W3_1,B3_1.T,Y_p_1]
              ,["W2_1","B2_1","Z2_1", "A2_1","W3_1","B3_1","Y_p_1"]
              ,["R","R","N", "N","R","R","N", "N"]
              ,2, 21)


    show_excel([X.T, W1, B1.T,Z1.T,A1.T,W2_2,B2_2.T,Z2_2.T, A2_2.T,W3_2,B3_2.T,Y_p_2, Y_t.T]
              ,["X", "W1", "B1","Z1","A1","W2_2","B2_2","Z2_2", "A2_2","W3_2","B3_2","Y_p_2", "Y_t"]
```

```
          ,["N", "R", "R","N","N","R","R","N", "N","R","R","N", "N"]
          ,26, 2)


show_excel([W2_3,B2_3.T,Z2_3.T, A2_3.T,W3_3,B3_3.T,Y_p_3]
          ,["W2_3","B2_3","Z2_3", "A2_3","W3_3","B3_3","Y_p_3"]
          ,["R","R","N", "N","R","R","N", "N"]
          ,50, 21)


show_excel([dL1_dW2_1,dL1_dB2_1.T,dL1_dZ2_1.T, dL1_dA2_1.T,dL1_dW3_1,dL1_
          dB3_1.T,dL1_dY_p_1]
          ,["dL1_dW2_1","dL1_dB2_1","dL1_dZ2_1", "dL1_dA2_1","dL1_dW3_1","dL1_
          dB3_1","dL1_dY_p_1"]
          ,["G","G","N", "N","G","G","N"]
          ,14, 21)


show_excel([dL_dX.T, dL_dW1, dL_dB1.T,dL_dZ1.T,dL_dA1.T,dL2_dW2_2,dL2_
          dB2_2.T,dL2_dZ2_2.T, dL2_dA2_2.T,dL2_dW3_2,dL2_dB3_2.T,dL2_dY_p_2]
          ,["dL_dX", "dL_dW1", "dL_dB1","dL_dZ1","dL_dA1","dL2_dW2_2","dL2_
          dB2_2","dL2_dZ2_2", "dL2_dA2_2","dL2_dW3_2","dL2_dB3_2","dL2_dY_p_2"]
          ,["N", "G", "G","N","N","G","G","N", "N","G","G","N"]
          ,38, 2)


show_excel([dL3_dW2_3,dL3_dB2_3.T,dL3_dZ2_3.T, dL3_dA2_3.T,dL3_dW3_3,dL3_
          dB3_3.T,dL3_dY_p_3]
          ,["dL3_dW2_3","dL3_dB2_3","dL3_dZ2_3", "dL3_
          dW3_3","dL3_dB3_3","dL3_dY_p_3"]
          ,["G","G","N", "N","G","G","N"]
          ,62, 21)

# 진행 상황을 보기 위해 일정 시간 대기
time.sleep(time_delay)
```

```
epoch : 1 , Loss : 4081.1372140548756
epoch : 2 , Loss : 441.9416269325667
epoch : 3 , Loss : 73.86560164393005
epoch : 4 , Loss : 16.477693318842455
epoch : 5 , Loss : 6.627722369970884
epoch : 6 , Loss : 4.884124306062152
epoch : 7 , Loss : 4.533522912243022
epoch : 8 , Loss : 4.448774339989875
epoch : 9 , Loss : 4.425432202029726
epoch : 10 , Loss : 4.392736169993584
epoch : 11 , Loss : 4.392268982589713
epoch : 12 , Loss : 4.386784261856378
epoch : 13 , Loss : 4.354545311001141
epoch : 14 , Loss : 4.374687840594599
epoch : 15 , Loss : 4.358737966944685
epoch : 16 , Loss : 4.347478502341203
epoch : 17 , Loss : 4.348595595149697
epoch : 18 , Loss : 4.309555933577202
epoch : 19 , Loss : 4.325376026643218
epoch : 20 , Loss : 4.315578652343527
```

[12]
```python
for i in range(data_num):
    X, Y_t = get_data(i,2,8,3,11,3)

    # 공통 레이어1
    Z1 = np.matmul(X, W1) + B1
    A1 = np.where(Z1>0, Z1, 0)

    # 각 레이어2
    Z2_1 = np.matmul(A1, W2_1) + B2_1
    A2_1 = np.where(Z2_1>0, Z2_1, 0)

    Z2_2 = np.matmul(A1, W2_2) + B2_2
    A2_2 = np.where(Z2_2>0, Z2_2, 0)
```

```
Z2_3 = np.matmul(A1, W2_3) + B2_3
A2_3 = np.where(Z2_3>0, Z2_3, 0)

Y_p_1 = np.matmul(Z2_1, W3_1) + B3_1
Y_p_2 = np.matmul(Z2_2, W3_2) + B3_2
Y_p_3 = np.matmul(Z2_3, W3_3) + B3_3

data_ws.range((2+i,14)).value = Y_p_1
data_ws.range((2+i,15)).value = Y_p_2
data_ws.range((2+i,16)).value = Y_p_3
```

LOSS는 떨어지지만 실제 예측은 정확하지 않습니다. 데이터 수가 20개밖에 되지 않기 때문입니다. 본인의 모델을 만들어 직접 학습해 보기 바랍니다.

PART 04

분류 개요

당뇨 수치와 같이 정확한 숫자를 예측하는 문제를 회귀(Regression) 문제라고 합니다.
이와 비슷하지만, 사진을 보고 개인지 고양이인지 맞히는 문제를 분류(Classification)
문제라고 합니다. 분류 문제는 클래스(Class)라고 불리는 라벨을 맞추는 문제입니다.
이 클래스를 맞추기 위해서는 몇 가지 더 추가 작업이 필요합니다.

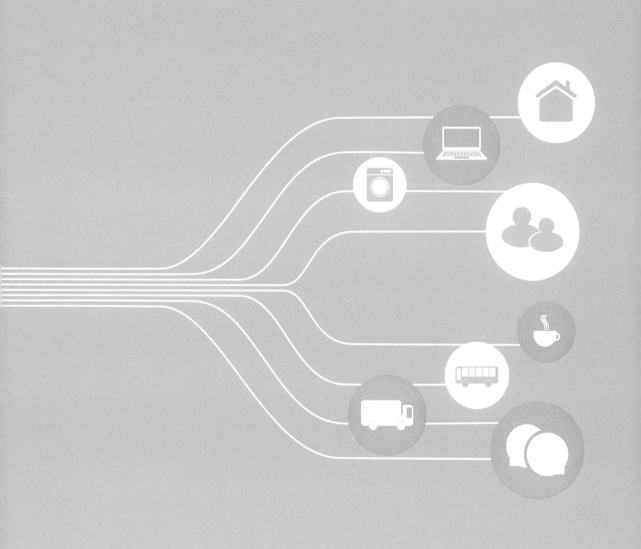

01 이진 분류

둘 중 하나를 맞추는 문제를 분류 문제 중에서도 이진 분류라고 부릅니다. ~~인 것과 ~~아닌 것 이렇게 선택지는 단 두 개입니다. 따라서 클래스는 0과 1 두 개의 값을 가질 수 있습니다. 예를 들어 강아지이면 0을, 강아지가 아니면 1을 맞추는 모델을 만들고 강아지일 확률을 예측하면 됩니다. 여기서 문제는 예측값이 확률값, 즉 0과 1 사이의 값이 나와야 한다는 것입니다. 이를 어떻게 하면 좋을까요?

01 시그모이드(Sigmoid)

확률값을 만들기 위해서는 모든 값이 양수이어야 합니다. 또한 그 값이 0과 1 사이의 값이 나와야 합니다. 여러 가지 후보가 많겠지만, 우리가 새로 배울 함수는 시그모이드 함수입니다. 그래프는 다음과 같습니다.

$$sigmoid(x) = \frac{1}{1 + e^{-x}}$$

[수식 4-1]

```
import matplotlib.pyplot as plt
import numpy as np

X = np.linspace(-3,3,101)
Y = 1/(1+np.exp(-1 * X))


plt.plot(X,Y)
```

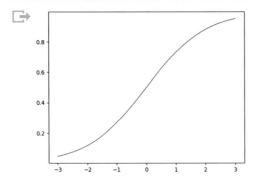

x가 0일 때 0.5를 지나며 x가 아주 작아질 때 0에 가까워지고, x가 아주 커질 때는 1에 가까워지는 함수입니다. 따라서 우리가 어떠한 x값을 입력해도 0과 1 사이의 값을 리턴 하므로 예측값의 확률로 사용하기에 손색이 없습니다.

바이너리 크로스 엔트로피(BCE : Binary Cross Entropy)

MSE Loss를 사용해도 되지만 이진 분류에 맞는 새로운 손실 함수를 정의해 보겠습니다. 이 손실 함수를 알기 전 먼저 Log 그래프를 한번 자세히 살펴보겠습니다. 우리가 관심있는 영역은 0 ~ 1 사이의 값입니다.

$$y = \log(x) \,(x > 0)$$

[수식 4-2]

```python
import matplotlib.pyplot as plt
import numpy as np

X = np.linspace(0.0001,1,100)
Y = np.log(X)


plt.plot(X,Y)
```

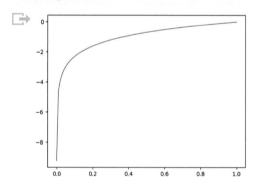

Log 함수는 x가 0일 때에는 마이너스 무한대에 가까워지고, 1일 때는 0이라는 값을 가진다는 것을 눈여겨 보기를 바랍니다. 손실 함수를 두 부분으로 나누어 보겠습니다. 클래스가 1일 경우를 생각해 보겠습니다. 예측을 1에 가까운 값으로 예측하면 잘 맞춘 것이므로 Loss는 0에 가까우면 됩니다. 반대로 예측을 0에 가깝게 한다면 틀린 것이므로 Loss를 크게 만들어 주어야 합니다. Log 함수를 사용하면 [수식 4-3]으로 표현할 수 있습니다.

$$Loss = -\log(x)\,(y = 1)$$

[수식 4-3]

```
import matplotlib.pyplot as plt
import numpy as np


X = np.linspace(0.001,1,100)
Y = -np.log(X)


plt.plot(X,Y)
```

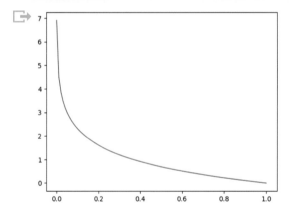

이제 실제 클래스가 0일 경우를 보겠습니다. 예측값이 0일 경우는 잘 맞췄으므로 Loss는 0에 가깝게 만들고, 예측값이 1에 가까울 경우 잘못했기 때문에 Loss를 크게 만들어 주어야 합니다. 이것을 Log 함수로 이용하여 만들 수 있습니다. 마이너스(−) 부호를 붙여 y축에 대하여 대칭을 만들어 주고 x축으로 1만큼 이동해 주면 다음과 같은 그래프가 나옵니다.

$$Loss = -\log(1 - x)\,(y = 0)$$

[수식 4-4]

```
import matplotlib.pyplot as plt
import numpy as np


X = np.linspace(0.001,0.9999,100)
Y = −np.log(1−X)


plt.plot(X,Y)
```

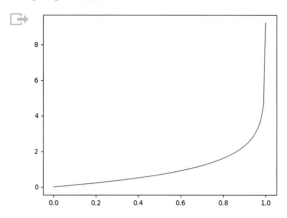

그런데 이렇게 식이 2개로 나누어져 있으니 보기가 어렵습니다. 앞의 두 식을 한 개의 수식으로 만들어 줄 수 있습니다.

$$Loss = -ylog(x) - (1 - y)log(1 - x)$$

[수식 4-5]

클래스(y)가 1일 때에는 뒤의 항 $-(1-y)log(1-x)$이 사라지고, 반대로 클래스(y)가 0일 때에는 앞의 항 $-ylog(x)$이 사라지기 때문에 하나의 수식으로 Loss를 정의할 수 있습니다.

Part 2에서 손실 함수 정의에 세 가지 필요한 점을 소개했습니다.

- 첫 번째 : 부호의 영향이 없어야 한다.
- 두 번째 : 작은 오차는 작게, 큰 오차는 크게 반영한다.
- 세 번째 : 미분이 가능해야 한다.

이 중 2개는 만족하고 미분 가능의 여부만 남았습니다. 미분에 익숙하지 않다면 마지막 결과만 알고 있어도 충분합니다. 하지만 미분이 궁금하다면 천천히 따라서 미분을 해보는 것을 추천합니다. 고등학교 미분 공식만 잊지 않았다면 충분히 이해 가능합니다.

어떤 값(x)을 하나 예측했을 때, 그 값에 시그모이드 함수를 거치게 되면 그 값은 예측할 확률값(y_p)가 됩니다. 이 확률값을 이용하여 Loss를 구하면 다음과 같은 수식을 얻을 수 있습니다.

$$y\_p = sigmoid(x) = \frac{1}{1 + e^{-x}}$$
$$Loss = -y\_t \times log(y\_p) - (1 - y\_t) \times log(1 - y\_p)$$

[수식 4-6]

이때 Loss를 y_p에 대하여 미분하면

$$\frac{dLoss}{dy\_p} = -y\_t \frac{1}{y_p} - (1 - y\_t) \frac{1}{1 - y\_p}(-1) \quad \because (log(x))' = \frac{1}{x})$$

[수식 4-7]

그리고 y_p를 x에 대하여 미분하면

$$\frac{dy\_p}{dx} = \frac{0 - 1 \times e^{-x} \times (-1)}{(1 + e^{-x})^2} = \frac{e^{-x}}{(1 + e^{-x})^2} = \frac{1}{1 + e^{-x}} \times \frac{e^{-x}}{1 + e^{-x}}$$

$$\because \left\{ \frac{f(x)}{g(x)} \right\}' = \frac{f'(x)g(x) - f(x)g'(x)}{\{g(x)\}^2}$$

[수식 4-8]

조금 더 정리해 보면 이렇게 간단한 수식을 얻을 수 있습니다.

$$\frac{dy\_p}{dx} = \frac{1}{1 + e^{-x}} \times \left(1 - \frac{1}{1 + e^{-x}} \right) = y\_p(1 - y_p)$$

[수식 4-9]

이제 Loss를 x에 대해 미분하면

$$\frac{dLoss}{dx} = \frac{dLoss}{dy\_p} \frac{dy\_p}{dx}$$

$$\frac{dLoss}{dx} = -y\_t \frac{y\_p(1-y_p)}{y_p} - (1-y\_t) \frac{y\_p(1-y_p)}{1-y\_p}(-1)$$

[수식 4-10]

약분하고 정리하면 최종적으로 다음의 결과를 얻을 수 있습니다.

$$\frac{dLoss}{dx} = -y\_t \frac{y\_p(1-y_p)}{y_p} - (1-y\_t) \frac{y\_p(1-y_p)}{1-y\_p}(-1)$$
$$= -y\_t + y\_t \times y\_p + y\_p - y\_t \times y\_p = y\_p - y\_t$$

[수식 4-11]

결국 어떠한 인풋(x)에 대해 시그모이드와 바이너리 크로스 엔트로피에 대한 미분은 (예측값 − 실제값)이 됩니다. 마치 MSE에서 Loss에 대한 y_p의 미분값과 같음을 알 수 있습니다.

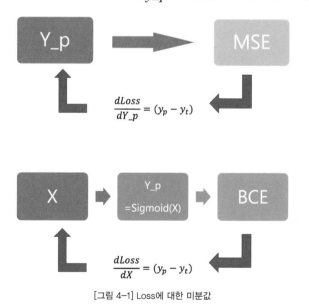

[그림 4-1] Loss에 대한 미분값

03 모델 구현

앞에서 정의한 show_excel 함수와 get_data 함수를 똑같이 정의해 줍니다.

〈소스〉 4_1.ipynb

```
[1] import xlwings as xw
    import numpy as np
    import time
    import random

    # 반복되는 계산을 용이하게 만들기 위한 함수
    def show_excel(show_list, show_list_name, color_list, start_row, start_col):
    … 코드 생략…

    def get_data(index, row_num, x_col, x_f_num, y_col, y_f_num):
    … 코드 생략…

        return X, Y_t
```

⇥

엑셀 파일을 열고 필요한 값들을 정의하고 데이터를 만들어 줍니다. 데이터는 가장 간단하게 어떠한 직선의 방정식을 만들고 그 직선보다 크면 0 작으면 1로 Label을 붙여 주었습니다.

```
[2] # 파일을 오픈하고 시트 지정
    wb = xw.Book('4_1.xlsx')
    data_ws = wb.sheets[0]
    train_ws = wb.sheets[1]

    # 예측하고자 하는 W 값 지정
    # 업데이트 스텝 size(Learning rate) 지정
    W_t = np.array([3])
    B_t = np.array([2])
    lr = 0.01

    # 데이터 개수 정의
    data_num = 100
```

```
# 아주 작은값(1OG 함수가 무한대로 가지 않기 위한 조치)
eps = 0.000001

# x 값을 -3에서 3까지 랜덤하게 100개 생성
X1 = np.random.rand(data_num,1) * 6 -3
data_ws.range(3,2).value = X1

# 실제 W와 B 값에 Noise 추가하여 실제 X2 값 구함
noise = np.random.rand(50,1) * 10 - 5
X2 = W_t * X1 + B_t
X2[:50] = X2[:50] + np.random.rand(50,1) * 10
X2[50:] = X2[50:] - np.random.rand(50,1) * 10
data_ws.range(3,3).value = X2

Y_t = np.zeros((100,1))
Y_t[50:] = [1]
data_ws.range(3,4).value = Y_t
```

만들 모델의 형태를 미리 생각해 보면, 단순하게 2개의 인풋(X)을 W와 B 행렬을 통해 1개의 아웃풋(Z1)으로 만들어주고 그 아웃풋(Z1)은 시그모이드를 거칩니다. 그리고 나서 BCE Loss를 이용하여 예측값과 실제값의 차이를 계산해 줍니다.

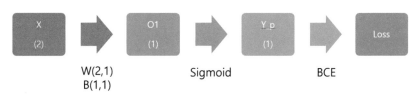

[그림 4-2] 모델의 구조

```
[3]  # W와 B의 예측값을 랜덤하게 생성
     W = np.random.rand(2,1) - 0.5
     B = np.random.rand(1,1) - 0.5
```

[4] # 정의한 함수를 이용하여 순전파 구현
    X, Y_t = get_data(0,3,2,2,4,1)

    Z1 = np.matmul(X, W) + B

    # SIGMOID 구현
    Y_p = 1 / (1 + np.exp(-1 * Z1))

    # BCE LOSS 구현
    L = np.sum(-Y_t * np.log(Y_p + eps)-(1-Y_t) * np.log(1-Y_p + eps))

[5] show_excel([X,W,B,Z1,Y_p,Y_t]
          ,['X','W','B','Z1','Y_p','Y_t']
          ,['N','R','R','N','N','N']
          ,4, 2)

X		W	B	O1	Y_p	Y_t
2.44907	15.66644	0.37191	-0.06586	-2.91185	0.051571	0
		-0.2398				

[그림 4-3] 순전파의 결과

[그림 4-4]와 같이 역전파를 구해주고 파라미터를 업데이트해 줍니다.

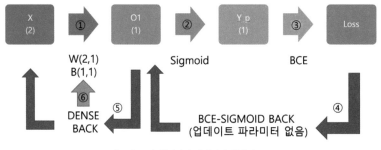

[그림 4-4] 역전파와 파라미터 업데이트

[6] # 정의한 함수를 이용하여 역전파 구현
```
    dL_dZ1 = Y_p - Y_t

    dL_dB = dL_dZ1
    dL_dW = np.matmul(X.T, dL_dZ1)
    dL_dX = np.matmul(dL_dZ1, W.T)
```
➡

[7]
```
show_excel([dL_dX,dL_dW,dL_dB,dL_dZ1]
           ,['dL_dX','dL_dW','dL_dB','dL_dZ1']
           ,['B','G','G','N']
           ,9, 2)
```
➡

[8] # W와 B를 업데이트
```
    W = W - lr * dL_dW
    B = B - lr * dL_dB
```
➡

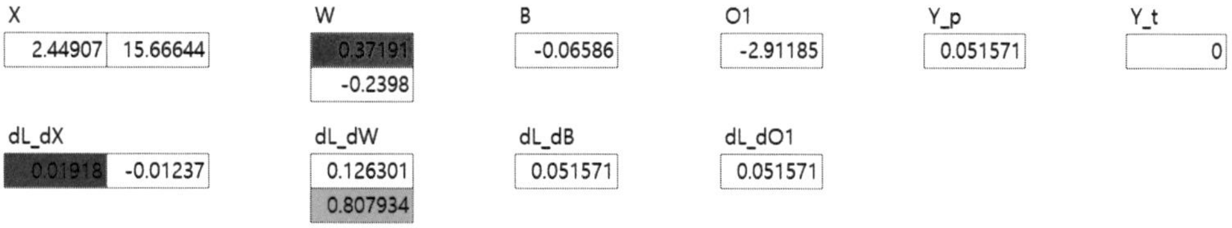

X		W	B	O1	Y_p	Y_t
2.44907	15.66644	0.37191	-0.06586	-2.91185	0.051571	0
		-0.2398				

dL_dX		dL_dW	dL_dB	dL_dO1
0.01918	-0.01237	0.126301	0.051571	0.051571
		0.807934		

[그림 4-5] 역전파 결과

이 과정을 원하는 만큼 반복해주면 됩니다.

[9] # 위 과정을 원하는 epoch만큼 반복
```
    epoch_num = 10
    time_delay = 1

    train_ws.clear()

    for e in range(epoch_num):
```

```python
# 현재 epoch수
train_ws.range(2,2).value = e +1

# epoch 내 순서를 섞음
batch_turn = list(range(data_num))
random.shuffle(batch_turn)

Loss_Sum = 0

# 데이터를 섞어준 순서대로 하나씩 불러옴
for i in batch_turn:
    # 순전파
    X, Y_t = get_data(i,3,2,2,4,1)
    Z1 = np.matmul(X, W) + B
    Y_p = 1 / (1 + np.exp(-1 * Z1))
    L = np.sum(-Y_t * np.log(Y_p + eps)-(1-Y_t) * np.log(1-Y_p + eps))
    Loss_Sum = Loss_Sum + L

    # 역전파
    dL_dZ1 = Y_p - Y_t
    dL_dB = dL_dZ1
    dL_dW = np.matmul(X.T, dL_dZ1)
    dL_dX = np.matmul(dL_dZ1, W.T)

    # 업데이트
    W = W - lr * dL_dW
    B = B - lr * dL_dB

# 1 epoch 끝나면 Loss를 표기하고 값을 업데이트
print("epoch : ",e + 1, ", Loss : ", Loss_Sum)

# 진행 상황을 보기 위해 일정 시간 대기
show_excel([X,W,B,Z1,Y_p,Y_t]
            ,['X','W','B','Z1','Y_p','Y_t'])
```

```
            ,['N','R','R','N','N','N']

            ,4, 2)


    show_excel([dL_dX,dL_dW,dL_dB,dL_dZ1]

            ,['dL_dX','dL_dW','dL_dB','dL_dZ1']

            ,['B','G','G','N']

            ,9, 2)


    time.sleep(time_delay)
```

epoch : 1 , Loss : 33.8915664364159
epoch : 2 , Loss : 27.946249041866057
epoch : 3 , Loss : 23.670611157642455
epoch : 4 , Loss : 22.099821059954262
epoch : 5 , Loss : 20.449529102604988
epoch : 6 , Loss : 18.87585206536047
epoch : 7 , Loss : 17.05768161983272
epoch : 8 , Loss : 16.081172885385506
epoch : 9 , Loss : 15.580105103623303
epoch : 10 , Loss : 14.828236706264438
epoch : 11 , Loss : 14.132215445609758
epoch : 12 , Loss : 13.428112009230619
epoch : 13 , Loss : 13.178640645344105
epoch : 14 , Loss : 12.675397318012463
epoch : 15 , Loss : 12.183222797188726
epoch : 16 , Loss : 11.642409850075623
epoch : 17 , Loss : 11.612350246466004
epoch : 18 , Loss : 11.197710447443166
epoch : 19 , Loss : 10.91557350941562
epoch : 20 , Loss : 10.336685592151415

Loss가 안정적으로 줄어드는 것을 볼 수 있습니다. 이제 잘 예측했는지 확인해 보겠습니다. 예측을 하고 확률이 0.5를 넘으면 1 아니면 0이라고 예측합니다(0.5 값을 Threshold라 부릅니다. 원하는 값으로 변경할 수 있지만, 보통 0.5를 사용합니다).

DATA 시트에 값을 업데이트

```python
for i in range(data_num):
    X, Y_t = get_data(i,3,2,2,4,1)
    Z1 = np.matmul(X, W) + B
    Y_p = 1 / (1 + np.exp(-1 * Z1))
    data_ws.range(3+i,5).value = Y_p

    if(Y_p > 0.5):
        Y_p_binary = 1
    else:
        Y_p_binary = 0

    data_ws.range(3+i,6).value = Y_p_binary

    if(Y_p_binary == Y_t ):
        data_ws.range(3+i,7).value = 1
    else:
        data_ws.range(3+i,7).value = 0
```

예측 결과를 보니 100개 중 한 개가 틀렸습니다. 정확도는 99%가 되겠습니다. 어떤 데이터가 틀렸는지 그래프로 보겠습니다. 차트에서 마우스 오른쪽 버튼을 클릭해서 [데이터 선택] – [추가]를 해주고 틀렸던 데이터를 선택해 줍니다.

-2.568222301	-15.01421909	1	0.977983713	1	1
2.297529026	0.442129627	1	0.98142352	1	1
-1.147460282	-9.912162871	1	0.972580889	1	1
1.914790626	-2.110163283	1	0.989838955	1	1
0.904647518	-5.042191519	1	0.988031748	1	1
-0.978119899	-9.266721105	1	0.971374801	1	1
1.799167952	5.592818974	1	0.68950304	1	1
-1.447823112	-6.086650904	1	0.789353806	1	1
-2.120054084	-12.84880818	1	0.969602121	1	1
2.17402137	8.218855202	1	0.534795348	1	1
0.671607052	-1.02626564	1	0.898361348	1	1
-0.194394045	0.820479829	1	0.49912125	0	0
-2.362058714	-8.433127243	1	0.736423811	1	1
-0.796237307	-8.031487247	1	0.961697862	1	1
0.542391296	-2.065640885	1	0.921931864	1	1
-1.519536654	-12.02264393	1	0.981837014	1	1

[그림 4-6] 차트 계열 추가

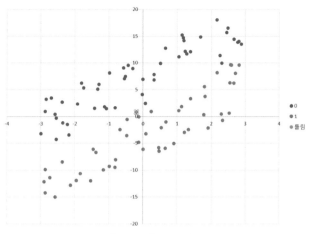

[그림 4-7] 오답 시각화

[그림 4-7]에서 볼 수 있듯이 경계에 있는 부분의 값을 다르게 예측하였습니다. 이렇게 단순한 문제는 사람이 눈으로만 보아도 쉽게 풀 수 있습니다. 복잡한 문제는 어떻게 풀까요? 지금까지 형태를 모르는 임의의 함수를 예측하는 방법을 계속 배워 왔습니다. 아무리 복잡한 함수여도 모델 끝부분에 시그모이드 활성화 함수만 붙이고 BCE Loss로 계산하면 어떤 복잡한 모양의 함수도 예측할 수 있습니다.

04 시그모이드를 중간층의 활성화 함수로 사용하지 않는 이유

Part 3에서 스케일이 어느 정도 맞아야 딥러닝이 예측을 잘한다고 설명하였습니다. 그런데 시그모이드 함수를 보면 모든 출력값이 0과 1 사이의 값으로 잘 정리가 됨을 알 수 있습니다. 이런 특징을 잘 이용하면 중간의 활성화 함수로 RELU보다 더 효과적일 수 있습니다. 실제로 예전에는 SIGMOID를 중간층의 활성화 함수로도 많이 사용했습니다. 하지만 요즘에는 사용을 거의 하지 않습니다. 이유가 무엇일까요? 시그모이드의 미분을 다시 자세히 보겠습니다.

$$sigmoid'(x) = \frac{1}{1+e^{-x}} \times \left(1 - \frac{1}{1+e^{-x}}\right) = sigmoid(x) \times (1 - sigmoid(x))$$

[수식 4-12]

이를 그래프로 그려보겠습니다.

```python
import matplotlib.pyplot as plt
import numpy as np

X = np.linspace(-10,10,100)
Sigmoid = 1/(1+np.exp(-1 * X))
dSigmoid_dX = Sigmoid * (1-Sigmoid)
plt.plot(X,dSigmoid_dX)
```

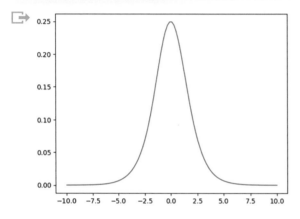

특이한 점을 찾았나요? 역전파를 구할 때 체인 룰을 이용하여 마치 이어달리기를 하듯이 미분값을 뒤로 전달한다고 하였습니다. 그런데 위 함수의 최대값을 보면 최대값이 겨우 ¼(0.25) 밖에 되지 않습니다. 이러한 미분값을 4개의 레이어층으로 만들어 뒤로 전달한다면, 최종적으로 그 값은 0.004 정도로 매우 작아지게 됩니다. 그것도 가장 큰 값으로 전달하였을 때의 경우입니다. 이렇게 계산이 된다면 미분값(Gradient)이 잘 전달되지 않을 것입니다. 반대로 RELU의 최대 미분값은 1이므로 미분값이 뒤로 그대로(100%) 전달될 수 있기 때문에 중간층으로는 RELU나 RELU를 변형한 활성화 함수를 많이 사용합니다. 그래서 시그모이드는 마지막에 꼭 0과 1 사이의 값이 나오게 만들고 싶을 때만 사용하게 됩니다.

선택지가 2개보다 큰 경우를 다중 분류라고 부릅니다. 예를 들어 사진을 보고 강아지, 고양이, 사자, 호랑이 등 2개 이상의 클래스로 구분하는 문제입니다. 대부분의 많은 분류 문제가 다중 분류 문제입니다.

01　소프트맥스(Softmax)

다중 분류 문제는 이중 분류 문제와 다르게 각 클래스별 확률을 예측하도록 만들어 주어야 합니다. 최종 아웃풋의 개수는 우리가 예측하고자 하는 클래스의 개수와 같아야 합니다. 예를 들어 앞에서처럼 강아지, 고양이, 사자, 호랑이 이렇게 4개의 클래스를 구분하기 위해서는 4개의 아웃풋을 만들어야 합니다. 아웃풋의 개수는 W의 모양만 잘 조절하면 됩니다. 이제 각각의 아웃풋 값은 각 클래스가 될 확률이 되면 됩니다. 이를 새로운 활성화 함수로 배워 보겠습니다. 일단 확률이 되기 위해 모든 값을 양수로 바꿔야 합니다. 지수 함수의 특징을 배워 보겠습니다.

```
import matplotlib.pyplot as plt
import numpy as np


X = np.linspace(-8,8,100)
Y = np.exp(X)


plt.plot(X,Y)
```

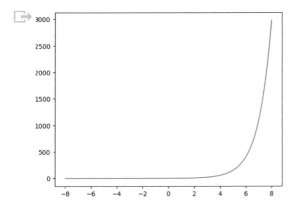

지수 함수는 인풋이 어떠한 값이 들어와도 0보다 큰 양수를 돌려줍니다. 또한 값이 크면 클수록 더 큰 값을 출력으로 얻을 수 있고, 이러한 특징은 예측하려는 특정 클래스의 확률이 높도록 반영하여 예측을 잘 할 수 있도록 도와줍니다.

이제 모든 아웃풋의 값이 양수로 변하고 나면, 확률을 어떻게 만들 수 있을까요? 맞습니다. 모두 더해서 각각의 값을 나누어서 주면 됩니다. 이러한 함수를 소프트맥스라고 하고 특정한 클래스의 확률값을 부각시킬 때 활성화 함수로 사용합니다.

$$softmax(X) = \frac{x_i}{\sum e^{x_i}}$$

[수식 4-13]

예를 들어 어떤 딥러닝 네트워크 모델의 한 레이어의 아웃풋으로 [−1, 0, 2]라는 값을 가지고 있고 소프트맥스를 통과한다면 다음과 같이 계산을 할 수 있습니다.

$$softmax([-1,0,2]) = [\frac{e^{-1}}{e^{-1}+e^0+e^2}, \frac{e^0}{e^{-1}+e^0+e^2}, \frac{e^2}{e^{-1}+e^0+e^2}]$$
$$= [0.042, 0.114, 0.844]$$

[수식 4-14]

```
import matplotlib.pyplot as plt
import numpy as np


X = np.array([−1,0,2])
Y = np.exp(X) /np.sum(np.exp(X))
Y
```
⤷ array([0.04201007, 0.1141952 , 0.84379473])

02 카테고리컬 크로스 엔트로피(Categorical Cross Entropy)

실제값의 모양은 어떻게 되어 있어야 할까요? 앞의 예제처럼 강아지, 고양이, 사자, 호랑이 이렇게 4가지 클래스를 구분하려 할 때 만약 정답이 고양이이면, 고양이일 확률만 1 나머지는 0으로 만들어준 형태가 되어야 합니다. [0, 1, 0, 0] 이렇게 한 가지 값만 활성화 되어 있는 벡터를 원핫 벡터라고 부릅니다. 이제 Loss를 생각해 보겠습니다. 우리는 실제 정답만 고려하도록 하겠습니다. 정답이 고양이이므로 나머지 값은 전혀 고려하지 않고 고양이의 값만 가지고 Loss를 만들면 됩니다. 이러한 Loss를 Categorical Cross Entropy Loss라고 합니다. 정답이 고양이 [0, 1, 0, 0]이고, 각 확률을 [0.1, 0.5, 0.3, 0.2]라고 하면 Loss는 다음과 같이 계산됩니다.

$$CCE = -\log(0.5)$$

[수식 4-15]

하지만 정답이 어떠한 값이 들어올지 모르니, 다음과 같이 표현이 가능합니다.

$$CCE = 0 \times -\log(0.1) + 1 \times -\log(0.5) + 0 \times -\log(0.3) + 0 \times -\log(0.2)$$

$$CCE = \sum -y\_t_i \times \log(y\_p_i)$$

[수식 4-16]

이렇게 지수 함수와 Log 함수는 한 쌍으로 잘 나옵니다. 사칙연산의 곱셈과 나눗셈처럼 값이 잘 상쇄되기 때문입니다. CCE와 소프트맥스의 미분은 다루지 않겠습니다. Log와 지수 함수의 미분을 적절히 잘 이용하면 충분히 구해 볼 수 있으니, 관심이 있다면 꼭 미분해 보길 권합니다. 그럼, CCE와 소프트맥스의 미분은 어떤 형태일까요? 네 맞습니다. MSE와 시그모이드 + BCE와 마찬가지로 [예측값 – 실제값]이 됩니다.

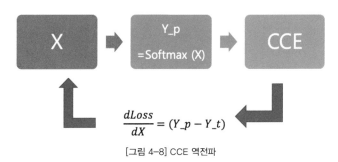

[그림 4-8] CCE 역전파

그런데 CCE Loss를 자세히 보면 BCE Loss와 거의 유사합니다. 사실 BCE는 CCE의 특별한 경우입니다. 만약 이중 분류 문제를 다중 분류 문제로 생각한다면 ~일 확률을 p라 하면, ~가 아닐 확률은 1−p가 됩니다. 1−p를 q라는 확률로 치환하면 BCE 수식은 결국 CCE 수식과 동일해집니다.

$$Y_p = [y_p] \ \text{일 경우}$$
$$BCE = -y_t log(y_p) - (1 - y_t)log(1 - y_p)$$

$$Y_p = [y_p, 1 - y_p] \ \text{일 경우}$$
$$CCE = \sum -y\_t_i \times log(y\_p_i)$$
$$CCE = -y_t log(y_p) - (1 - y_t)log(1 - y_p)$$

[수식 4-17]

03 모델구현

〈소스〉 4_2.ipynb

```
[1] import xlwings as xw
    import numpy as np
    import time
    import random


    # 반복되는 계산을 용이하게 만들기 위한 함수
    def show_excel(show_list, show_list_name, color_list, start_row, start_col):
    …코드 생략…


    def get_data(index, row_num, x_col, x_f_num, y_col, y_f_num):
    …코드 생략…

        return X, Y_t
```

엑셀 파일을 열고 필요한 값들을 적절하게 정합니다. 그리고 다음의 코드에서처럼 직선의 식 2개로 클래스를 총 3개로 나눕니다.

```
[2] # 파일을 오픈하고 시트 지정
    wb = xw.Book('4_2.xlsx')
    data_ws = wb.sheets[0]
    train_ws = wb.sheets[1]

    # 업데이트 스텝 size(Learning rate) 지정
    W_t = np.array([-1])
    B_t = np.array([-2, 2])
    lr = 0.03

    # 데이터 개수 정의
    data_num = 100

    # 아주 작은값
    eps = 0.000001

    # x 값을 -3에서 3까지 랜덤하게 100개 생성
    X = np.random.rand(data_num,2) * 6 - 3
    data_ws.range((3,2)).value = X

    Y_t = np.zeros((100,1),dtype=np.int32)

    for i in range(100)
        if X[i,1] - W_t * X[i, 0] > B_t[1]:
            Y_t[i] = [0]
        elif X[i,1] - W_t * X[i, 0] <= B_t[1] and X[i,1] - W_t * X[i, 0] > B_t[0]:
            Y_t[i] = [1]
        else:
            Y_t[i] = [2]
    data_ws.range((3,4)).value = Y_t
```

실제값을 학습이 가능하도록 변경해 줍니다. 더 자세한 내용은 다음 장에 실습을 통해 알아보겠습니다.

[3] # 실제값을 학습할 수 있는 형태로 변경
```
data_ws.range((3,5)).value = np.eye(3)[Y_t[:,0]]
```

x1	X2	y_t	y_t'		
-0.426487663	-2.034269593	2	0	0	1
1.044141654	2.336991566	0	1	0	0
1.718229111	0.203798851	1	0	1	0
-0.918058234	-0.581001509	1	0	1	0

[그림 4-9] 각 클래스별 정답

엑셀에서는 데이터가 정렬되어 있지 않으면 클래스를 구분하여 차트를 만들기 어렵기 때문에 Matpoltlib 패키지를 이용하여 차트를 그리고 엑셀에 이미지로 추가하겠습니다.

[4]
```
import matplotlib.pyplot as plt
import os


fig = plt.figure(figsize=(6, 4))
plt.scatter(X[:,0],X[:,1], c = Y_t)
plt.savefig('4_2_chart.png')


chart_img = data_ws.pictures.add(os.getcwd() + "\\4_2_chart.png",name="chart1")
chart_img.left = data_ws.range(3,14).left
chart_img.top = data_ws.range(3,14).top
```

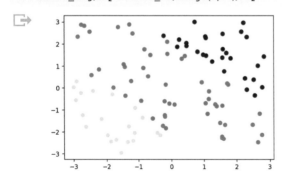

x1	X2	y_t	y_t'			y_p'			y_p	ACC
-0.426487663	-2.034269593	2	0	0	1					
1.044141654	2.336991566	0	1	0	0					
1.718229111	0.203798851	1	0	1	0					
-0.918058234	-0.581001509	1	0	1	0					
-1.540030551	-2.947222249	2	0	0	1					
-1.453608567	1.082335719	1	0	1	0					
-2.413622391	-0.131732378	2	0	0	1					
-1.418541957	0.9622211	1	0	1	0					
1.253288772	1.203081873	0	1	0	0					
-1.689269149	-2.352199358	2	0	0	1					
1.585549677	1.76787041	0	1	0	0					
-2.996955769	0.030642585	2	0	0	1					
1.750099795	0.154141479	1	0	1	0					
2.824771323	1.432611255	0	1	0	0					
-0.230676449	2.371650474	0	1	0	0					
1.390048472	-0.826460179	1	0	1	0					
-1.4031477	-0.351444589	1	0	1	0					

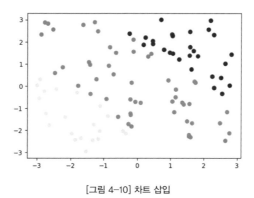

[그림 4-10] 차트 삽입

이제 우리가 만들 모델의 형태를 미리 구상하고 형태에 따라 연산을 해 나갑니다.

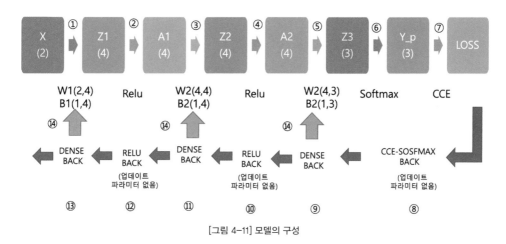

[그림 4-11] 모델의 구성

[5] # W와 B의 예측값을 랜덤하게 생성

```
W1 = np.random.rand(2,4) − 0.5
B1 = np.random.rand(1,4) − 0.5
W2 = np.random.rand(4,4) − 0.5
B2 = np.random.rand(1,4) − 0.5
W3 = np.random.rand(4,3) − 0.5
B3 = np.random.rand(1,3) − 0.5
```

[6] # 정의한 함수를 이용하여 순전파 구현

```
X, Y_t = get_data(0,3,2,2,5,3)

Z1 = np.matmul(X, W1) + B1
A1 = np.where(Z1>0,Z1,0)

Z2 = np.matmul(A1, W2) + B2
A2 = np.where(Z2>0,Z2,0)

Z3 = np.matmul(A2, W3) + B3

# SOFTMAX 구현
Y_p = np.exp(Z3) / np.sum(np.exp(Z3))

# CCE LOSS 구현
Y_p_log = np.log(Y_p + eps)
L = np.mean(−Y_t * Y_p_log)
```

[7] train_ws.clear()

```
show_excel([X.T,W1.T,B1.T,Z1.T,A1.T,W2.T,B2.T,Z2.T,A2.T,W3.T,B3.T,Z3.T,Y_p.T,Y_t.T]
          ,['X','W1','B1','Z1','A1','W2','B2','Z2','A2','W3','B3','Z3','Y_p','Y_t']
          ,['N','R','R','N','N','R','R','N','N','R','R','N','B','N']
          ,4, 2)
```

[그림 4-12] 순전파 결과

[8] # 정의된 함수를 이용하여 역전파 구현
```
dL_dZ3 = Y_p - Y_t

dL_dB3 = dL_dZ3
dL_dW3 = np.matmul(A2.T, dL_dZ3)
dL_dA2 = np.matmul(dL_dZ3, W3.T)
dL_dZ2 = np.where(Z2>0,dL_dA2,0)

dL_dB2 = dL_dZ2
dL_dW2 = np.matmul(A1.T, dL_dZ2)
dL_dA1 = np.matmul(dL_dZ2, W2.T)
dL_dZ1 = np.where(Z1>0,dL_dA1,0)

dL_dB1 = dL_dZ1
dL_dW1 = np.matmul(X.T, dL_dZ1)
dL_dX =  np.matmul(dL_dZ1, W1.T)
```

[9]
```
show_excel([dL_dX.T,dL_dW1.T,dL_dB1.T,dL_dZ1.T,dL_dA1.T,dL_dW2.T,dL_dB2.T,dL_
           dZ2.T,dL_dA2.T,dL_dW3.T,dL_dB3.T,dL_dZ3.T]
          ,['dL_dX','dL_dW1','dL_dB1','dL_dZ1','dL_dA1','dL_dW2','dL_dB2','dL_dZ2','dL_
          dA2','dL_dW3','dL_dB3','dL_dZ3']
          ,['B','G','G','N','N','G','G','N','N','G','G','N']
          ,11, 2)
```

[10] # W와 B를 업데이트

```
W1 = W1 - lr * dL_dW1

B1 = B1 - lr * dL_dB1

W2 = W2 - lr * dL_dW2

B2 = B2 - lr * dL_dB2

W3 = W3 - lr * dL_dW3

B3 = B3 - lr * dL_dB3
```

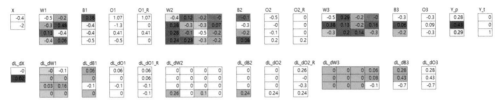

[그림 4-13] 역전파 결과

이제 원하는 에포크만큼 반복해 주겠습니다.

[11] # 위 과정을 원하는 epoch만큼 반복

```
epoch_num = 30

time_delay = 1


train_ws.clear()


for e in range(epoch_num):
    # 현재 epoch수
    train_ws.range(2,2).value = e +1


    # epoch 내 순서를 섞어 주기
    batch_turn = list(range(data_num))
    random.shuffle(batch_turn)


    Loss_Sum = 0


    # 데이터를 섞어준 순서대로 하나씩 불러오기
    for i in batch_turn:
```

```
# 순전파
X, Y_t = get_data(i,3,2,2,5,3)
Z1 = np.matmul(X, W1) + B1
A1 = np.where(Z1>0,Z1,0)


Z2 = np.matmul(A1, W2) + B2
A2 = np.where(Z2>0,Z2,0)


Z3 = np.matmul(A2, W3) + B3


# SOFTMAX 구현
Y_p = np.exp(Z3) / np.sum(np.exp(Z3))


# CCE LOSS 구현
Y_p_log = np.log(Y_p + eps)
L = np.mean(-Y_t * Y_p_log)
Loss_Sum = Loss_Sum + L


# 역전파
dL_dZ3 = Y_p - Y_t


dL_dB3 = dL_dZ3
dL_dW3 = np.matmul(A2.T, dL_dZ3)
dL_dA2 = np.matmul(dL_dZ3, W3.T)
dL_dZ2 = np.where(Z2>0,dL_dA2,0)


dL_dB2 = dL_dZ2
dL_dW2 = np.matmul(A1.T, dL_dZ2)
dL_dA1 = np.matmul(dL_dZ2, W2.T)
dL_dZ1 = np.where(Z1>0,dL_dA1,0)


dL_dB1 = dL_dZ1
dL_dW1 = np.matmul(X.T, dL_dZ1)
dL_dX =  np.matmul(dL_dZ1, W1.T)
```

```
# 업데이트
W1 = W1 - lr * dL_dW1
B1 = B1 - lr * dL_dB1
W2 = W2 - lr * dL_dW2
B2 = B2 - lr * dL_dB2
W3 = W3 - lr * dL_dW3
B3 = B3 - lr * dL_dB3


# 1 epoch 끝나면 Loss를 표기하고 값을 업데이트
print("epoch : ",e + 1, ", Loss : ", Loss_Sum)


# 진행 상황을 보기 위해 일정 시간 대기
train_ws.clear()


show_excel([X.T,W1.T,B1.T,Z1.T,A1.T,W2.T,B2.T,Z2.T,A2.T,W3.T,B3.T,Z3.T,Y_p.T,Y_t.T]
        ,['X','W1','B1','Z1','A1','W2','B2','Z2','A2','W3','B3','Z3','Y_p','Y_t']
        ,['N','R','R','N','N','R','R','N','N','R','R','N','B','N']
        ,4, 2)


show_excel([dL_dX.T,dL_dW1.T,dL_dB1.T,dL_dZ1.T,dL_dA1.T,dL_dW2.T,dL_dB2.T,dL_
        dZ2.T,dL_dA2.T,dL_dW3.T,dL_dB3.T,dL_dZ3.T]
        ,['dL_dX','dL_dW1','dL_dB1','dL_dZ1','dL_dA1','dL_dW2','dL_dB2'
        ,'dL_dZ2','dL_dZ2','dL_dW3','dL_dB3','dL_dZ3']
        ,['B','G','G','N','N','G','G','N','N','G','G','N']
        ,11, 2)


time.sleep(time_delay)
```

```
epoch :  1 , Loss :  104.0137457908987
epoch :  2 , Loss :  101.27084975457947
epoch :  3 , Loss :  97.67464703406127
epoch :  4 , Loss :  92.10733442382832
epoch :  5 , Loss :  85.5353614164874
epoch :  6 , Loss :  80.00053121503251
epoch :  7 , Loss :  75.60312620244473
epoch :  8 , Loss :  72.21378430680582
```

```
epoch :  9 , Loss :  69.39598931014291
epoch : 10 , Loss :  66.74962122323639
epoch : 11 , Loss :  64.64677871908653
epoch : 12 , Loss :  62.57802996005608
epoch : 13 , Loss :  60.881411690122754
epoch : 14 , Loss :  59.31051839634821
epoch : 15 , Loss :  57.46184296187489
epoch : 16 , Loss :  56.664106980105124
epoch : 17 , Loss :  54.90925790052363
epoch : 18 , Loss :  53.723455317300875
epoch : 19 , Loss :  53.19080888253551
epoch : 20 , Loss :  52.63241406494361
```

[12] # DATA 시트에 값을 업데이트
```
for i in range(data_num):
    X, Y_t = get_data(i,3,2,2,5,3)
    Z1 = np.matmul(X, W1) + B1
    A1 = np.where(Z1>0,Z1,0)


    Z2 = np.matmul(A1, W2) + B2
    A2 = np.where(Z2>0,Z2,0)


    Z3 = np.matmul(A2, W3) + B3


    # SOFTMAX 구현
    Y_p = np.exp(Z3) / np.sum(np.exp(Z3))


    # CCE LOSS 구현
    Y_p_log = np.log(Y_p + eps)
    L = np.mean(-Y_t * Y_p_log)
    Loss_Sum = Loss_Sum + L
    data_ws.range(3+i,8).value = Y_p
Y_p = data_ws.range((3,8),(102,10)).value
Y_p = np.reshape(np.array(Y_p),(-1,3))
```

```
data_ws.range(3,11).value = np.reshape(np.argmax(Y_p,axis =-1),(-1,1))


Y_t = data_ws.range((3,4),(102,4)).value
Y_t = np.array(Y_t)


Y_p = data_ws.range((3,11),(102,11)).value
Y_p = np.array(Y_p)


Acc = np.reshape(np.where(Y_p==Y_t,1,0),(-1,1))
data_ws.range(3,12).value = Acc
```

➡

Loss가 안정적으로 감소하는 것을 볼 수 있습니다. 이제 값을 예측해 보겠습니다.

1.625275335	0.754608423	0	1	0	0	0.790197813	0.206756184	0.003046003	0	1
-1.118940945	-2.038635664	2	0	0	1	1.2095E-08	0.058121685	0.941878303	2	1
-1.224249401	0.311370707	1	0	1	0	0.000117783	0.864798685	0.135083532	1	1
-1.623862914	2.769345519	1	0	1	0	0.022627622	0.973595065	0.003777313	1	1
-2.670733038	2.825257152	1	0	1	0	0.000496485	0.993665069	0.005838446	1	1
-2.151222687	-1.403134265	2	0	0	1	9.92813E-10	0.018583943	0.981416056	2	1
-2.22780964	0.848189042	1	0	1	0	1.39518E-05	0.738120952	0.261865096	1	1
-0.193736106	-1.297186485	1	0	1	0	2.18321E-05	0.749729469	0.250248699	1	1
1.051269037	-0.693231999	1	0	1	0	0.006070752	0.965900526	0.028028722	1	1
-1.277791413	2.887958134	1	0	1	0	0.099233356	0.897229452	0.003537192	1	1
ACC										96%

[그림 4-14] 예측 결과

96% 정확도를 보이며 학습된 것을 볼 수 있습니다. 스스로 각자의 모델을 구상하고 만들어 정확도를 더 올려보길 바랍니다. 이제 결과를 그래프로 확인하겠습니다.

```
[13] X = data_ws.range((3,2),(102,3)).value
    X = np.reshape(np.array(X),(-1,2))


    fig = plt.figure(figsize=(6, 4))
    plt.scatter(X[:,0],X[:,1], c = Y_p)
    plt.savefig('4_2_chart_2.png')


    chart_img = data_ws.pictures.add(os.getcwd() + "\\4_2_chart_2.png",name="chart2")
    chart_img.left = data_ws.range(21,14).left
    chart_img.top = data_ws.range(21,14).top
```

➡

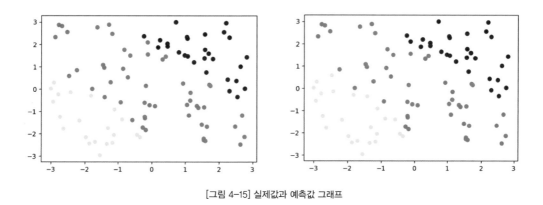

[그림 4-15] 실제값과 예측값 그래프

이렇게 분류 문제를 간단히 만들어 풀어보았습니다. 이제 실제 데이터로 더 깊이 공부해 보겠습니다.

PART 05
분류 예제

앞서 배운 분류 문제를 실제의 데이터에 활용하여 모델을 만들어 보겠습니다. 사이킷런에서 제공하는 두 종류의 예제 데이터를 활용할 것입니다. 붓꽃 데이터(Iris Dataset)로 세 가지 종류의 꽃을 구분하는 모델을 만들어 보고, 손글씨 데이터(Digit Dataset)로 0 ~ 9까지 숫자로 쓰여진 손글씨를 분류하는 모델을 만들어 보겠습니다.

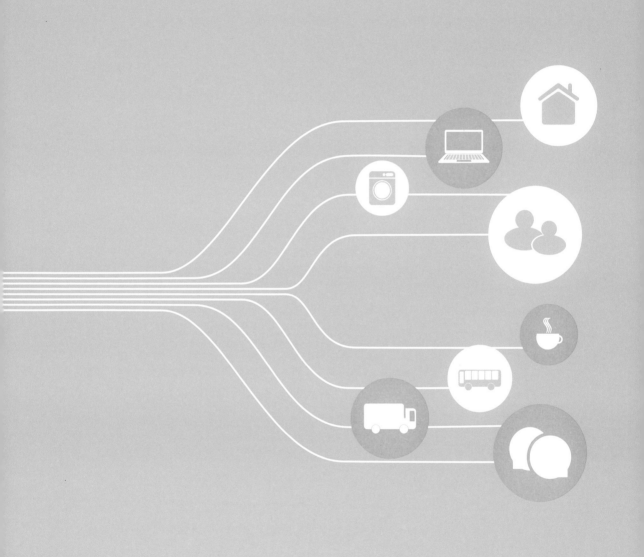

붓꽃 데이터(Iris Datasets)는 영국의 통계학자 로널드 피셔(Ronald Aylmer Fisher)가 1936년에 논문에 처음 소개한 데이터입니다. 붓꽃 데이터셋은 머신러닝 알고리즘을 학습하고 검증하기 위해 자주 사용되는 데이터셋 중 하나입니다. 샘플 수가 적어서 빠르게 학습할 수 있고, 각 샘플마다 명확한 레이블이 있어 분류 문제를 다루기에 적합합니다.

01 데이터 확인

앞서 설치한 사이킷런 라이브러리의 데이터 패키지에서 다운로드하여 사용할 예정입니다.

```
[1] from sklearn.datasets import load_iris
    iris=load_iris()

    print('데이터 개수 : ', len(iris.data))
    print('데이터 피처(feature) : ', iris.feature_names)
```
데이터 개수 : 150
데이터 피처(feature) : ['sepal length (cm)', 'sepal width (cm)', 'petal length (cm)', 'petal width (cm)']

데이터는 총 150개로 꽃받침(Sepal)과 꽃잎(Petal)의 가로, 세로 길이에 따라 붓꽃의 세 가지 종류 (Setosa, Versicolor, Virginica)로 나누고 있습니다. 0번째 데이터를 확인해 보겠습니다.

```
[2] print('0번째 데이터 : ', iris.data[0])
    print('0번째 타깃 : ', iris.target[0])
```
0번째 데이터 : [5.1 3.5 1.4 0.2]
0번째 타깃 : 0

인풋의 피처는 4개의 피처로 구성되어 있습니다. 각 붓꽃의 데이터의 개수는 몇 개인지 보겠습니다.

```
[3] sen = 0
    ver = 0
    vir = 0

    for i in range(len(iris.target)):
        if iris.target[i] == 0:
            sen += 1
        elif iris.target[i] == 1:
            ver += 1
        else:
            vir += 1
    print('Sentosa 데이터 수 : ', sen)
    print('Versicolor 데이터 수 : ', ver)
    print('Virginica 데이터 수 : ', vir)
```

⟼ Sentosa 데이터 수 : 50
    Versicolor 데이터 수 : 50
    Virginica 데이터 수 : 50

	sepal length (cm)	sepal width (cm)	petal length (cm)	petal width (cm)	target
0	5.1	3.5	1.4	0.2	0.0
1	4.9	3.0	1.4	0.2	0.0
2	4.7	3.2	1.3	0.2	0.0
3	4.6	3.1	1.5	0.2	0.0
4	5.0	3.6	1.4	0.2	0.0
⋮					
145	6.7	3.0	5.2	2.3	2.0
146	6.3	2.5	5.0	1.9	2.0
147	6.5	3.0	5.2	2.0	2.0
148	6.2	3.4	5.4	2.3	2.0
149	5.9	3.0	5.1	1.8	2.0

[그림 5-1] 데이터 확인

클래스별 각각 50개씩 총 150개의 데이터를 가지고 있고 앞으로 이 데이터를 이용해서 학습을 진행할 예정입니다. 하지만 이 데이터는 특이점이 있습니다. 맞추려는 정답(target), 즉 레이블이 숫자 0, 1, 2로 구분되어 있습니다. 0, 1, 2는 붓꽃의 종류를 구분해 놓았을 뿐 학습에는 사용할 수 없습니다. 앞서 우리는 소프트맥스를 통해 통계적 값으로 다중 분류 문제를 풀었습니다. 그래서 0, 1, 2를 클래스에 대해 숫자 형 변수로 변환하는 과정이 필요합니다. 이것을 원핫인코딩(One-hot Encoding)이라고 합니다. 각각의 붓꽃 종류에 대해 새로운 이진 변수를 만들어서 해당 변수가 붓꽃의 종류에 해당하는 경우에는 1을, 그렇지 않은 경우에는 0을 할당합니다. 예를 들어, 붓꽃 종류를 1, 2, 3으로 인코딩하면, 이진 변수로 변환된 데이터 셋은 다음과 같습니다.

- setosa : 1 0 0
- versicolor : 0 1 0
- virginica : 0 0 1

02 원핫인코딩(One-hot Encoding)

모델을 만들기 전에 원핫인코딩에 대해서 조금 더 자세히 살펴보겠습니다. 무엇보다 왜 원핫인코딩이 필요한지 알아보겠습니다. 타깃에 대한 레이블 0, 1, 2의 오차 제곱법 결과를 보겠습니다.

실제값	예측값	오차제곱 결과
Sentosa (0)	Sentosa (0)	$(0 - 0)^2 = 0$
	Versicolor (1)	$(1 - 0)^2 = 1$
	Virginica (2)	$(2 - 0)^2 = 4$
Versicolor (1)	Sentosa (0)	$(0 - 1)^2 = 1$
	Versicolor (1)	$(1 - 1)^2 = 0$
	Virginica (2)	$(2 - 1)^2 = 1$
Virginica (2)	Sentosa (0)	$(0 - 2)^2 = 4$
	Versicolor (1)	$(1 - 2)^2 = 1$
	Virginica (2)	$(2 - 2)^2 = 0$

[그림 5-2] 원핫인코딩 미적용 MSE Loss

어떤가요? 생각한 것처럼 결과가 나왔나요? 분석 결과를 보면 Versicolor는 예측이 완벽하게 일치해 오차가 0으로 나왔습니다. 하지만 Setosa와 Virginica는 실제값과 예측값이 일치하지 않는 경우가 발생했습니다. 이 경우, 실제값이 Setosa인데 Virginica로 예측했을 때 오차가 4로 가장 크게 나왔습니다. 즉, 이 모델에서는 Setosa와 Virginica를 구분하는데 어려움이 있을 수 있습니다.

[그림 5-3] MSE 결과

딥러닝 학습의 목표는 실제값과 예측값의 오차를 최소화하는 W와 B를 찾는 과정입니다. 앞과 같이 오차의 편향이 발생한다면 Sentosa와 Versicolor를 모두 만족하는 W와 B를 찾으려 모델 학습을 진행할 것입니다. 나중에 만든 모델은 Sentosa의 피처 값이 인풋으로 들어왔을 때, 상당 부분 Versicolor로도 예측할 것입니다. 이런 편향이 발생한 오차 결과를 기반으로 W와 B를 학습하는 것은 우리가 원하는 올바른 학습의 방향이 아닙니다.

그래서 딥러닝은 학습 시에 임의로 라벨을 구분하는 임의의 숫자 값을 사용하지 않고 벡터의 형태로 변환하여 학습에 사용합니다. [그림 5-4]로 다시 한번 확인해 보겠습니다.

실제값	예측값	오차제곱 결과
Sentosa ([1 0 0])	Sentosa ([1 0 0])	$(1-1)^2 + (0-0)^2 + (0-0)^2 = 0$
	Versicolor ([0 1 0])	$(0-1)^2 + (1-0)^2 + (0-0)^2 = 2$
	Virginica ([0 0 1])	$(0-1)^2 + (0-0)^2 + (1-0)^2 = 2$
Versicolor ([0 1 0])	Sentosa ([1 0 0])	$(1-0)^2 + (0-1)^2 + (0-0)^2 = 2$
	Versicolor ([0 1 0])	$(0-0)^2 + (1-1)^2 + (0-0)^2 = 0$
	Virginica ([0 0 1])	$(0-0)^2 + (0-1)^2 + (1-0)^2 = 2$
Virginica ([0 0 1])	Sentosa ([1 0 0])	$(1-0)^2 + (0-0)^2 + (0-1)^2 = 2$
	Versicolor ([0 1 0])	$(0-0)^2 + (1-0)^2 + (0-1)^2 = 2$
	Virginica ([0 0 1])	$(0-0)^2 + (0-0)^2 + (1-1)^2 = 0$

[그림 5-4] 원핫인코딩 적용 MSE Loss

이번에는 라벨을 벡터 형태로 바꿔보겠습니다. 우리가 가지고 있는 정답은 3가지이므로 벡터도 3개의 요소를 가진 벡터로 변형해 줍니다. 예를 들어 Sentosa는 [1 0 0]으로, Versicolor는 [0 1 0]으로, Virginica는 [0 0 1]로 바꿔서 오차를 구해줍니다.

결과는 0, 1, 2를 라벨로 했을 때와 다르게 나옵니다. 정확히 우리가 원하는 대로 실제와 예측이 같을 때는 0으로 오차가 없고, 실제와 예측이 다를 때는 2로 동일하게 나옵니다. 즉 모델이 제대로 예측했다면 오차가 없고 다르게 잘못 예측하더라도 2로 동일한 오차값이 학습에 반영될 수 있습니다.

이제 넘파이로 원핫인코딩을 하는 방법을 알아보겠습니다. 딥러닝 모델에 직접 적용하기 전에 잠시 eye 함수를 이용하여 원핫인코딩하는 방법을 먼저 알아보겠습니다. 앞에서 numpy의 eye 함수를 알아보았습니다. eye 함수를 사용하여 3 × 3 단위행렬을 만들겠습니다.

```
[4] import numpy as np

    sentosa = np.eye(3)[0, :]
    versicolor = np.eye(3)[1, :]
    virginica = np.eye(3)[2, :]

    print('Santosa : ', sentosa)
    print('Versicolor : ', versicolor)
    print('Virginica : ', virginica)
```
```
Santosa : [1. 0. 0.]
Versicolor : [0. 1. 0.]
Virginica : [0. 0. 1.]
```

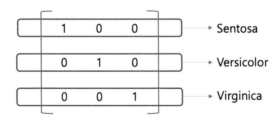

[그림 5-5] 원핫인코딩 행렬

- 첫 번째 행(column : 0) → Sentosa
- 두 번째 행(column : 1) → Versicolor
- 세 번째 행(column : 2) → Virginica

만약 5개의 클래스가 있는 문제에서는 동일한 방법으로 5 × 5 행렬을 만들어 구분해 주면 됩니다.

03 모델 구현

이제 붓꽃 데이터를 이용해서 붓꽃의 종류를 예측할 수 있는 모델을 만들어 보겠습니다. xlwings, numpy 등 필요한 라이브러리를 호출합니다.

〈소스〉 5_1.ipynb

```
[1] import xlwings as xw
    import numpy as np
    import time
    import random
    import platform              # OS 버전을 구분하기 위한 system 패키지
    from appscript import k      # 엑셀에 테두리 및 색상 지정을 위한 MacOS용 라이브러리
```

엑셀 시각화를 위해서 xlwings를 호출하고 행렬 연산을 위해 넘파이를 호출해 줍니다. 또, W, B 등 초기값 설정을 위해서 random 객체를 호출하고 사이킷런에서 iris 데이터를 가져옵니다.

```
[2] from sklearn.datasets import load_iris
    iris=load_iris()
```

다음 코드와 같이 엑셀 5_1.xlsx 파일을 준비하고 첫 번째 시트를 data용 시트로 두 번째 시트를 train용 시트로 지정해 줍니다.

```
[3] # 파일을 오픈하고 data 시트와 train 시트 지정
    wb = xw.Book('5_1.xlsx')
    data_ws = wb.sheets[0]
    train_ws = wb.sheets[1]
```

다음으로 data 엑셀 시트에 피처명과 피처 데이터 라벨값을 로드합니다. 라벨값은 Y_t=np.reshape(np.array(iris.target),(−1,1))처럼 행 벡터를 n × 1열 행렬로 변경(reshape)합니다.

[4] # 엑셀에 데이터 피처와 데이터 값 입력
```python
data_ws.range((2,2)).value = iris.feature_names
data_ws.range((3,2)).value = iris.data

Y_t = np.reshape(np.array(iris.target),(-1,1))
data_ws.range((3,6)).value = Y_t
```

앞서 보았던 원핫인코딩을 붓꽃 데이터의 라벨에 적용합니다. Y_t의 첫 번째 열의 라벨과 eye(3) 함수로 만든 행렬이 일치하는 행을 가져옵니다. 엑셀의 y_t 셀이 라벨을 원핫인코딩한 결과입니다.

[5] # 타깃을 원핫인코딩으로 변환
```python
data_ws.range((3,7)).value = np.eye(3)[Y_t[:,0]]
```

Matplotlib를 이용해서 각 피처 사이의 상관관계를 그래프로 보겠습니다.

[6]
```python
import matplotlib.pyplot as plt
import os

l= data_ws.range((3,16)).left
t = data_ws.range((3,16)).top

for i in range(3):
    for j in range(i+1,4):
        fig = plt.figure(figsize=(6, 4))
        plt.title(iris.feature_names[i] + "_" + iris.feature_names[j])
        plt.scatter(iris.data[:,i],iris.data[:,j], c = Y_t)
        plt.savefig('chart.png')

        if platform.system() == 'Windows':

            # 그림 저장 for Windows
            chart_img = data_ws.pictures.add(os.getcwd() + "\\chart.png")
        else:

            # 그림 저장 for MacOS
            chart_img = data_ws.pictures.add(os.getcwd() + "/chart.png")
```

```
chart_img.left = l

chart_img.top = t

t = t+ chart_img.height
```

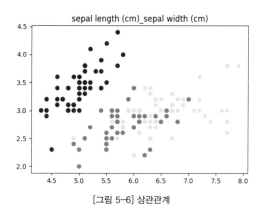

[그림 5-6] 상관관계

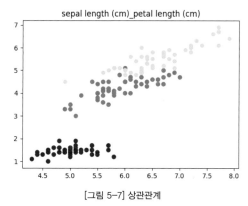

[그림 5-7] 상관관계

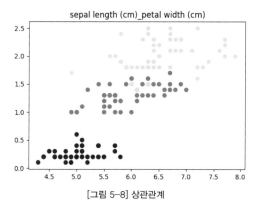

[그림 5-8] 상관관계

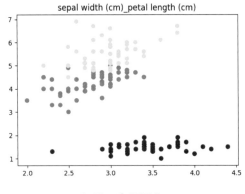

[그림 5-9] 상관관계

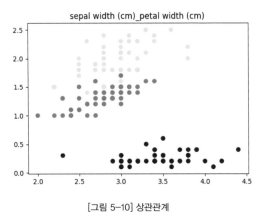

[그림 5-10] 상관관계

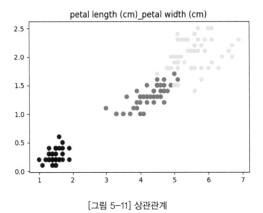

[그림 5-11] 상관관계

꽃잎(sepal)과 꽃받침(petal)로 붓꽃 종류가 잘 구분되는 것이 보이나요? 그러면 준비된 데이터로 학습을 진행합니다.

[그림 5-12]와 같은 구조로 모델을 구성하겠습니다. 선형 비선형 변환을 두 번 통과하고 마지막으로 선형변환 이후 소프트맥스를 거쳐 3개의 요소를 가진 벡터를 추출합니다. 벡터의 각 요소는 확률값입니다.

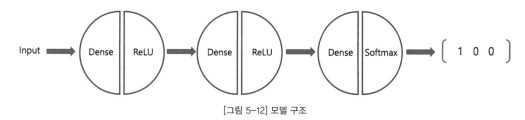

[그림 5-12] 모델 구조

파이썬 코드로 살펴보겠습니다. 엑셀에 값을 표시해 주는 함수와 데이터를 가져오는 함수를 정의하겠습니다.

```
[7] # 반복되는 계산을 용이하게 만들기 위한 함수
    def show_excel(show_list, show_list_name, color_list, start_row, start_col):
        '''
        엑셀에 값을 표기해 주는 함수
            Args:
            show_list(list) : 보여줄 데이터(numpy array) List
            show_list_name(list) : 보여줄 이름(string) List
            color_list(list) : 보여줄 색상(string) List
                "N" : 색상 없음
                "R" : RED
                "G" : GREEN
                "B" : BLUE
            start_row : 첫 데이터 행 번호
            start_col : 첫 데이터 열 번호
                Return:
            None : 엑셀에 값 표기
        '''
        col_num = start_col
```

```python
for arr, arr_name, color in zip(show_list, show_list_name, color_list):
    train_ws.range((start_row,col_num)).value = arr_name

    arr_rage = train_ws.range((start_row + 1,col_num),(start_row +
    arr.shape[0],col_num + arr.shape[1] −1 ))
    arr_rage.value = arr

    if platform.system( ) == 'Windows':
        # for windows
        arr_rage.api.Borders.LineStyle = 2          # 선 스타일
        arr_rage.api.Borders.ColorIndex = 1         # 선 색상
        arr_rage.api.Borders.Weight = 1             # 선 굵기
    else:

        # for MacOS
        arr_rage.api.get_border(which_border=1).line_style.set(k.dash)
        arr_rage.api.get_border(which_border=1).weight.set(2)
        arr_rage.api.get_border(which_border=2).line_style.set(k.dash)
        arr_rage.api.get_border(which_border=2).weight.set(2)
        arr_rage.api.get_border(which_border=3).line_style.set(k.dash)
        arr_rage.api.get_border(which_border=3).weight.set(2)
        arr_rage.api.get_border(which_border=4).line_style.set(k.dash)
        arr_rage.api.get_border(which_border=4).weight.set(2)

    if(color == "N"):
        pass
    else:
        arr_min = np.min(arr)
        arr_max = np.max(arr)
        if(arr_min==arr_max):
            pass
        else:
            for r in range(arr.shape[0]):
                for c in range(arr.shape[1]):
                    color_val = int((arr[r,c] − arr_min)/(arr_max − arr_min) * 255)
                    if(color == "R"):
```

```python
                train_ws.range((start_row + 1 + r,col_num + c)).color =
                    (255,255−color_val,255−color_val)
            if(color == "G"):
                train_ws.range((start_row + 1 + r,col_num + c)).color =
                    (255−color_val,255,255−color_val)
            if(color == "B"):
                train_ws.range((start_row + 1 + r,col_num + c)).color =
                    (255−color_val,255−color_val,255)

        col_num = col_num + arr.shape[1] + 1
def get_data(index, row_num, x_col, x_f_num, y_col, y_f_num):
    '''
    데이터를 가지고 오는 함수
            Args:
        index : 데이터의 행 번호
        row_num : 첫 데이터 행 번호
        x_col : X 데이터의 열 번호
        x_f_col : X 데이터의 피처 개수
        y_col : Y 데이터의 열 번호
        y_f_num : Y 데이터의 피처 개수
            Return:
        X(numpy array): index 번째 데이터 X
        Y_t(numpy array) : index 번째 데이터 Y
    '''
    X = data_ws.range((row_num + index, x_col),(row_num + index, x_col + x_f_num −
    1)).value
    X = np.reshape(np.array(X),(1,x_f_num))
    Y_t = data_ws.range((row_num + index, y_col),(row_num + index, y_col + y_f_num
    − 1)).value
    Y_t = np.reshape(np.array(Y_t), (1, y_f_num))
    return X, Y_t
```

다음으로 찾고자 하는 W, B의 초기값을 랜덤으로 설정하고 학습률(Learning Rate)과 전체 데이터 개수를 정의합니다.

```
[8] # 업데이트 스텝 size(Learning rate) 지정
    lr = 0.01

    # 데이터 개수 정의
    data_num = len(iris.data)

    # W와 B의 예측값을 랜덤하게 생성
    W1 = np.random.rand(4,10) - 0.5
    B1 = np.random.rand(1,10) - 0.5
    W2 = np.random.rand(10,10) - 0.5
    B2 = np.random.rand(1,10) - 0.5
    W3 = np.random.rand(10,3) - 0.5
    B3 = np.random.rand(1,3) - 0.5
```
⤷

다음으로 모델을 구성하고 순전파를 통해 값을 전달하겠습니다. 첫 번째 레이어는 선형 변환과 비선형 변환을 두 번 거치고 마지막 레이어에서 소프트맥스를 거칩니다.

```
[9] # 순전파 구현
    esp = 0.000001          # 앱실론값

    X, Y_t = get_data(0,3,2,4,7,3)
    Z1 = np.matmul(X, W1) + B1
    A1 = np.where(Z1>0,Z1,0)
    Z2 = np.matmul(A1, W2) + B2
    A2 = np.where(Z2>0,Z2,0)
    Z3 = np.matmul(A2, W3) + B3
    Y_p = np.exp(Z3) / np.sum(np.exp(Z3))
    L = np.sum(-Y_t * (np.log(Y_p + esp)))
```
⤷

체인 룰을 이용해서 역전파를 구현합니다.

```
[10] # 레이어3 소프트맥스 레이어 역전파
    dL_dZ3 = Y_p - Y_t

    # 레이어3 Dense 역전파
    dL_dB3 = dL_dZ3
    dL_dW3 = np.matmul(A2.T, dL_dZ3)
    dL_dA2 = np.matmul(dL_dZ3, W3.T)

    # 레이어2 ReLU 역전파
    dL_dZ2 = np.where(Z2>0,dL_dA2,0)

    # 레이어2 Dense 역전파
    dL_dB2 = dL_dZ2
    dL_dW2 = np.matmul(A1.T, dL_dZ2)
    dL_dA1 = np.matmul(dL_dZ2, W2.T)

    # 레이어1 ReLU 역전파
    dL_dZ1 = np.where(Z1>0,dL_dA1,0)

    # 레이어1 Dense 역전파
    dL_dB1 = dL_dZ1
    dL_dW1 = np.matmul(X.T, dL_dZ1)
    dL_dX = np.matmul(dL_dZ1, W1.T)
```

역전파로 구한 새로운 W와 B를 새로 업데이트합니다.

```
[11] # W와 B를 업데이트
    W1 = W1 - lr * dL_dW1
    B1 = B1 - lr * dL_dB1
    W2 = W2 - lr * dL_dW2
    B2 = B2 - lr * dL_dB2
    W3 = W3 - lr * dL_dW3
    B3 = B3 - lr * dL_dB3
```

이제 에포크를 설정하고 학습을 진행해 보겠습니다. 총 20번의 학습을 진행하겠습니다. 여러분은 에포크를 바꿔서도 해보세요. 엑셀 5_1.xlsx와 5_2.ipynb 코드를 같이 열고 준비합니다. 데이터를 가져오는 get_data() 함수와 show_excel() 함수는 따로 정의하여 사용하겠습니다. 사이킷런 라이브러리의 load_iris로 붓꽃 데이터를 가져오겠습니다.

〈소스〉 5_2.ipynb

```
[1] from sklearn.datasets import load_iris
    iris=load_iris()
```
⇨

5_1.xlsx 파일을 열고 엑셀에 DATA 시트와 TRAIN 시트를 설정합니다.

```
[2] # 파일을 오픈하고 data 시트와 train 시트 지정
    wb = xw.Book('5_1.xlsx')
    data_ws = wb.sheets[0]
    train_ws = wb.sheets[1]


    # 엑셀에 데이터 피처와 데이터 값 입력
    data_ws.range((2,2)).value = iris.feature_names
    data_ws.range((3,2)).value = iris.data


    Y_t = np.reshape(np.array(iris.target),(-1,1))
    data_ws.range((3,6)).value = Y_t
```
⇨

5_1.ipynb 파일에서와 같이 타깃을 원핫인코딩으로 벡터 형태로 변형합니다.

```
[3] # 타깃을 원핫인코딩으로 변환
    data_ws.range((3,7)).value = np.eye(3)[Y_t[:,0]]
```
⇨

러닝레이트를 0.01로 세팅하고 데이터의 개수를 정의합니다.

[4] # 업데이트 스텝 size(Learning rate) 지정
```
lr = 0.01

# 데이터 개수 정의
data_num = len(iris.data)

# W와 B의 예측값을 랜덤하게 생성
W1 = np.random.rand(4,10) − 0.5
B1 = np.random.rand(1,10) − 0.5
W2 = np.random.rand(10,10) − 0.5
B2 = np.random.rand(1,10) − 0.5
W3 = np.random.rand(10,3) − 0.5
B3 = np.random.rand(1,3) − 0.5
```

학습을 진행하면서 1초마다 한 번씩 5_1.xlsx에 연산한 값을 입력해 줍니다.

[5] # 위 과정을 원하는 epoch만큼 반복
```
epoch_num = 20
time_delay = 1

train_ws.clear()

for e in range(epoch_num):
    # 현재 epoch수
    train_ws.range((2,2)).value = e +1

    # epoch 내 순서를 섞어 주기
    batch_turn = list(range(data_num))
    random.shuffle(batch_turn)

    Loss_Sum = 0

    # 데이터를 섞어준 순서대로 하나씩 불러오기
    for i in batch_turn:

        # 순전파
```

```
esp = 0.000001                    # 앱실론값
X, Y_t = get_data(i,3,2,4,7,3)


Z1 = np.matmul(X, W1) + B1
A1 = np.where(Z1>0,Z1,0)
Z2 = np.matmul(A1, W2) + B2
A2 = np.where(Z2>0,Z2,0)
Z3 = np.matmul(A2, W3) + B3
Y_p = np.exp(Z3) / np.sum(np.exp(Z3))
L = np.sum(-Y_t * (np.log(Y_p + esp)))
Loss_Sum = Loss_Sum + L


# 역전파
# 레이어3 소프트맥스 레이어 역전파
dL_dZ3 = Y_p - Y_t


# 레이어3 Dense 역전파
dL_dB3 = dL_dZ3
dL_dW3 = np.matmul(A2.T, dL_dZ3)
dL_dA2 = np.matmul(dL_dZ3, W3.T)


# 레이어2 ReLU 역전파
dL_dZ2 = np.where(Z2>0,dL_dA2,0)


# 레이어2 Dense 역전파
dL_dB2 = dL_dZ2
dL_dW2 = np.matmul(A1.T, dL_dZ2)
dL_dA1 = np.matmul(dL_dZ2, W2.T)


# 레이어1 ReLU 역전파
dL_dZ1 = np.where(Z1>0,dL_dA1,0)


# 레이어1 Dense 역전파
dL_dB1 = dL_dZ1
dL_dW1 = np.matmul(X.T, dL_dZ1)
```

```python
        dL_dX = np.matmul(dL_dZ1, W1.T)


        # 각 레이어 W, B 업데이트
        W1 = W1 - lr * dL_dW1
        B1 = B1 - lr * dL_dB1
        W2 = W2 - lr * dL_dW2
        B2 = B2 - lr * dL_dB2
        W3 = W3 - lr * dL_dW3
        B3 = B3 - lr * dL_dB3


    # 1 epoch끝나면 Loss를 표기하고 값을 업데이트
    print("epoch : ",e + 1, ", Loss : ", Loss_Sum)


    # 진행 상황을 보기 위해 일정 시간 기다려 주기
    show_excel([X.T,W1.T,B1.T,Z1.T,A1.T,W2.T,B2.T,Z2.T,A2.T,W3.T,B3.T,Z3.T,Y_p.T,Y_t.T]
             ,['X','W1','B1','Z1','A1','W2','B2','Z2','A2','W3','B3','Z3','Y_p','Y_t']
             ,['N','R','R','N','N','R','R','N','N','R','R','N','B','N']
             ,4, 2)


    show_excel([dL_dX.T,dL_dW1.T,dL_dB1.T,dL_dZ1.T,dL_dA1.T,dL_dW2.T,dL_dB2.T,dL_
             dZ2.T,dL_dA2.T,dL_dW3.T,dL_dB3.T,dL_dZ3.T]
             ,['dL_dX','dL_dW1','dL_dB1','dL_dZ1','dL_dA1','dL_dW2','dL_dB2','dL_dZ2','dL_
             dA2','dL_dW3','dL_dB3','dL_dZ3']
             ,['B','G','G','N','N','G','G','N','N','G','G','N']
             ,17, 2)


    time.sleep(time_delay)
epoch :  1 , Loss :  166.2992015593452
epoch :  2 , Loss :  162.03568853966848
epoch :  3 , Loss :  144.38517650511378
epoch :  4 , Loss :  103.49788293456503
epoch :  5 , Loss :  69.36992965325899
epoch :  6 , Loss :  56.60765543250419
epoch :  7 , Loss :  47.87400104748002
```

```
epoch :   8 , Loss :  47.311859818661496
epoch :   9 , Loss :  36.09268330624561
epoch :  10 , Loss :  30.15257970628856
epoch :  11 , Loss :  40.33046190591491
epoch :  12 , Loss :  36.674296649916464
epoch :  13 , Loss :  33.45541765589773
epoch :  14 , Loss :  30.791733015495733
epoch :  15 , Loss :  30.326174096465675
epoch :  16 , Loss :  30.171075008373688
epoch :  17 , Loss :  29.17992979593464
epoch :  18 , Loss :  28.34268367060412
epoch :  19 , Loss :  26.473627620412145
epoch :  20 , Loss :  22.909085789649414
```

에포크가 진행될 때마다, Loss가 줄어드는 것을 볼 수 있습니다. 이제 엑셀 [DATA] 시트에 학습
으로 최적화 작업이 끝난 W와 B를 이용하여 붓꽃의 종류를 예측하겠습니다. 예측한 결과는 엑
셀의 y_p'에 입력하겠습니다. 결과를 업데이트하여 실제 모델이 예측한 y_p'와 데이터의 처음 라
벨 y_p(0, 1, 2) 값을 실제 y_t와 비교하여 정확도를 계산하겠습니다.

```
[6] # 학습을 통해 찾은 최적의 W1, W2, W3, B1, B2, B3를 이용하여 iris 붓꽃의 종류 예측
    # 예측 결과를 엑셀의 y_p'에 입력
    for i in range(data_num):
        X, Y_t = get_data(i,3,2,4,7,3)

        Z1 = np.matmul(X, W1) + B1
        A1 = np.where(Z1>0,Z1,0)
        Z2 = np.matmul(A1, W2) + B2
        A2 = np.where(Z2>0,Z2,0)
        Z3 = np.matmul(A2, W3) + B3
        Y_p = np.exp(Z3) / np.sum(np.exp(Z3))

        data_ws.range((3+i,10)).value = Y_p
```

```
[7]  Y_p = data_ws.range((3,10),(152,12)).value
     Y_p = np.reshape(np.array(Y_p),(-1,3))
     data_ws.range((3,13)).value = np.reshape(np.argmax(Y_p,axis =-1),(-1,1))
```

엑셀 시트에 학습을 통해 예측한 값을 업데이트하였습니다. 엑셀 [DATA] 시트의 2열의 내용을 살펴보겠습니다.

sepal length (cm)	sepal width (cm)	petal length (cm)	petal width (cm)	y_t		y_t'		y_p'			y_p
5.1	3.5	1.4	0.2	0	1	0	0	0.999524508	0.000475492	5.51177E-13	0

[그림 5-13]

y_p'의 값을 보면 0.999.., 0.0004..., 5.5…-13 으로 0.99.. 를 제외하고 0에 가까운 값을 얻은 것을 확인할 수 있습니다. 이제 엑셀 5_2.xlsx의 [DATA]에 업데이트하여 정확도를 계산하겠습니다.

```
[8]  Y_t = data_ws.range((3,6),(152,6)).value
     Y_t = np.array(Y_t)


     Y_p = data_ws.range((3,13),(152,13)).value
     Y_p = np.array(Y_p)


     Acc = np.reshape(np.where(Y_p==Y_t,1,0),(-1,1))
     data_ws.range((3,14)).value = Acc
```

모델의 정확도는 94.7%로 학습이 잘 진행되었습니다.

원핫인코딩에 대해서 살펴보았고, 사이킷런의 붓꽃 데이터를 이용하여 다중 분류 문제를 학습했습니다. 실제 데이터 세트에서 해결하려는 문제는 참, 거짓을 판단하는 문제도 있지만 많은 문제들이 다중선택을 해야 하는 문제들입니다. 원핫인코딩은 딥러닝 학습 곳곳에서 많이 활용되니 꼭 익혀두고 넘어가야 합니다.

사이킷런에서 제공하는 손글씨 데이터(digits data set)를 사용하겠습니다. 손글씨 데이터는 0에서 9까지 10가지로 분류될 수 있는 손글씨 숫자 이미지 1,797개로 이루어져 있습니다. 사용할 데이터는 64개의 1차원 배열로 구성되어 있습니다. 각 픽셀에서는 0 ~ 16 사이의 정수가 입력되어 있으며 0에 가까울수록 흰색이며 16에 가까울수록 검은색으로 표현됩니다.

Classes	10
Samples per class	~180
Samples total	1797
Dimensionality	64
Features	integers 0–16

[그림 5-14] 데이터 구조

01 데이터 확인

데이터를 이미지로 시각화하겠습니다. 손글씨 데이터는 사이킷런의 load_digits 함수로 데이터를 로드할 수 있습니다.

〈소스〉 5_3.ipynb

```
[1] # 손글씨 데이터 불러오기
    from sklearn.datasets import load_digits
    digits=load_digits()

    # For Image Show
    # 파일을 오픈하고 시트 지정
    wb = xw.Book("5_3.xls')
    train_ws = wb.sheets[0]
    learning_ws = wb.sheets[2]

    train_ws.clear()
    learning_ws.clear()
```

```python
train_ws.range((1,1)).value = digits.feature_names
train_ws.range((2,1)).value = digits.data
train_ws.range((1,65)).value = "Target"
train_ws.range((2,65)).value = np.reshape(np.array(digits.target),(-1,1))

# 이미지 확인
learning_ws.clear()

for i in range(10):
    X, Y_true = get_data(i+1,1,1,64,65,1)
    X_Show = np.reshape(X,(8,8))
    show_excel([X_Show,Y_true]
              ,['X_Show','Y_true']
              ,["R",'N']
              ,4 + i * 10, 2)
```

손글씨 데이터 세트는 원본 데이터 형태는 64개로 이뤄진 1차원 배열로 데이터가 입력되어 있습니다. 육안으로 숫자가 확인이 가능하도록 8 × 8 2차원 배열 형태로 reshape을 수행하였고, 보다 구분이 쉽도록 0 ~ 16의 정수를 Red Scale 형태로 표기하였습니다. 8 × 8의 픽셀의 크기가 매우 작긴 하지만 손글씨의 형태로 표현되는 것을 알 수 있습니다.

	1	2	3	4	5	6	7	8	9	10	11	12	13	14	15	16
1	pixe	pixe	pixe	pixe	pixe	pixe	pixe	pixe	pixe	pixe	pixe	pixe	pixe	pixe	pixe	pixe
2	0	0	5	13	9	1	0	0	0	0	13	15	10	15	5	0
3	0	0	0	12	13	5	0	0	0	0	0	11	16	9	0	0
4	0	0	0	4	15	12	0	0	0	0	3	16	15	14	0	0
5	0	0	7	15	13	1	0	0	8	13	6	15	4	0	0	
6	0	0	0	1	11	0	0	0	0	0	0	7	8	0	0	0
7	0	0	12	10	0	0	0	0	0	14	16	16	14	0	0	
8	0	0	0	12	13	0	0	0	0	5	16	8	0	0	0	
9	0	0	7	8	13	16	15	1	0	0	7	7	4	11	12	0
10	0	0	9	14	8	0	0	0	0	12	14	14	12	0	0	
11	0	0	11	12	0	0	0	0	2	16	16	16	13	0	0	

… …

	52	53	54	55	56	57	58	59	60	61	62	63	64	65
	pixe	pixe	pixe	pixe	pixe	pixe	pixe	pixe	pixe	pixe	pixe	pixe	pixe	Targe
	5	10	12	0	0	0	0	6	13	10	0	0	0	0
	16	16	6	0	0	0	0	0	11	16	10	0	0	1
	16	16	11	5	0	0	0	0	3	11	16	9	0	2
	4	5	14	9	0	0	0	7	13	13	9	0	0	3
	3	15	10	0	0	0	0	0	2	16	4	0	0	4
	4	12	16	4	0	0	0	9	16	16	10	0	0	5
	16	11	15	8	0	0	0	1	9	15	11	3	0	6
	15	1	0	0	0	0	0	13	16	0	0	0	0	7
	1	3	16	8	0	0	0	11	16	15	11	1	0	8
	0	9	15	4	0	0	0	9	12	13	3	0	0	9

[그림 5-15] 데이터 형태 확인

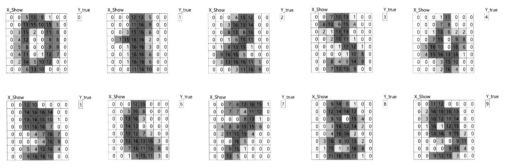

[그림 5-16] 이미지로 시각화

02 데이터 전처리

앞서 배웠던 내용을 종합하여 손글씨 이미지 학습 모델을 만들어보겠습니다. 우선 학습을 위해 데이터를 전처리하겠습니다. 손글씨의 데이터 샘플의 총 개수는 1,797개 중 약 20%인 360개를 Test Data의 개수로 설정하였고 손글씨 데이터는 0 ~ 9까지 순서로 반복되면서 데이터가 정리되어 있기 때문에 마지막 360개 데이터를 기준으로 Train Data와 Test Data로 나누었습니다. 데이터를 구성하고 있는 피처의 값은 0 ~ 16 사이의 정수이기 때문에 16으로 나누어서 0과 1 사이의 값을 갖도록 정규화 하였습니다.

```
[2]    # 파일을 오픈하고 시트 지정
       wb = xw.Book("5_3.xlsx")
       train_ws = wb.sheets[0]
       test_ws = wb.sheets[1]
       learning_ws = wb.sheets[2]

       train_ws.clear()
       test_ws.clear()
       learning_ws.clear()
```

```
# 데이터 개수 정의
# Test Data 개수 정의
test_num = 360 # 1797 * 0.2 = 359.2


# Train Data 개수 정의
train_num = len(digits.data) − test_num


# Input Data Scaling
X = digits.data / 16


# Output Data Reshape
Y_true = np.reshape(digits.target,(−1,1))


train_ws.range((1,1)).value = digits.feature_names
train_ws.range((2,1)).value = X[:train_num]
train_ws.range((1,65)).value = "Target"
train_ws.range((2,65)).value = Y_true[:train_num]


test_ws.range((1,1)).value = digits.feature_names
test_ws.range((2,1)).value = X[train_num:]
test_ws.range((1,65)).value = "Target"
test_ws.range((2,65)).value = Y_true[train_num:]
```

⇥

손글씨 분류 모델은 총 10개의 클래스를 분류하는 다중 분류 모델입니다. 따라서 CCE(Categorical Cross Entropy Loss)를 통하여 정답과 예측치에 대한 Loss를 계산하고 소프트 맥스를 통해서 숫자를 분류할 것입니다. 앞서 배웠듯이 Loss를 계산하기 위해서 정답(Y_true)을 정수형으로 표기하지 않고 10개의 원소로 구성된 1차원 배열의 형태로 변경해야 제대로 된 Loss 연산이 가능합니다. 따라서 원핫인코딩을 통하여 10개의 클래스를 1차원 배열로 변환하고, 정답에 해당하는 것에 1을 입력하고 정답이 아닌 것에는 0을 부여하겠습니다.

[3] # Train Data One—Hot—Encode

```
train_ws.range((1,66)).value = [0, 1, 2, 3, 4, 5, 6, 7, 8, 9]
train_ws.range((2,66)).value = np.eye(10)[Y_true[:train_num,0]]

# Test Data One—Hot—Encode
test_ws.range((1,66)).value = [0, 1, 2, 3, 4, 5, 6, 7, 8, 9]
test_ws.range((2,66)).value = np.eye(10)[Y_true[train_num:,0]]
```

	Target	One-Hot-Encoding									

54	55	56	57	58	59	60	61	62	63	64	65	66	67	68	69	70	71	72	73	74	75
pixe	pixe	pixe	pixe	pixe	pixe	pixe	pixe	pixe	pixe	pixe	Targ	0	1	2	3	4	5	6	7	8	9
0.8	0	0	0	0	0.4	0.8	0.6	0	0	0	0	1	0	0	0	0	0	0	0	0	0
0.4	0	0	0	0	0	0.7	1	0.6	0	0	1	0	1	0	0	0	0	0	0	0	0
0.7	0.3	0	0	0	0	0.2	0.7	1	0.6	0	2	0	0	1	0	0	0	0	0	0	0
0.9	0.6	0	0	0	0.4	0.8	0.8	0.6	0	0	3	0	0	0	1	0	0	0	0	0	0
0.6	0	0	0	0	0	0.1	1	0.3	0	0	4	0	0	0	0	1	0	0	0	0	0
1	0.3	0	0	0	0.6	1	1	0.6	0	0	5	0	0	0	0	0	1	0	0	0	0
0.9	0.5	0	0	0	0.1	0.6	0.9	0.7	0.2	0	6	0	0	0	0	0	0	1	0	0	0
0	0	0	0	0	0.8	0.3	0	0	0	0	7	0	0	0	0	0	0	0	1	0	0
1	0.5	0	0	0	0.7	1	0.9	0.7	0.1	0	8	0	0	0	0	0	0	0	0	1	0
0.9	0.3	0	0	0	0.6	0.8	0.8	0.2	0	0	9	0	0	0	0	0	0	0	0	0	1
0.6	0	0	0	0	0.1	0.6	0.8	0.2	0	0	0	1	0	0	0	0	0	0	0	0	0

[그림 5-17] 원핫인코딩 변환 결과

03 모델 구현

신경망 모델을 만들기 위한 첫 번째 단계는 레이어 층수를 설정하고, 각 레이어의 W와 BiasB의 형태를 결정하는 것입니다. 또한 활성화 함수를 선택해야 합니다. 손글씨 데이터는 1×64의 형태이므로 입력층에는 총 64개의 피처가 있습니다. 이후 은닉층1, 은닉층2, 출력층으로 구성된 모델을 설계합니다(입력층과 출력층 사이의 레이어를 은닉층(Hidden Layer)이라고 합니다). 은닉층 내에서는 10개의 피처를 가지도록 설정합니다. 각 층의 W와 B의 모양은 입력층에서 은닉층1로 연산될 때 W1은 64×10, B1은 1×10의 행렬 형태가 되어야 합니다. 이와 같이 동일한 방식으로 W2와 W3는 10×10, B2와 B3는 1×10의 형태를 가져야 합니다. 은닉층에서는 ReLU 활성화 함수를 사용하고, 손글씨 분류 모델은 다중 분류 모델이므로 Loss 계산에는 CCE를 사용합니다. 마지막으로 Softmax 함수를 사용하여 결과값을 확률로 출력합니다.

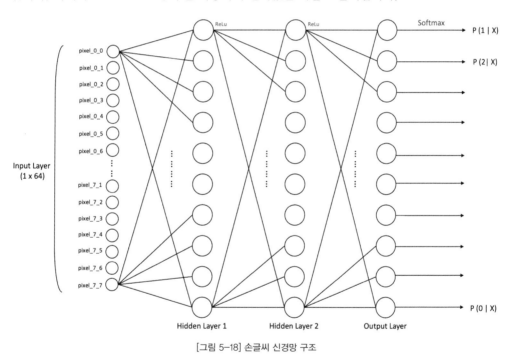

[그림 5-18] 손글씨 신경망 구조

앞서 구성한 신경망 정보를 코드로 보면 초기 W, B 정보들이 −0.5 ~ +0.5의 범위에 있도록 Random 함수로 생성된 값에 0.5를 뺀 상태에서 초기값을 설정했습니다. 각 출력층을 구현 후 선형 변환 및 비선형 변환을 하고 마지막에는 순전파가 잘 동작하는지 확인할 수 있도록 엑셀에 출력합니다.

```
[4]  # W와 B의 예측값을 랜덤하게 생성
     W1 = np.random.rand(64,10) − 0.5
     B1 = np.random.rand(1,10) − 0.5


     W2 = np.random.rand(10,10) − 0.5
     B2 = np.random.rand(1,10) − 0.5


     W3 = np.random.rand(10,10) − 0.5
     B3 = np.random.rand(1,10) − 0.5


     # 정의한 함수를 이용하여 순전파 구현
     # Input Layer
     X, Y_true = get_data(1,1,1,64,66,10)


     # Hidden Layer1
     Z1 = np.matmul(X, W1) + B1
     A1 = np.where(Z1>0, Z1, 0)


     # Hidden Layer2
     Z2 = np.matmul(A1, W2) + B2
     A2 = np.where(Z2>0, Z2, 0)


     # Output Layer / Softmax
     Z3 = np.matmul(A2, W3) + B3
     Y_pred = np.exp(Z3) / np.sum(np.exp(Z3))  # Softmax


     # Loss 계산
     eps = 0.000001
     loss = −Y_true * np.log(Y_pred + eps)
     Loss = np.sum(loss)
```

```
# 현재 Load된 데이터 확인
# X, Y_true = get_data(1,1,1,64,66,10)
learning_ws.clear()

X_Show = np.reshape(X,(8,8))
show_excel([X_Show,Y_pred.T,Y_true.T]
            ,['X','Y_pred','Y_true']
            ,["R","G",'G']
            ,4,2)
```

현재 첫 입력 데이터와 랜덤한 초기값 W, B로 어떤 결과가 나오는지 확인하겠습니다. 아직은 어떤 학습도 진행된 상태가 아니기 때문에 예측값은 제대로 반환하지 못하는 모습을 보입니다. 이번에는 W와 B를 학습하기 위한 역전파를 코드로 작성합니다.

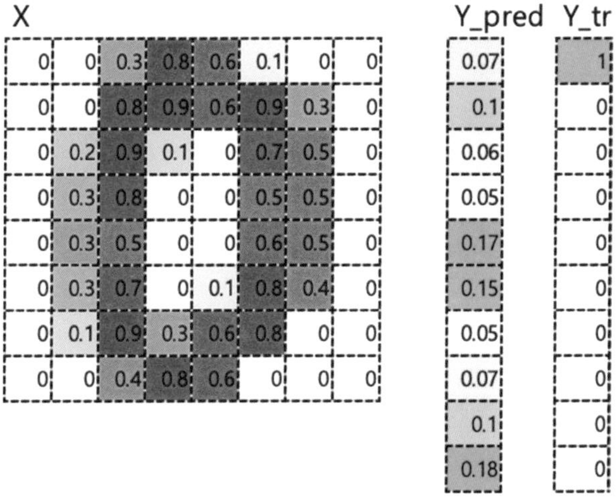

[그림 5-19] 초기 순전파 진행 결과

W, B 업데이트를 위한 역전파(Back Propagation) 부분입니다. 소프트맥스를 통해 예측된 값(Y_pred)과 정답(Y_true)을 CCE를 통해서 Loss를 계산하였습니다. 마지막으로 계산된 dL/dX 값을 엑셀에 출력하여 작성한 코드가 잘 동작하는지 확인해 보겠습니다.

```
[5]  # 역전파

     # 손실 함수 미분
     dL_dZ3 = Y_pred − Y_true


     # 출력층 역전파
     dL_dB3 = dL_dZ3
     dL_dW3 = np.matmul(A2.T, dL_dZ3)
     dL_dA2 = np.matmul(dL_dZ3, W3.T)


     # 은닉층2 역전파 계산
     dL_dZ2 = np.where(Z2>0, dL_dA2, 0)
     dL_dB2 = dL_dZ2
     dL_dW2 = np.matmul(A1.T, dL_dZ2)
     dL_dA1 = np.matmul(dL_dZ2, W2.T)


     # 은닉층1 역전파 계산
     dL_dZ1 = np.where(Z1>0, dL_dA1, 0)
     dL_dB1 = dL_dZ1
     dL_dW1 = np.matmul(X.T, dL_dZ1)


     # 입력층의 역전파 계산
     dL_dX = np.matmul(dL_dZ1, W1.T)
     dL_dX_Show = np.reshape(dL_dX,(8,8))


     # 현재 Load된 데이터 확인 및 dL/dX 프린트
     show_excel([dL_dX_Show]
                    ,['dL_dX']
                    ,["B"]
                    ,17,2)
```

↪

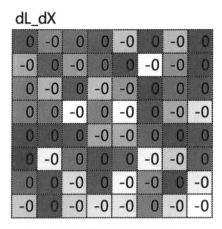

[그림 5-20] dL_dX 결과값 확인

앞서 설계한 신경망 모델을 학습하기 위해 순전파와 역전파를 수행하고, 이 과정에서 각 레이어의 W, B를 업데이트할 것입니다. 학습은 [그림 5-21]과 같이 진행합니다. 이를 위해 학습률과 에포크 수를 설정하고 학습을 진행할 것입니다. 또한 이번에는 에포크마다 업데이트된 W, B를 각각 W1_UP, B1_UP, W2_UP, B2_UP, W3_UP, B3_UP에 저장하겠습니다. 이 값들은 학습이 완료된 후, 가장 낮은 Loss 값을 가진 Epoch에 대한 W, B 값을 확인하기 위해 사용됩니다.

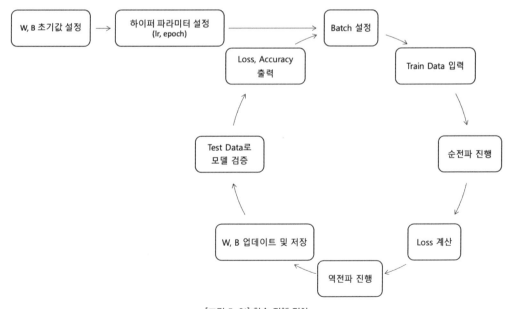

[그림 5-21] 학습 진행 절차

```python
[6]  # Excel Sheet 초기화
     learning_ws.clear()

     # Weight, Bias 초기화
     W1 = np.random.rand(64,10) − 0.5
     B1 = np.random.rand(1,10) − 0.5

     W2 = np.random.rand(10,10) − 0.5
     B2 = np.random.rand(1,10) − 0.5

     W3 = np.random.rand(10,10) − 0.5
     B3 = np.random.rand(1,10) − 0.5

     # 하이퍼 파라미터 설정
     epoch_num = 10                        # Epoch
     lr = 0.05                             # Leaerning Rate
     time_delay = 1                        # 엑셀의 표기 시간 설정

     # Weight, Bias 저장을 위한 설정
     W1_up, B1_up, W2_up, B2_up, W3_up, B3_up = [], [], [], [], [], []

     for e in range(epoch_num):
         # 현재 Epoch를 엑셀에 표기
         learning_ws.range((2,2)).value = e +1

         # Random Batch 설정
         # epoch 내 순서를 섞어 주기
         batch_turn = list(range(train_num))
         random.shuffle(batch_turn)

         # Loss, Accuracy 변수 초기화
         Loss_Sum = 0
         Test_loss_sum = 0

         Acc = 0
         Test_acc = 0
```

```python
# 데이터를 섞어준 순서대로 하나씩 불러오기
for i in batch_turn:

    # 순전파
    # Input Layer
    X, Y_true = get_data(i+1,1,1,64,66,10)
    X_Show = np.reshape(X,(8,8))

    # Hidden Layer1
    Z1 = np.matmul(X, W1) + B1
    A1 = np.where(Z1>0, Z1, 0)

    # Hidden Layer2
    Z2 = np.matmul(A1, W2) + B2
    A2 = np.where(Z2>0, Z2, 0)

   # Output Layer / Softmax
    Z3 = np.matmul(A2, W3) + B3
    Y_pred = np.exp(Z3) / np.sum(np.exp(Z3))

    # Loss 계산
    eps = 0.000001
    loss = -Y_true * np.log(Y_pred + eps)
    loss = np.sum(loss)
    Loss_Sum = Loss_Sum + loss

    # 역전파
    # 손실 함수 미분
    dL_dZ3 = Y_pred - Y_true

    # Output Layer 역전파
    dL_dB3 = dL_dZ3
    dL_dW3 = np.matmul(A2.T, dL_dZ3)
    dL_dA2 = np.matmul(dL_dZ3, W3.T)
```

```python
    # Hidden Layer3 역전파 계산
    dL_dZ2 = np.where(Z2>0, dL_dA2, 0)
    dL_dB2 = dL_dZ2
    dL_dW2 = np.matmul(A1.T, dL_dZ2)
    dL_dA1 = np.matmul(dL_dZ2, W2.T)


    # Hidden Layer1 역전파 계산
    dL_dZ1 = np.where(Z1>0, dL_dA1, 0)
    dL_dB1 = dL_dZ1
    dL_dW1 = np.matmul(X.T, dL_dZ1)


    # Input Layer 역전파 계산
    dL_dX = np.matmul(dL_dZ1, W1.T)
    dL_dX_Show = np.reshape(dL_dX,(8,8))


    # 업데이트
    W1 = W1 - lr * dL_dW1
    B1 = B1 - lr * dL_dB1
    W2 = W2 - lr * dL_dW2
    B2 = B2 - lr * dL_dB2
    W3 = W3 - lr * dL_dW3
    B3 = B3 - lr * dL_dB3


    # Accuracy 계산
    if(np.argmax(Y_true)==np.argmax(Y_pred)):
        Acc = Acc + 1
W1_up.append(W1)
B1_up.append(B1)
W2_up.append(W2)
B2_up.append(B2)
W3_up.append(W3)
B3_up.append(B3)

# Test Data 검증
for j in range(test_num):
```

```
# 순전파
# 데이터 불러오기
X, Y_true = get_test_data(j+1, 1, 1, 64, 66, 10)


# Hidden Layer1
Z1 = np.matmul(X, W1) + B1
A1 = np.where(Z1>0, Z1, 0)


# Hidden Layer2
Z2 = np.matmul(A1, W2) + B2
A2 = np.where(Z2>0, Z2, 0)


# Output Layer / Softmax
Z3 = np.matmul(A2, W3) + B3
Y_pred = np.exp(Z3) / np.sum(np.exp(Z3))


# Loss 계산
eps = 0.000001
Test_loss = -Y_true * np.log(Y_pred + eps)
Test_loss = np.sum(Test_loss)
Test_loss_sum += Test_loss


# Accuracy 계산
if(np.argmax(Y_true)==np.argmax(Y_pred)):
    Test_acc = Test_acc + 1


# 1 epoch 끝난 후 Loss 표기 및 Weight, Bias 업데이트 출력
print("epoch : ",e + 1, " Loss : ", round(Loss_Sum, 1),
      " Acc : ", round(Acc/train_num * 100, 1),
      "Test_loss :", round(Test_loss_sum,1),
      "test_acc :", round(Test_acc/test_num * 100, 1))


show_excel([X_Show,W1.T,B1.T,Z1.T,A1.T,W2.T,B2.T,Z2.T,A2.T,W3.T,B3.T,Z3.T,Y_pred.T,Y_
          true.T]
          ,['X','W1','B1','O1','O1_R','W2','B2','O2','O2_R','W3','B3','O3','Y_p','Y_t'])
```

```
                    ,['B','R','R','N','N','R','R','N','N','R','R','N','B','B']
                    ,4, 2)


        show_excel([dL_dX_Show, dL_dW1.T, dL_dB1.T, dL_dZ1.T, dL_dA1.T ,dL_dW2.T, dL_
                    dB2.T,dL_dZ2.T, dL_dA2.T,dL_dW3.T,dL_dB3.T, dL_dZ3.T]
                    ,['dL_dX','dL_dW1','dL_dB1','dL_dZ1','dL_dA1','dL_dW2','dL_dB2','dL_
                    dZ2','dL_dA2','dL_dW3','dL_dB3','dL_dO3']
                    ,['B','G','G','N','N','G','G','N','N','G','G','N']
                    ,17, 2)


        # 진행 상황을 보기 위해 일정 시간 대기
        time.sleep(time_delay)
```

```
epoch : 1   Loss : 1887.0  Acc : 53.4  Test_loss : 370.0  Test_acc : 67.8
epoch : 2   Loss : 940.6   Acc : 78.3  Test_loss : 351.2  Test_acc : 75.6
epoch : 3   Loss : 682.2   Acc : 87.4  Test_loss : 219.6  Test_acc : 85.6
epoch : 4   Loss : 484.2   Acc : 90.4  Test_loss : 198.6  Test_acc : 86.9
epoch : 5   Loss : 568.9   Acc : 90.4  Test_loss : 158.7  Test_acc : 87.8
epoch : 6   Loss : 398.5   Acc : 92.3  Test_loss : 211.8  Test_acc : 87.8
epoch : 7   Loss : 386.2   Acc : 93.3  Test_loss : 242.5  Test_acc : 86.1
epoch : 8   Loss : 442.4   Acc : 92.1  Test_loss : 205.1  Test_acc : 86.1
epoch : 9   Loss : 503.5   Acc : 91.6  Test_loss : 193.1  Test_acc : 87.2
epoch : 10  Loss : 951.3   Acc : 83.2  Test_loss : 258.2  Test_acc : 84.2
```

결과를 보면 학습이 진행될수록 학습 데이터 및 테스트 데이터의 Loss, 정확도(Accuracy)가 증가 혹은 감소하는 경향을 확인할 수 있습니다. 당뇨병 예제에서 설명했듯이 학습 데이터의 Loss는 항상 감소하는 방향으로 학습을 진행하기 때문에 일반적으로 감소하며, 테스트 데이터에서의 Loss는 특정 수준까지 감소하다가 증가합니다. 손글씨 학습 결과를 살펴보면 앞서 설명한 것과 유사합니다. 이 부분에서 하이퍼 파라미터를 설정할 때처럼 몇 번째 에포크에서 업데이트된 W, B를 선정할지를 결정해야 합니다.

본 학습 결과에 대해서는 에포크 5, 6번째의 결과가 가장 합리적으로 보입니다. 이번에는 학습 데이터에서의 Loss 및 정확도는 다소 높지만 테스트 데이터에서 Loss가 가장 낮게 계산된 5번째 에포크에서의 W, B를 가지고 최종 모델로 선정하겠습니다. 앞선 학습 모델 코드에서 "W(X)_UP" 변수에 저장된 W와 B의 값 중 5번째 값을 로드하였습니다.

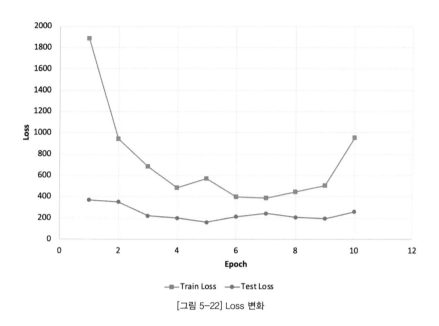

[그림 5-22] Loss 변화

[7] # 최적화된 Weight, Bias 선정, Epoch 5번째
```
W1 = W1_up[4]
B1 = B1_up[4]
W2 = W2_up[4]
B2 = B2_up[4]
W3 = W3_up[4]
B3 = B3_up[4]
```

최종 W와 B를 선정하였으니 학습에 사용되지 않은 테스트 데이터 중 임의로 10개의 데이터를 선정하여 분류가 잘되는지 확인해 보겠습니다. 앞서 확인한 5번째 에포크에서 정확도가 87.5% 이므로 대략적으로 10개 중 1개 정도만 틀리는 수준인데, 실제로 그런지 확인해 보겠습니다.

```
[8] learning_ws.clear()

    for i in range(10):

        # Test Data 총 개수 중 Random하게 선정함
        test = random.randint(0, test_num)

        # Test Data Set Data 불러오기
        X, Y_true = get_test_data(test,1,1,64,65,1)
        X_Show = np.reshape(X,(8,8))

        # Hidden layer1
        Z1 = np.matmul(X, W1) + B1
        A1 = np.where(Z1>0, Z1, 0)

        # Hidden layer2
        Z2 = np.matmul(A1, W2) + B2
        A2 = np.where(Z2>0, Z2, 0)

        # Output Layer / Softmax
        Z3 = np.matmul(A2, W3) + B3
        Y_pred = np.exp(Z3) / np.sum(np.exp(Z3))

        show_excel([X_Show,Y_true, value.T, Y_pred.T]
                   ,['X_Show','Y_true', 'Value','Y_pred']
                   ,['R','N','N','B']
                   ,4 + i * 12, 2)
```

➡

엑셀에 출력된 값 10개 데이터에 대한 분류 확인 결과 실제로 1개만 틀리고 9개의 값을 정확히 분류해내는 것을 확인할 수 있습니다. 분류에 실패한 데이터를 좀 더 자세히 살펴보겠습니다. 실제값 데이터는 "3"으로 나와 있으나, 우리가 만들 모델은 최종적으로 3, 8중 8에 더 높은 확률을 주어 최종적으로 "8"로 분류하여 오답을 예측하였습니다. 다만 이미지로 데이터를 확인해 보면 실제로 "8"과 유사해 보여 사람이 예측해도 헷갈릴 수 있을 것 같습니다. 그러면 이번에는 직접 글씨를 써서 우리가 만든 모델이 분류를 잘해 내는지 확인해 볼까요?

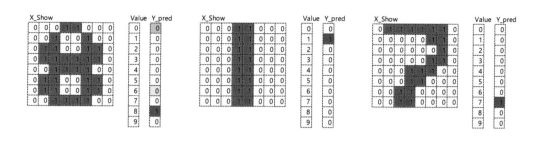

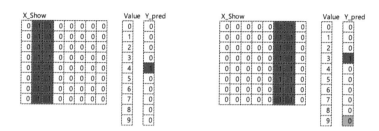

[그림 5-23] Test Data로 검증하기

04 모델 검증 및 한계

숫자를 직접 써서 앞에서 만든 모델이 제대로 분류를 하는지 확인하겠습니다. 다음의 코드를 실행시키면 8 × 8 엑셀에 값을 입력할 수 있는 영역이 생성됩니다. 여기에 확인하고 싶은 숫자의 모양대로 엑셀의 셀에 숫자 "1"을 입력하겠습니다. 입력한 값이 강조되도록 엑셀의 조건부 서식을 활용하여 입력값에 빨간 음영을 설정하겠습니다.

[9] `learning_ws.clear()`

```
X = np.zeros((64, 1))

X_Show = np.reshape(X, (8, 8))

show_excel([X_Show]
          , ['X_Show']
          , ['R']
          , 4, 2)
```

↪

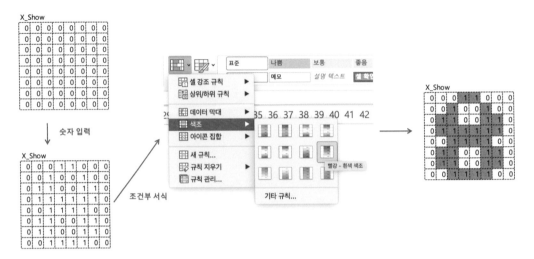

[그림 5-24] 검증 데이터 만들기

곡선을 잘 표현해 줄 수 있는 "8", 직선으로만 이뤄진 "1", 꺾인 부위가 있는 "7"의 숫자를 만들어 앞에서 만든 모델이 분류를 잘 할 수 있는지 최종 모델에 입력시키겠습니다. 엑셀에 입력한 값은 8 × 8 형태이므로 1차원 배열의 형태로 변형하여 최종 모델에 입력합니다.

```
[10] # 엑셀에 입력된 Data 불러온 후 1차원 배열로 형태 변경
    X = learning_ws.range((5, 2), (12, 9)).value
    X = np.array(X).reshape(-1)
    X_Show = np.reshape(X,(8,8))


    # 입력 데이터 분류하기
    # Hidden layer1
    Z1 = np.matmul(X, W1) + B1
    A1 = np.where(Z1>0, Z1, 0)


    # Hidden layer2
    Z2 = np.matmul(A1, W2) + B2
    A2 = np.where(Z2>0, Z2, 0)


    # Output Layer / Softmax
    Z3 = np.matmul(A2, W3) + B3
    Y_pred = np.exp(Z3) / np.sum(np.exp(Z3))
```

```
learning_ws.clear()

show_excel([X_Show, value.T, Y_pred.T]
          ,['X_Show','Value','Y_pred']
          ,['R', 'N','B']
          ,4, 2)
```

⇥

최종 모델이 분류한 결과를 살펴보면 우리가 입력한 임의의 숫자 모두 정확하게 각각을 분류하였습니다. 숫자의 형태가 분명한 "1"과 "7"의 경우는 정확하게 분류하였고, 숫자 "8"의 경우에는 유사한 형태를 띄는 "0", "6"일 수도 있는 확률을 보였으나 다행히도 숫자 8을 가장 높은 확률로 분류했습니다. 그렇다면 우리의 모델은 앞서 확인한 정확도가 약 90%인 대부분의 숫자를 모두 맞출 수 있는 좋은 모델일까요?

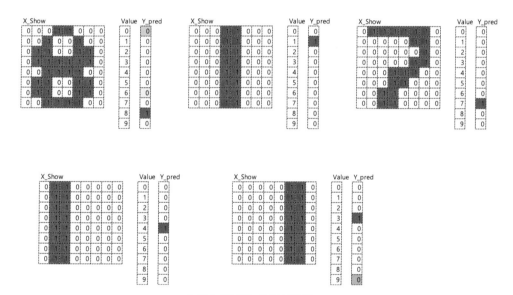

[그림 5-25] 검증 데이터 분류 성능

가장 쉬운 형태로 보이는 숫자 "1"을 가지고 위치를 변경시키면서 몇 가지 상황을 고려하여 숫자 1을 각각 좌/우로 2픽셀, 3픽셀을 이동시켜 위와 동일하게 분류하겠습니다. 결과를 확인해보면 다소 이상한 결과를 예측합니다. 조금 전까지만 해도 잘 동작하던 모델이 단순히 숫자를 좌/우로 이동시킨 것만으로도 모두 틀린 결과를 보입니다. 위치는 상이하지만, 사람은 모두 숫자 "1"로 인지할 수 있지만 모델은 예측하지 못합니다. 심지어 정확도가 90%인 모델임에도 가장 단순한 형태인 숫자 "1"을 전부 예측에 실패했습니다. 왜 이런 결과를 보이게 되는 걸까요?

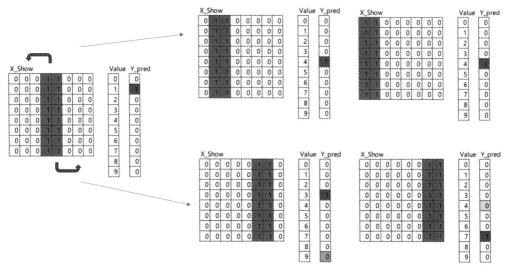

[그림 5-26] 숫자 1 분류 검증

앞서 구성한 신경망 구조를 다시 한번 보겠습니다. 학습을 위해서 8×8의 이미지 데이터를 1×64의 형태로 바꿨고, 이 같은 형태로 데이터를 변경하는 것을 평면화(Flatten)한다고 표현합니다. 이렇게 평탄화된 모든 피처를 다시 은닉층의 모든 피처와 연결한 네트워크 형태를 FCN(Fully Connected Network)이라고 합니다.

이미지 데이터를 평탄화하여 FCN를 구성하여 학습하는 것은 조건에 따라 잘 동작합니다. 우리가 앞서 사용했던 사이킷런의 손글씨 데이터와 같이 모든 데이터가 동일하게 8×8 픽셀 영역의 정중앙으로 위치하여 잘 정렬된 데이터에 대해서는 학습이 잘 됩니다. 다만 숫자 "1"의 예시에서 확인했던 것과 같이 특정 조건에서는 모델이 잘 동작하지 않는 단점이 있습니다. 이미지 데이터에서 FCN 모델을 사용한 경우의 단점에 관해서 설명하겠습니다.

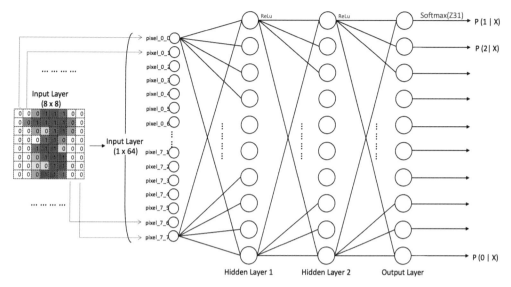

[그림 5-27] FCN에서의 신경망

첫 번째로 공간 혹은 위치 정보의 손실입니다. 사람이 이미지를 인식하는 것은 주변부의 정보까지도 함께 고려되어 인지됩니다. 예를 들어 앞선 예시인 숫자 "1"의 경우는 사람이 이미지를 인지할 때 좌, 우의 위치는 고려사항이 아니고, 형태가 |자로 뻗은 그 형태의 정보가 더 중요합니다. 즉 숫자 형태의 공간 정보를 인지하여 숫자가 왼쪽에 위치하던 오른쪽에 위치하던 숫자 1이라고 인지할 수 있는 것입니다.

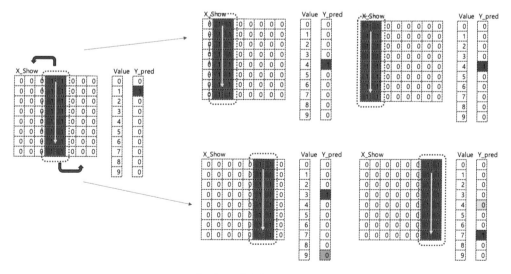

[그림 5-28] 숫자 1의 공간 정보

하지만 평탄화한 데이터의 경우는 그렇지가 않습니다. 이미지를 1차원 배열로 평탄화하는 순간 이미지가 가지고 있던 고유의 공간 정보가 손실됩니다. 즉 학습 시에는 공간 정보가 손실된 상태로 학습이 진행되는 것입니다. W, B에는 위치 정보가 손실된 채 학습이 되었기 때문에 "1"의 위치를 옮겼을 때 모델이 제대로 된 성능을 보여주지 못하는 것입니다.

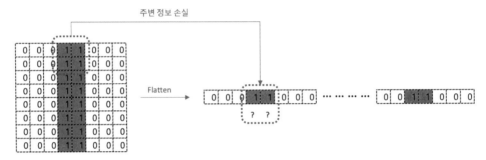

[그림 5-29] 평탄화시 주변 공간 정보 손실

동일한 원리로 픽셀 내에 작은 이미지에 대해서도 제대로 분류를 하지 못합니다. 숫자 "1"을 가운데 영역에 작은 이미지로 만들어 예측시에도 제대로 된 예측을 하지 못합니다. FCN 학습 모델은 8 × 8의 공간에 전체 이미지가 있다고 가정하고 학습이 되었는데, 실제의 데이터는 일부 영역에만 존재하기 때문에 이와 같은 문제가 발생하게 됩니다.

[그림 5-30] 작은 이미지의 공간 정보 손실

두 번째는 학습을 위해서 연산량이 증가합니다. FCN 계산을 위해서는 출력 피처의 값이 은닉층의 피처와 조밀하게 연결되며 계산 복잡성이 높아집니다. 앞서 만든 손글씨 모델에서의 선형 변환(W * X + B)의 연산량을 확인해 보겠습니다. 각 레이어에서의 선형 변환 계산만으로도 1개 데이터 당 42,990의 연산이 필요합니다. 이 연산량은 1개의 데이터에 대해서 필요한 것으로 학습시에는 학습 데이터에 대해서 수행이 필요하고, 10번의 에포크를 수행해야 하니 상당한 연산이 필요합니다. 따라서 계산 복잡성이 늘어날 수 밖에 없고 훈련 시간이 길어질 수 밖에 없습니다.

즉 더 많은 데이터와 모델이 복잡해질수록 많은 시간이 필요하며 시간의 증가는 계산 비용의 증가로 이어집니다. 실제 학습이 될 때 엑셀 시트에 업데이트 되는 W와 B 정보를 참고하여도 많은 연산이 이뤄지고 있음을 알 수 있습니다.

파라미터 개수

- Hidden Layer 1 : W1 (64×10) + B1 (1×10)=650
- Hidden Layer 2 : W2 (10×10) + B2 (1×10)=110
- Output Layer : W3 (10×10) + B3 (1×10)=110

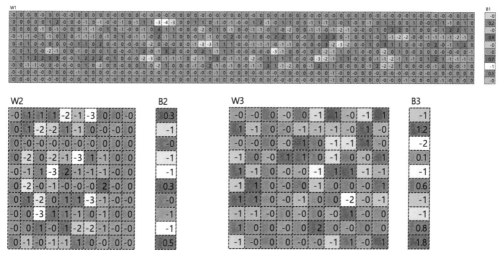

[그림 5-31] FCN에서의 W, B 파라미터 업데이트 개수

마지막은 과적합 문제입니다. 차원이 높고 파라미터 수가 많은 모델에서 데이터가 부족한 경우 과적합이 되기 쉽습니다. 다행히 손글씨 분류 모델의 경우는 흑백의 이미지이고 이미지의 형태가 단순하기 때문에 과적합 문제가 발생하지는 않았지만, 복잡한 사진의 사물 등을 구분하는 모델에서는 학습 데이터에만 치중되어 학습하고 테스트 데이터 세트에서는 잘 동작하지 않는 과적합 문제가 발생하기도 합니다.

이러한 문제점으로 인하여 현재 이미지 데이터를 처리할 때 FCN보다는 이미지 데이터에 더 적합한 CNN(Convolutional Neural Networks)와 같은 신경망 아키텍처가 개발되었습니다. CNN은 모든 피처를 연결하는 레이어 대신에 컨볼루션 레이어를 사용하므로 이미지의 공간 및 위치 정보를 보존하고 작은 개체에 대한 성능을 향상할 수 있습니다. CNN에 대한 부분은 다음 파트에서 다뤄보겠습니다.

PART 06

CNN

이미지 데이터는 보통 2차원(흑백 이미지의 경우)이고, 근접한 픽셀끼리는 서로 연관이 매우 큽니다. 이러한 이미지의 특성을 잘 고려한 딥러닝 방법을 생각해 보겠습니다.

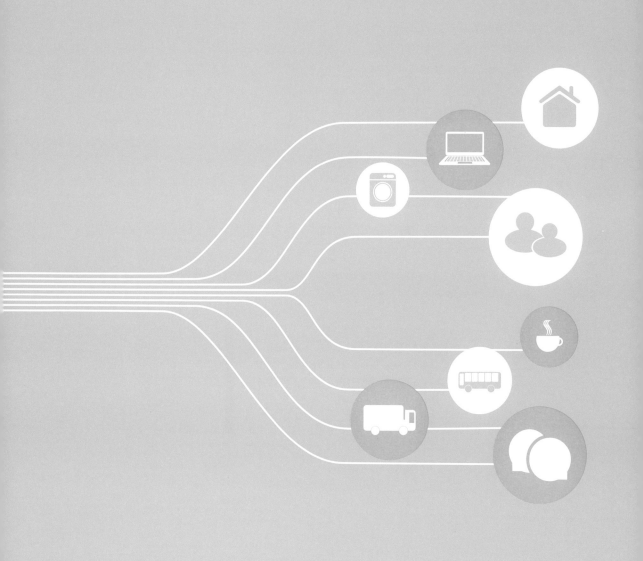

숫자 이미지의 경우 가로 세로가 각각 8 pixel로 모니터에서 본다면 손톱보다도 작은 이미지입니다. 손글씨 이미지를 학습하는 데도 많은 파라미터가 사용됩니다. 흔히 알고 있는 보통의 이미지를 이렇게 FCN 구조로 딥러닝을 구현한다면 연산에 필요한 파라미터의 숫자는 거의 무한대에 가까울 것입니다. 예를 들어 100×100 이미지를 인풋으로 아웃풋 크기를 그대로 100×100 이미지로 만든다면 필요한 파라미터의 개수는 $(100 \times 100) \times (100 \times 100)$, 즉 1억 개의 파라미터가 있어야 합니다. 이는 매우 큰 숫자입니다. 자연어처리에서 엄청난 성능을 보여준 BERT 모델이 약 1억 개의 파라미터를 학습시킨 점을 고려하면, 이 숫자가 얼마나 큰지 확인이 가능합니다. 따라서 이러한 방법보다 새로운 신경망 구조가 필요합니다.

영상을 분석할 때 가장 중요한 요소가 어떤 게 있을까요? 물론 다 중요하겠지만, 물체가 구분되는 선(EDGE)은 우리가 영상을 분석할 때 가장 중요한 요소 중에 하나입니다. 예전부터 영상을 분석할 때 이러한 점을 잘 알고 있었고 외곽선을 추출하는 여러 가지 알고리즘이 개발되어 왔습니다. 그중 CANNY 알고리즘을 간단하게 보겠습니다. CANNY는 이미지의 그래디언트(Gradient)를 활용한 방법입니다. 픽셀의 값이 급변하는 점은 엣지일 가능성이 높고 그 그래디언트의 수직인 방향으로 엣지를 계속 찾아나갑니다.

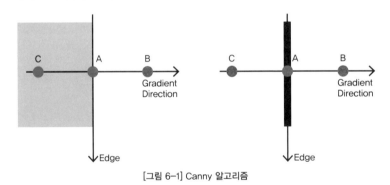

[그림 6-1] Canny 알고리즘

엑셀을 열고 그림을 넣는 과정을 반복할 예정이므로 함수로 만들겠습니다.

〈소스〉 6_1.ipynb

```
[1] import numpy as np
    import cv2
    import xlwings as xw
    import os

    wb = xw.Book('6_1.xlsx')
    ws = wb.sheets[0]

    def insert_picture(filename, row_num, col_num):
        rng = ws.range(row_num,col_num)
        xl_img = ws.pictures.add(os.getcwd( ) + "\\" + filename)
        xl_img.lock_aspect_ratio =False
        xl_img.left = rng.left
        xl_img.top = rng.top
        xl_img.width = rng.width
        xl_img.height = rng.height
```

엑셀 파일에 원하는 행과 열 위치에 다음과 같은 그림이 들어가는 것을 확인할 수 있습니다.

```
[2] insert_picture("test.jpg",2,1)
```

흑백 이미지로 변경해 주고 엑셀에 넣어 보겠습니다.

```
[3] img = cv2.imread("test.jpg")
    gray_img = cv2.cvtColor(img,cv2.COLOR_BGR2GRAY)
    cv2.imwrite("gray.jpg", gray_img)
    insert_picture("gray.jpg",4,1)
```

cv2 패키지에 이미 Canny 알고리즘이 구현되어 있습니다. 위에서 바꾼 흑백 이미지를 넣고 이미지 그레디언트의 최대값과 최소값을 입력으로 넣어주면 다음과 같이 엣지를 잘 찾습니다. 이렇게 어렵게 엣지를 찾지 않고 더 간단한 연산으로도 엣지를 찾는 게 가능합니다.

```
[4] canny_img = cv2.Canny(gray_img,100,200)
    cv2.imwrite("canny.jpg", canny_img)
    insert_picture("canny.jpg",6,1)
```

02 필터와 합성곱(Convolution) 연산

합성곱 연산은 이미지와 필터(Filter)를 곱하여 새로운 이미지를 만드는 연산입니다. 이 필터를 이미지 위에서 움직이면서 각 위치에서 합성곱 연산을 수행합니다. 이때 필터는 이미지의 작은 부분을 특징적으로 나타내는 역할을 합니다.

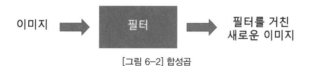

이미지 ➡ 필터 ➡ 필터를 거친 새로운 이미지

[그림 6-2] 합성곱

이미지에 필터를 적용하는 과정을 조금 더 자세히 알아보겠습니다. 이미지 위에 필터를 왼쪽 위를 겹쳐 놓고 각 항목을 각각 곱하고 모두 더합니다. 그리고 필터를 한 칸씩 움직이며 위 과정을 반복하게 되면 새로운 이미지를 얻을 수 있습니다.

3*3 이미지   2*2 필터

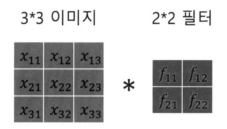

$$\begin{matrix} x_{11} & x_{12} & x_{13} \\ x_{21} & x_{22} & x_{23} \\ x_{31} & x_{32} & x_{33} \end{matrix} \quad * \quad \begin{matrix} f_{11} & f_{12} \\ f_{21} & f_{22} \end{matrix}$$

[그림 6-3] 입력 이미지와 필터의 예

3*3 이미지   2*2 필터   2*2 이미지

$$\begin{matrix} x_{11} & x_{12} & x_{13} \\ x_{21} & x_{22} & x_{23} \\ x_{31} & x_{32} & x_{33} \end{matrix} \quad * \quad \begin{matrix} f_{11} & f_{12} \\ f_{21} & f_{22} \end{matrix} \quad = \quad y_{11}$$

$$y_{11} = x_{11} \times f_{11} + x_{12} \times f_{12} + x_{21} \times f_{21} + x_{22} \times f_{22}$$

3*3 이미지   2*2 필터   2*2 이미지

$$\begin{matrix} x_{11} & x_{12} & x_{13} \\ x_{21} & x_{22} & x_{23} \\ x_{31} & x_{32} & x_{33} \end{matrix} \quad * \quad \begin{matrix} f_{11} & f_{12} \\ f_{21} & f_{22} \end{matrix} \quad = \quad y_{11} \; y_{12}$$

$$y_{12} = x_{12} \times f_{11} + x_{13} \times f_{12} + x_{22} \times f_{21} + x_{23} \times f_{22}$$

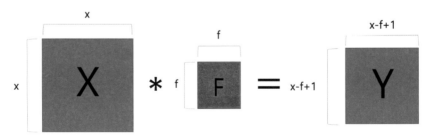

3*3 이미지　　　　　2*2 필터　　　　　2*2 이미지

$$y_{21} = x_{21} \times f_{11} + x_{22} \times f_{12} + x_{31} \times f_{21} + x_{32} \times f_{22}$$

3*3 이미지　　　　　2*2 필터　　　　　2*2 이미지

$$y_{22} = x_{22} \times f_{11} + x_{23} \times f_{12} + x_{32} \times f_{21} + x_{33} \times f_{22}$$

[그림 6-4] 합성곱 과정

결론적으로 입력 이미지와 필터의 특징이 반영된 새로운 이미지를 얻을 수 있습니다.

y_{11}	y_{12}
y_{21}	y_{22}

$=$

$\begin{aligned} & x_{11} \times f_{11} \\ + & x_{12} \times f_{12} \\ + & x_{21} \times f_{21} \\ + & x_{22} \times f_{22} \end{aligned}$	$\begin{aligned} & x_{12} \times f_{11} \\ + & x_{13} \times f_{12} \\ + & x_{22} \times f_{21} \\ + & x_{23} \times f_{22} \end{aligned}$
$\begin{aligned} & x_{21} \times f_{11} \\ + & x_{22} \times f_{12} \\ + & x_{31} \times f_{21} \\ + & x_{32} \times f_{22} \end{aligned}$	$\begin{aligned} & x_{22} \times f_{11} \\ + & x_{23} \times f_{12} \\ + & x_{32} \times f_{21} \\ + & x_{33} \times f_{22} \end{aligned}$

[그림 6-5] 출력 이미지의 값

이미지의 크기를 보면 출력 이미지는 "입력 이미지의 크기(x) − 필터 크기(f) + 1"의 크기를 갖는 것을 알 수 있습니다.

[그림 6-6] 출력 이미지의 크기

앞 과정을 이미지에 적용하면 어떤 이미지가 얻어지는지 확인하겠습니다. cv2에는 filter를 적용하는 함수가 이미 구현되어 있어 호출하여 사용합니다.

```
[5] f = np.array([[-1,0,1],[-2,0,2],[-1,0,1]])
    f
```
```
array([[-1,  0,  1],
       [-2,  0,  2],
       [-1,  0,  1]])
```

필터의 모양과 필터를 적용했을 때 이미지를 잘 보기 바랍니다.

```
[6] f_img_1 = cv2.filter2D(gray_img,-1,f)
    cv2.imwrite("filter1.jpg", f_img_1)
    insert_picture("filter1.jpg",8,1)
```

엣지를 잘 찾았는데, Canny와는 조금 다릅니다. 필터의 형상이 좌우의 차를 찾아내는 형상이기 때문에 이미지에서 세로 방향의 엣지를 잘 찾는 것입니다. 그렇다면 가로 방향의 엣지는 어떻게 찾을까요? 맞습니다. 다음과 같이 필터를 만들면 됩니다.

```
[7] f = np.array([[-1,-2,-1],[0,0,0],[1,2,1]])
    f
```
```
array([[-1, -2, -1],
       [ 0,  0,  0],
       [ 1,  2,  1]])
```

```
[8] f_img_2 = cv2.filter2D(gray_img,-1,f)
    cv2.imwrite("filter2.jpg", f_img_2)
    insert_picture("filter2.jpg",10,1)
```

이러한 필터를 예전에는 사람이 직접 만들어서 적용시켜 다양한 이미지를 만들게 했습니다. 그러면 딥러닝에는 어떻게 적용할 수 있을까요? 이러한 필터를 컴퓨터가 직접 학습하도록 하는 것입니다. 이러한 방법을 CNN(Convolution Neural Network)라고 합니다. CNN의 가장 큰 특징은 두 가지가 있습니다. 첫 번째로 파라미터를 공유한다는 점입니다. 출력으로 나오는 값들은 모두 같은 필터를 거쳐 나오게 됩니다. 이로써 학습할 파라미터 숫자를 줄일 수 있습니다. 두 번째는 지역성을 갖는다는 것입니다. 출력으로 나온 픽셀은 그 부근의 픽셀들의 영향으로 나오게 됩니다.

다음으로 CNN의 역전파를 보겠습니다. 2장에서 배웠던 대로 Loss에 대한 W의 미분값을 구해야 하고, Loss에 대한 입력의 미분값을 구해야 합니다. 실제 CNN의 역전파를 구하기 전 다음과 같은 쉬운 문제를 함께 풀어보겠습니다.

$$y = x + 5$$
$$g = x^2 + 2x + 1 \qquad \frac{dz}{dx} = ?$$
$$z = y^2 + 3g + 5$$

[수식 6-1]

[수식 6-2]에서 y와 g는 x에 대한 함수이고, z는 y와 g의 함수일 때 z에 대한 x의 미분값은 어떻게 구할까요? 일단 그냥 대입해서 풀 수도 있습니다.

$$z = (x + 5)^2 + 3(x^2 + 2x + 1) + 5$$
$$z = x^2 + 10x + 25 + 3x^2 + 6x + 3 + 5$$
$$z = 4x^2 + 16x + 33$$
$$\frac{dz}{dx} = 8x + 16$$

[수식 6-2]

하지만 지금까지 저희는 체인 룰을 배웠으니, 체인 룰로 풀어보면 다음과 같습니다.

$$\frac{dz}{dx} = \frac{dz}{dy}\frac{dy}{dx} + \frac{dz}{dg}\frac{dg}{dx}$$
$$\frac{dz}{dx} = 2y \times 1 + 3 \times (2x + 2)$$
$$\frac{dz}{dx} = 2(x + 5) \times 1 + 3 \times (2x + 2)$$
$$\frac{dz}{dx} = 2x + 10 + 6x + 6 = 8x + 16$$

[수식 6-3]

앞의 계산을 이해했으면, 우선은 Loss에 대한 필터의 미분값을 먼저 구하겠습니다. Loss에 대한 출력(y) 이미지의 미분값을 알고 있다고 가정하겠습니다.

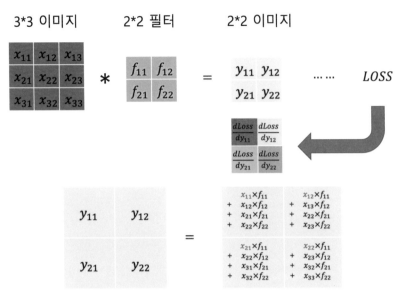

[그림 6-7] Loss 계산

출력 이미지의 합성곱 연산 과정을 보면 필터 f_{11}은 y_{11}, y_{12}, y_{21}, y_{22} 모두 연산 과정에 사용된 것을 알 수 있습니다. 따라서 필터 f_{11}의 Loss를 계산하기 위해서는 y_{11}, y_{12}, y_{21}, y_{22}에서 각각 Loss를 구한 후 더하는 과정이 필요합니다.

$$\frac{dLoss}{df_{11}} = \frac{dLoss}{dy_{11}} \times \frac{dy_{11}}{df_{11}} + \frac{dLoss}{dy_{12}} \times \frac{dy_{12}}{df_{11}} + \frac{dLoss}{dy_{21}} \times \frac{dy_{21}}{df_{11}} + \frac{dLoss}{dy_{22}} \times \frac{dy_{22}}{df_{11}}$$

[수식 6-4]

여기서 dy/df의 값을 구해야 하는데, dy_{11}/df_{11}을 예를 들어 설명하겠습니다.

$$y_{11} = x_{11} \times f_{11} + x_{12} \times f_{12} + x_{21} \times f_{21} + x_{22} \times f_{22}$$

[수식 6-5]

여기서 양변을 df_{11}로 편미분 하면 df_{11}과 관련이 없는 항은 모두 0으로 되고 결국 x_{11}만 남습니다.

$$\frac{dy_{11}}{df_{11}} = x_{11} + 0 + 0 + 0$$

[수식 6-6]

다른 y_{12}, y_{21}, y_{22}도 동일하게 f값에 대해서 편미분을 수행하면 다음과 같이 표현됩니다.

$$\frac{dLoss}{df_{11}} = \frac{dLoss}{dy_{11}} \times x_{11} + \frac{dLoss}{dy_{12}} \times x_{12} + \frac{dLoss}{dy_{21}} \times x_{21} + \frac{dLoss}{dy_{22}} \times x_{22}$$

[수식 6-7]

계산된 수식을 보면 입력 이미지(x_{11}, x_{12}, x_{21}, x_{22})와 Loss에 대한 출력 이미지의 미분값(dLoss/dy)의 합성곱 연산으로 표현이 가능합니다.

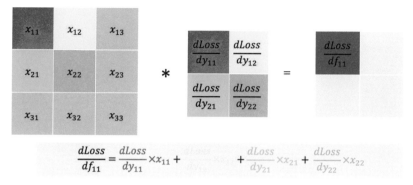

$$\frac{dLoss}{df_{11}} = \frac{dLoss}{dy_{11}} \times x_{11} + \quad + \frac{dLoss}{dy_{21}} \times x_{21} + \frac{dLoss}{dy_{22}} \times x_{22}$$

[그림 6-8] f_{11}의 미분값

같은 방법으로 Loss에 대한 f_{12}의 미분값을 계산하면 다음과 같습니다.

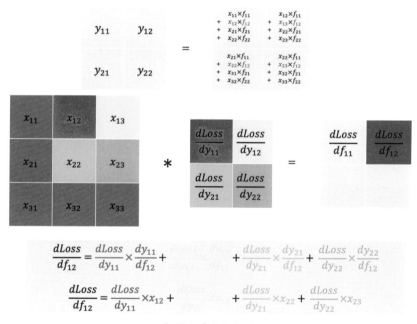

$$\frac{dLoss}{df_{12}} = \frac{dLoss}{dy_{11}} \times \frac{dy_{11}}{df_{12}} + \quad + \frac{dLoss}{dy_{21}} \times \frac{dy_{21}}{df_{12}} + \frac{dLoss}{dy_{22}} \times \frac{dy_{22}}{df_{12}}$$

$$\frac{dLoss}{df_{12}} = \frac{dLoss}{dy_{11}} \times x_{12} + \quad + \frac{dLoss}{dy_{21}} \times x_{22} + \frac{dLoss}{dy_{22}} \times x_{23}$$

[그림 6-9] f_{12}의 미분값

다음으로 Loss에 대한 f_{21}의 미분값을 계산해 보면 다음과 같습니다.

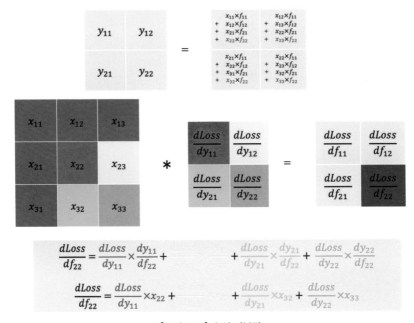

$$\frac{dLoss}{df_{21}} = \frac{dLoss}{dy_{11}} \times \frac{dy_{11}}{df_{21}} + \qquad + \frac{dLoss}{dy_{21}} \times \frac{dy_{21}}{df_{21}} + \frac{dLoss}{dy_{22}} \times \frac{dy_{22}}{df_{21}}$$

$$\frac{dLoss}{df_{21}} = \frac{dLoss}{dy_{11}} \times x_{21} + \qquad + \frac{dLoss}{dy_{21}} \times x_{31} + \frac{dLoss}{dy_{22}} \times x_{32}$$

[그림 6-10] f_{21}의 미분값

마지막으로 Loss에 대한 f_{22}의 미분값을 계산해 보면 다음과 같습니다.

$$\frac{dLoss}{df_{22}} = \frac{dLoss}{dy_{11}} \times \frac{dy_{11}}{df_{22}} + \qquad + \frac{dLoss}{dy_{21}} \times \frac{dy_{21}}{df_{22}} + \frac{dLoss}{dy_{22}} \times \frac{dy_{22}}{df_{22}}$$

$$\frac{dLoss}{df_{22}} = \frac{dLoss}{dy_{11}} \times x_{22} + \qquad + \frac{dLoss}{dy_{21}} \times x_{32} + \frac{dLoss}{dy_{22}} \times x_{33}$$

[그림 6-11] f_{22}의 미분값

결론적으로 Loss에 대한 필터의 미분값은 입력 이미지(x)와 Loss에 대한 출력 이미지의 미분값(dLoss / dy)의 합성곱 연산으로 표현이 가능합니다.

이번에는 Loss에 대한 입력 이미지(X)의 미분값을 구하도록 하겠습니다.

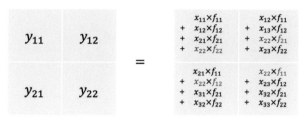

[그림 6-12] 출력 이미지의 값

x_{22}를 기준으로 설명하겠습니다. 필터의 경우는 하나의 필터 값이 모든 출력 이미지에 영향을 주지만, 입력 이미지의 경우 외곽이 있는 이미지 요소는 모든 결과값에 영향을 주지 않을 수 있으므로, 대표적으로 모든 이미지에 영향을 줄 수 있는 x_{22} 요소로 설명하겠습니다.

Loss에 대한 x_{22}의 미분값은 아래와 같이 표현이 가능합니다.

$$\frac{dLoss}{dx_{22}} = \frac{dLoss}{dy_{11}} \times \frac{dy_{11}}{dx_{22}} + \frac{dLoss}{dy_{12}} \times \frac{dy_{12}}{dx_{22}} + \frac{dLoss}{dy_{21}} \times \frac{dy_{21}}{dx_{22}} + \frac{dLoss}{dy_{22}} \times \frac{dy_{22}}{dx_{22}}$$

[수식 6-8]

여기서 이전과 동일한 방법으로 dy_{11}/dx를 구하겠습니다.

$$y_{11} = x_{11} \times f_{11} + x_{12} \times f_{12} + x_{21} \times f_{21} + x_{22} \times f_{22}$$

[수식 6-9]

y_{11}을 x_{22}로 미분하면 필터값을 미분할 때 입력값만 남았던 것처럼 이번에는 필터값만 남게 되었습니다.

$$\frac{dy_{11}}{dx_{22}} = 0 + 0 + 0 + f_{22}$$

[수식 6-10]

똑같은 과정으로 x_{22}가 포함된 모든 출력층을 x_{22}로 미분하게 되면 아래의 값만 남게 됩니다. 이렇게 구한 값을 가지고 Loss에 대한 입력값 미분을 다시 표현하면 다음과 같습니다.

$$\frac{dLoss}{dx_{22}} = \frac{dLoss}{dy_{11}} \times f_{22} + \frac{dLoss}{dy_{12}} \times f_{21} + \frac{dLoss}{dy_{21}} \times f_{12} + \frac{dLoss}{dy_{22}} \times f_{11}$$

[수식 6–11]

x_{22}를 제외한 나머지 입력값은 미분하면 0이 되는 값이 존재합니다. 예를 들어 x_{11}을 살펴보면 다음과 같습니다.

$$\frac{dLoss}{dx_{11}} = \frac{dLoss}{dy_{11}} \times \frac{dy_{11}}{dx_{11}} + \frac{dLoss}{dy_{12}} \times \frac{dy_{12}}{dx_{11}} + \frac{dLoss}{dy_{21}} \times \frac{dy_{21}}{dx_{11}} + \frac{dLoss}{dy_{22}} \times \frac{dy_{22}}{dx_{11}}$$

$$\frac{dy_{11}}{dx_{11}} = f_{11}, \frac{dy_{12}}{dx_{11}} = 0, \frac{dy_{21}}{dx_{11}} = 0, \frac{dy_{22}}{dx_{11}} = 0$$

$$\frac{dLoss}{dx_{11}} = \frac{dLoss}{dy_{11}} \times f_{11} + \frac{dLoss}{dy_{12}} \times 0 + \frac{dLoss}{dy_{21}} \times 0 + \frac{dLoss}{dy_{22}} \times 0$$

[수식 6–12]

위의 내용을 $dLoss/df$를 표현할 때와 동일하게 합성곱의 형태로 표현할 수 있습니다. 다만 앞서 와는 다르게 출력에 대한 입력 미분값이 0이 되는 부분이 발생하기 때문에 이를 고려해 주어야 합니다.

Loss에 대한 x_{11}의 미분값을 구해보면 다음과 같습니다.

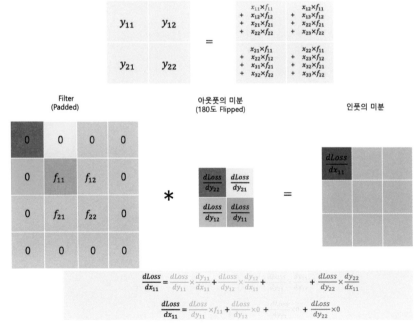

[그림 6–13] x_{11} 미분값

같은 방법으로 Loss에 대한 x_{12}의 미분값을 계산하면 다음과 같습니다.

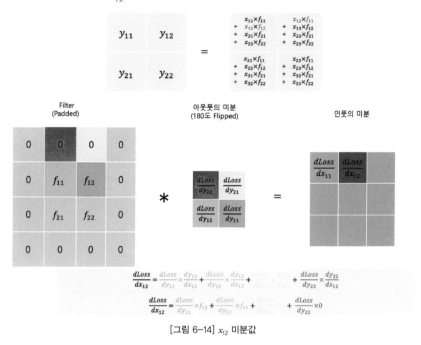

$$\frac{dLoss}{dx_{12}} = \frac{dLoss}{dy_{11}} \times \frac{dy_{11}}{dx_{12}} + \frac{dLoss}{dy_{12}} \times \frac{dy_{12}}{dx_{12}} + \cdots + \frac{dLoss}{dy_{22}} \times \frac{dy_{22}}{dx_{12}}$$

$$\frac{dLoss}{dx_{12}} = \frac{dLoss}{dy_{11}} \times f_{12} + \frac{dLoss}{dy_{12}} \times f_{11} + \cdots + \frac{dLoss}{dy_{22}} \times 0$$

[그림 6-14] x_{12} 미분값

같은 방법으로 Loss에 대한 x_{13}의 미분값을 계산하면 다음과 같습니다.

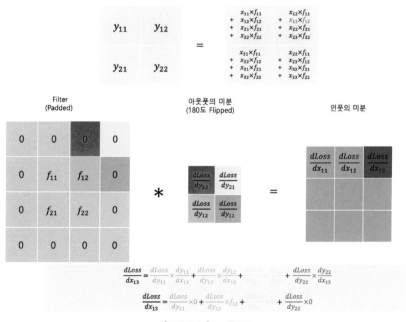

$$\frac{dLoss}{dx_{13}} = \frac{dLoss}{dy_{11}} \times \frac{dy_{11}}{dx_{13}} + \frac{dLoss}{dy_{12}} \times \frac{dy_{12}}{dx_{13}} + \cdots + \frac{dLoss}{dy_{22}} \times \frac{dy_{22}}{dx_{13}}$$

$$\frac{dLoss}{dx_{13}} = \frac{dLoss}{dy_{11}} \times 0 + \frac{dLoss}{dy_{12}} \times f_{12} + \cdots + \frac{dLoss}{dy_{22}} \times 0$$

[그림 6-15] x_{13} 미분값

같은 방법으로 Loss에 대한 x_{21}의 미분값을 계산하면 다음과 같습니다.

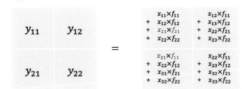

[그림 6-16] x_{21} 미분값

같은 방법으로 Loss에 대한 x_{22}의 미분값을 계산하면 다음과 같습니다.

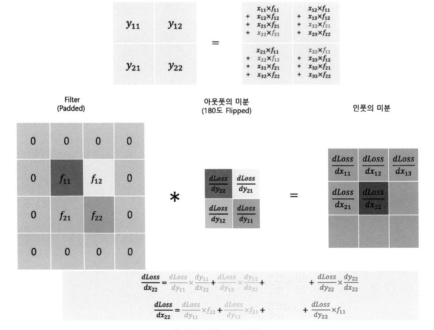

[그림 6-17] x_{22} 미분값

같은 방법으로 Loss에 대한 x_{23}의 미분값을 계산하면 다음과 같습니다.

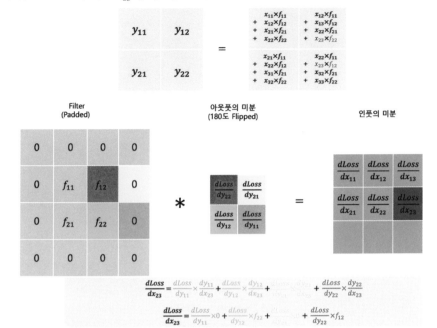

$$\frac{dLoss}{dx_{23}} = \frac{dLoss}{dy_{11}} \times \frac{dy_{11}}{dx_{23}} + \frac{dLoss}{dy_{12}} \times \frac{dy_{12}}{dx_{23}} + \cdots + \frac{dLoss}{dy_{22}} \times \frac{dy_{22}}{dx_{23}}$$

$$\frac{dLoss}{dx_{23}} = \frac{dLoss}{dy_{11}} \times 0 + \frac{dLoss}{dy_{12}} \times f_{22} + \cdots + \frac{dLoss}{dy_{22}} \times f_{12}$$

[그림 6-18] x_{23} 미분값

같은 방법으로 Loss에 대한 x_{31}의 미분값을 계산하면 다음과 같습니다.

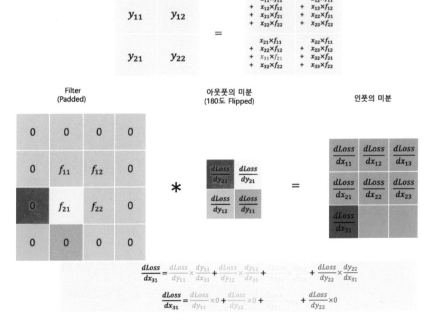

$$\frac{dLoss}{dx_{31}} = \frac{dLoss}{dy_{11}} \times \frac{dy_{11}}{dx_{31}} + \frac{dLoss}{dy_{12}} \times \frac{dy_{12}}{dx_{31}} + \cdots + \frac{dLoss}{dy_{22}} \times \frac{dy_{22}}{dx_{31}}$$

$$\frac{dLoss}{dx_{31}} = \frac{dLoss}{dy_{11}} \times 0 + \frac{dLoss}{dy_{12}} \times 0 + \cdots + \frac{dLoss}{dy_{22}} \times 0$$

[그림 6-19] x_{31} 미분값

같은 방법으로 Loss에 대한 x_{32}의 미분값을 계산하면 다음과 같습니다.

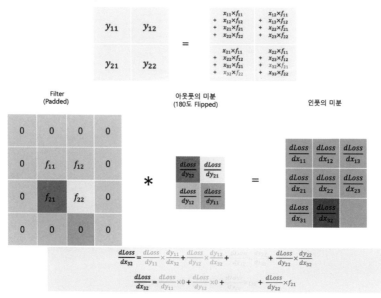

[그림 6-20] x_{32} 미분값

마지막으로 Loss에 대한 x_{33}의 미분값을 계산하면 다음과 같습니다.

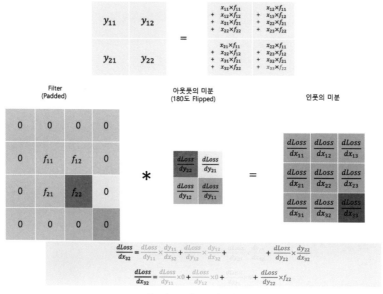

[그림 6-21] x_{33} 미분값

결과적으로 Loss에 대한 입력 이미지(x)의 미분값은 일정 크기로 패딩(Padding)된 필터와 180도 플립(Flip)된 Loss에 대한 출력 이미지의 미분값(dLoss/dy)의 합성곱 형태가 됩니다.

CNN을 활용하여 손글씨 데이터를 분류하겠습니다. 합성곱을 2번 거쳐 나온 이미지를 1차원으로 평탄화해주고 FCN 연산을 이용하여 최종 예측을 해보겠습니다.

〈소스〉 6_2.ipynb

```python
[1] import xlwings as xw
    import numpy as np
    import time
    import random
```

손글씨 데이터를 로드합니다.

```python
[2] from sklearn.datasets import load_digits
    digits=load_digits()
```

엑셀 파일을 열고, 필요한 하이퍼 파라미터를 설정해 줍니다. 추가로 인풋 데이터를 최대값인 16으로 나누어 값이 0 ~ 1 사이의 값이 되도록 만들어 줍니다.

```python
[3] # 파일을 오픈하고 시트 지정
    wb = xw.Book('6_2.xlsx')
    data_ws = wb.sheets[0]
    train_ws = wb.sheets[1]

    # 업데이트 스텝 size(Learning rate) 지정
    lr = 0.01

    # 데이터 개수 정의
    data_num = len(digits.data)

    # 최대값으로 나누어 Scaling
    data_ws.range(1,1).value = digits.data / 16.
```

```
Y_t = np.reshape(np.array(digits.target),(-1,1))
data_ws.range(1,65).value = Y_t
```

예측해야 할 값은 원핫인코딩을 해줍니다.

[4] # 원핫인코딩
```
data_ws.range(1,66).value = np.eye(10)[Y_t[:,0]]
```

이미지를 확인하겠습니다.

[5] # 이미지 확인
```
X, Y_t = get_data(0,1,1,64,66,10)
X_Show = np.reshape(X,(8,8))
train_ws.clear()
show_excel([X.T,X_Show,Y_t]
          ,['X','X_Show','Y_t']
          ,["N","R",'N']
          ,4,2)
```

X	X_Show								Y_t									
0	0	0	0.3	0.8	0.6	0.1	0	0	1	0	0	0	0	0	0	0	0	0
0	0	0	0.8	0.9	0.6	0.9	0.3	0										
0.3	0	0.2	0.9	0.1	0	0.7	0.5	0										
0.8	0	0.3	0.8	0	0	0.5	0.5	0										
0.6	0	0.3	0.5	0	0	0.6	0.5	0										
0.1	0	0.3	0.7	0	0.1	0.8	0.4	0										
0	0	0.1	0.9	0.3	0.6	0.8	0	0										
0	0	0	0.4	0.8	0.6	0	0	0										
0																		

[그림 6-22] 이미지 데이터 확인

데이터가 잘 로드된 것을 확인할 수 있습니다.

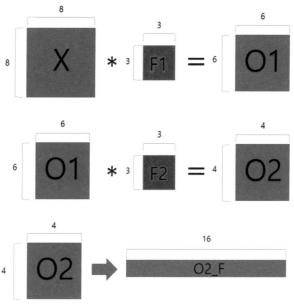

[그림 6-23] CNN 구조

[그림 6-23]처럼 8 × 8 이미지에 2번 합성곱 연산을 거쳐 나온 4 × 4 이미지를 1차원으로 평탄화합니다. 이후 이전에 배운 FCN 구조로 나머지 예측을 합니다. 이에 필요한 W, B를 다음과 같이정의합니다.

```
[6]  # W와 B의 예측값을 랜덤하게 생성
     F1 = np.random.rand(3,3) - 0.5
     F2 = np.random.rand(3,3) - 0.5
     W1 = np.random.rand(16,10) - 0.5
     B1 = np.random.rand(1,10) - 0.5
```

순전파를 합성곱 연산을 이용하여 코드로 구현합니다.

```
[7]  # 정의한 함수를 이용하여 순전파 구현
     X, Y_t = get_data(0,1,1,64,66,10)
     X_Show = np.reshape(X,(8,8))

     # CNN 구현
     # 아웃풋 크기 : X - F1 + 1 = 8 - 3 + 1
```

```python
Z1 = np.zeros((6,6))
for r in range(6):
    for c in range(6):
        sub = X_Show[r:r+3,c:c+3]
        Z1[r,c] = np.sum(sub * F1)


# CNN 구현
# 아웃풋 크기 : Z1 - F2 + 1 = 6 - 3 + 1
Z2 = np.zeros((4,4))
for r in range(4):
    for c in range(4):
        sub = Z1[r:r+3,c:c+3]
        Z2[r,c] = np.sum(sub * F2)


# 1차원으로 펼쳐줌
Z2_F = np.reshape(Z2,(1,-1))


Z3 = np.matmul(Z2_F, W1) + B1


# SOFTMAX 구현
Y_p = np.exp(Z3) / np.sum(np.exp(Z3))


# CCE LOSS 구현
Y_p_log = np.log(Y_p + eps)
L = np.mean(-Y_t * Y_p_log)
```
⮕

순전파가 제대로 연산되었는지 엑셀에서 확인합니다.

```python
[8] train_ws.clear()
    show_excel([X_Show, F1,O1, F2, O2, O2_F.T, O3.T, Y_p.T, Y_t.T]
               ,['X_Show', 'F1', 'O1', 'F2', 'O2', 'O2_F', 'O3', 'Y_p', 'Y_t']
               ,['B', 'R', 'B', 'R', 'B', 'N', 'N', 'G', 'G']
               ,4, 2)
```
⮕

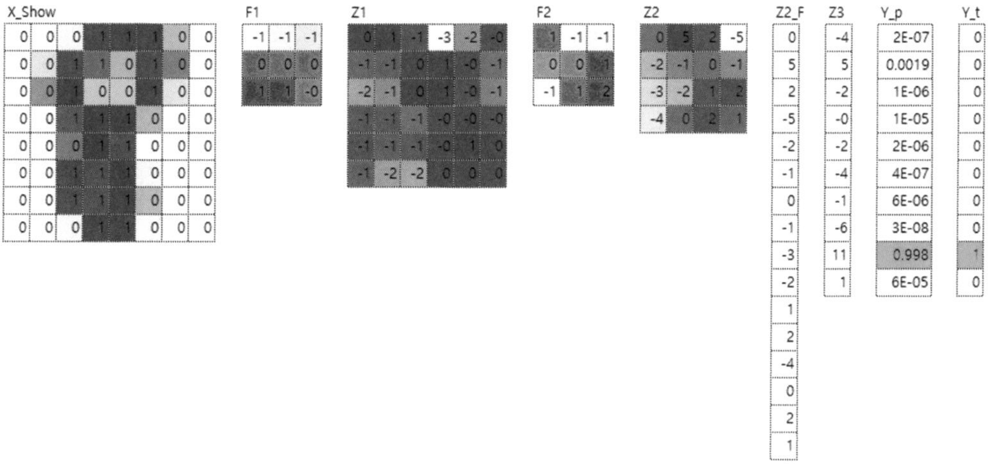

[그림 6-24] 순전파 결과

이제 역전파를 구현하겠습니다.

```
[9]  # 정의된 함수를 이용하여 역전파 구현
     dL_dZ3 = Y_p – Y_t

     dL_dB1 = dL_dZ3
     dL_dW1 = np.matmul(Z2_F.T, dL_dZ3)
     dL_dZ2_F = np.matmul(dL_dZ3, W1.T)

     # CNN을 역전파하기 위해 2×2 행렬로 변경
     dL_dZ2 = np.reshape(dL_dZ2_F,(4,4))

     # 아웃풋 크기 : F2
     dL_dF2 = np.zeros((3,3))
     for r in range(3):
         for c in range(3):
             sub = Z1[r:r+4,c:c+4]
             dL_dF2[r,c] = np.sum(sub * dL_dZ2)

     # 아웃풋 크기 : Z1
     dL_dZ1 = np.zeros((6,6))
```

```python
# Filter Padding : Z2의 크기-1
padded_F2 = np.pad(F2,((3,3),(3,3)))

# 미분값 Flip
fliped_dL_dZ2 = np.flip(dL_dZ2)

for r in range(6):
    for c in range(6):
        sub = padded_F2[r:r+4,c:c+4]
        dL_dZ1[r,c] = np.sum(sub * fliped_dL_dZ2)


# 아웃풋 크기 : F1
dL_dF1 = np.zeros((3,3))
for r in range(3):
    for c in range(3):
        sub = X_Show[r:r+6,c:c+6]
        dL_dF1[r,c] = np.sum(sub * dL_dZ1)

# 아웃풋 크기 : Z1
dL_dX = np.zeros((8,8))

# Filter Padding : Z1의 크기-1
padded_F1 = np.pad(F1,((5,5),(5,5)))

# 미분값 Flip
fliped_dL_dZ1 = np.flip(dL_dZ1)

for r in range(8):
    for c in range(8):
        sub = padded_F1[r:r+6,c:c+6]
        dL_dX[r,c] = np.sum(sub * fliped_dL_dZ1)
```

⇥

역전파가 잘 구현되었는지 엑셀에서 확인합니다.

[10] show_excel([dL_dX, dL_dF1,dL_dO1, dL_dF2, dL_dO2, dL_dO2_F.T, dL_dO3.T]

　　　.['dL_dX', 'dL_dF1', 'dL_dO1', 'dL_dF2', 'dL_dO2', 'dL_dO2_F', 'dL_dO3']

　　　.['R', 'G', 'R', 'G', 'R', 'N', 'N']

　　　,23, 2)

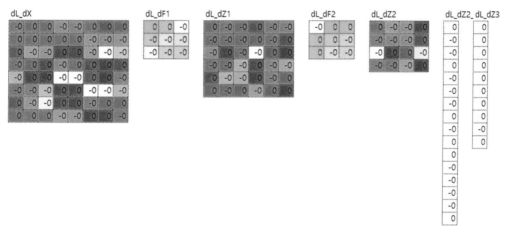

[그림 6-25] 역전파 결과

W, B를 업데이트해 주고 원하는 에포크만큼 반복합니다.

[11] # W와 B를 업데이트

　　　F1 = F1 − lr * dL_dF1

　　　F2 = F2 − lr * dL_dF2

　　　W1 = W1 − lr * dL_dW1

　　　B1 = B1 − lr * dL_dB1

```
[12] # 위 과정을 원하는 epoch만큼 반복
     epoch_num = 5
     time_delay = 1


     train_ws.clear()


     for e in range(epoch_num):
         # 현재 epoch수
         train_ws.range(2,2).value = e +1


         # epoch 내 순서를 섞어 주기
         batch_turn = list(range(data_num))
         random.shuffle(batch_turn)
         Loss_Sum = 0
         Acc = 0


         # 데이터를 섞어준 순서대로 하나씩 불러오기
         for i in batch_turn:


             # 순전파
             X, Y_t = get_data(i,1,1,64,66,10)
             X_Show = np.reshape(X,(8,8))


             # CNN 구현
             # 아웃풋 크기 : X - F1 + 1 = 8 - 3 + 1
             Z1 = np.zeros((6,6))
             for r in range(6):
                 for c in range(6):
                     sub = X_Show[r:r+3,c:c+3]
                     Z1[r,c] = np.sum(sub * F1)


             # CNN 구현
             # 아웃풋 크기 : Z1 - F2 + 1 = 6 - 3 + 1
             Z2 = np.zeros((4,4))
             for r in range(4):
```

```
        for c in range(4):
            sub = Z1[r:r+3,c:c+3]
            Z2[r,c] = np.sum(sub * F2)


# 1차원으로 펼쳐줌
Z2_F = np.reshape(Z2,(1,-1))


Z3 = np.matmul(Z2_F, W1) + B1


# SOFTMAX 구현
Y_p = np.exp(Z3) / np.sum(np.exp(Z3))


# CCE LOSS 구현
Y_p_log = np.log(Y_p + eps)
L = np.mean(-Y_t * Y_p_log


Loss_Sum = Loss_Sum + L


# 역전파
dL_dZ3 = Y_p - Y_t


dL_dB1 = dL_dZ3
dL_dW1 = np.matmul(Z2_F.T, dL_dZ3)
dL_dZ2_F = np.matmul(dL_dZ3, W1.T)


# CNN을 역전파하기 위해 2×2 행렬로 변경
dL_dZ2 = np.reshape(dL_dZ2_F,(4,4))


# 아웃풋 크기 : F2
dL_dF2 = np.zeros((3,3))
for r in range(3):
    for c in range(3):
        sub = Z1[r:r+4,c:c+4]
        dL_dF2[r,c] = np.sum(sub * dL_dZ2)
```

```python
    # 아웃풋 크기 : Z1
    dL_dZ1 = np.zeros((6,6))

    # Filter Padding : Z2의 크기-1
    padded_F2 = np.pad(F2,((3,3),(3,3)))

    # 미분값 Flip
    fliped_dL_dZ2 = np.flip(dL_dZ2)

for r in range(6):
  for c in range(6):
      sub = padded_F2[r:r+4,c:c+4]
      dL_dZ1[r,c] = np.sum(sub * fliped_dL_dZ2)

# 아웃풋 크기 : F1
dL_dF1 = np.zeros((3,3))
for r in range(3):
  for c in range(3):
      sub = X_Show[r:r+6,c:c+6]
      dL_dF1[r,c] = np.sum(sub * dL_dZ1)

# 아웃풋 크기 : Z1
dL_dX = np.zeros((8,8))

# Filter Padding : Z1의 크기-1
padded_F1 = np.pad(F1,((5,5),(5,5)))

# 미분값 Flip
fliped_dL_dZ1 = np.flip(dL_dZ1)

 for r in range(8):
   for c in range(8):
       sub = padded_F1[r:r+6,c:c+6]
       dL_dX[r,c] = np.sum(sub * fliped_dL_dZ1)
```

```python
    # 업데이트
    F1 = F1 − lr * dL_dF1
    F2 = F2 − lr * dL_dF2
    W1 = W1 − lr * dL_dW1
    B1 = B1 − lr * dL_dB1


    # ACC 계산
    if(np.argmax(Y_t)==np.argmax(Y_p)):
        Acc = Acc + 1


# 1 epoch 끝나면 Loss를 표기하고 값을 업데이트
print("epoch : ",e + 1, ", Loss : ", Loss_Sum, ",Acc : ",Acc / data_num )


# 진행 상황을 보기 위해 일정 시간 대기
 show_excel([X_Show, F1,Z1, F2, Z2, Z2_F.T, Z3.T, Y_p.T, Y_t.T]
            ,['X_Show', 'F1', 'Z1', 'F2', 'Z2', 'Z2_F', 'Z3', 'Y_p', 'Y_t']
            ,['B', 'R', 'B', 'R', 'B', 'N', 'N', 'G', 'G']
            ,4, 2)


 show_excel([dL_dX, dL_dF1,dL_dZ1, dL_dF2, dL_dZ2, dL_dZ2_F.T, dL_dZ3.T]
            ,['dL_dX', 'dL_dF1', 'dL_dZ1', 'dL_dF2', 'dL_dZ2', 'dL_dZ2_F', 'dL_dZ3']
            ,['R', 'G', 'R', 'G', 'R', 'N', 'N']
            ,23, 2)


    time.sleep(time_delay)
```

epoch : 1 , Loss : 150.44528000346656 ,Acc : 0.7212020033388982
epoch : 2 , Loss : 63.10351190843909 ,Acc : 0.889259877573734
epoch : 3 , Loss : 51.91698511884987 ,Acc : 0.910962715637173
epoch : 4 , Loss : 48.20925365717102 ,Acc : 0.9165275459098498

에포크4만에 90% 이상의 정확도가 나왔습니다. 여기서 중요한 점은 학습에 필요한 파라미터의 숫자입니다. FCN 연산과 비교하면 다음과 같습니다.

비교	FCN	CNN
레이어1	W(64,10), B(1,10) = 650	F(3,3) = 9
레이어2	W(10,10), B(1,10) = 110	F(3,3) = 9
레이어3	W(10,10), B(1,10) = 110	W(16,10),B(1,10) =170
합계	870	188
정확도	88%	91%

[그림 6-26] FCN 연산과 비교

앞에서 직접 만든 손글씨 데이터가 예측이 잘 안됨을 보았습니다. 이번에는 CNN 구조에서 직접 만든 손글씨를 예측해 보겠습니다.

```
[13] test_ws = wb.sheets[2]

    X = test_ws.range((3,2),(10,9)).value
    X_Show = np.reshape(X,(8,8))

    Z1 = np.zeros((6,6))
    for r in range(6):
      for c in range(6):
        sub = X_Show[r:r+3,c:c+3]
        Z1[r,c] = np.sum(sub * F1)

    # CNN 구현
    # 아웃풋 크기 : Z1 - F2 + 1 = 6 - 3 + 1
    Z2 = np.zeros((4,4))
    for r in range(4):
      for c in range(4):
        sub = Z1[r:r+3,c:c+3]
        Z2[r,c] = np.sum(sub * F2)

    # 1차원으로 펼쳐줌
    Z2_F = np.reshape(Z2,(1,-1))
```

```
Z3 = np.matmul(Z2_F, W1) + B1


# SOFTMAX 구현
Y_p = np.exp(Z3) / np.sum(np.exp(Z3))


test_ws.range((3,11)).value = Y_p.T
```

X_Show								Y_p
1	1	0	0	0	0	0	0	0.0962
1	1	0	0	0	0	0	0	0.1353
1	1	0	0	0	0	0	0	0.0797
1	1	0	0	0	0	0	0	0.1182
1	1	0	0	0	0	0	0	0.0673
1	1	0	0	0	0	0	0	0.1108
1	1	0	0	0	0	0	0	0.0839
1	1	0	0	0	0	0	0	0.1296
								0.1229
								0.056

[그림 6 –27] CNN의 직접 만든 손글씨 데이터 분류 결과

결과를 보면 FCN 구조보다 훨씬 안정적으로 판단하는 모습을 볼 수 있습니다. 이는 합성곱 연산으로 지역적 특성을 잘 반영했음을 알 수 있습니다. 하지만, 모델의 구조나 학습된 데이터의 한계로 월등한 예측 결과를 보여주지는 못했습니다. 모델을 학습할 때 이미지를 조금 회전하거나 좌우로 이동시켜 학습을 진행하면 훨씬 더 성능을 높일 수 있습니다. 이렇게 이미지 데이터에서 회전 이동 등으로 데이터를 증강시키는 방법을 데이터 증강(Data Agumentation)이라고 합니다.

현재 구현한 합성곱만 가지고는 모델을 쉽게 만들기는 어렵습니다. 추가적으로 CNN을 구성하기 위해 필요한 내용을 다루어 보겠습니다.

01 행렬로 표현

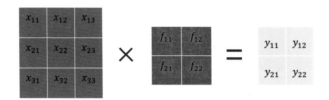

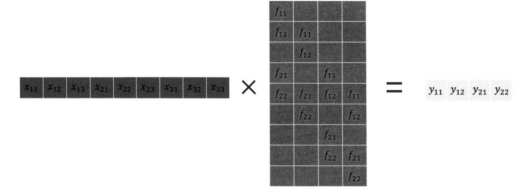

[그림 6-28] 합성곱의 행렬곱 변환

[그림 6-28]처럼 이미지를 1차원으로 펴주고, 필터의 모양을 잘 바꾸어 주면 행렬곱으로 표현이 가능합니다. $Xw = Y$ 는 우리가 지금까지 배운 형태이므로 행렬의 미분을 이용하면 쉽게 Loss에 대한 W의 미분이 다음과 같이 가능합니다.

$$\frac{dLoss}{dW} = X^T \frac{dLoss}{dY}$$

$$\frac{dLoss}{df_{11}} = x_{11}\frac{dLoss}{dy_{11}} + x_{12}\frac{dLoss}{dy_{12}} + x_{21}\frac{dLoss}{dy_{21}} + x_{22}\frac{dLoss}{dy_{22}}$$

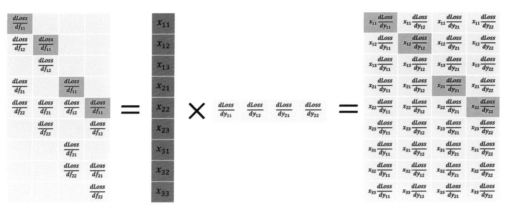

[그림 6-29] Loss에 대한 W의 미분

이와 같은 방법으로 Loss에 대한 X의 미분도 구해볼 수 있습니다.

$$\frac{dL}{dX} = \frac{dLoss}{dY} W^T$$

$$\frac{dLoss}{dx_{21}} = \frac{dLoss}{dy_{11}} \times f_{21} + \frac{dLoss}{dy_{12}} \times 0 + \frac{dLoss}{dy_{21}} \times f_{11} + \frac{dLoss}{dy_{22}} \times 0$$

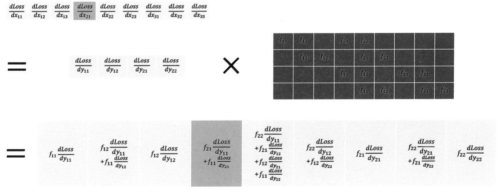

[그림 6-30] Loss에 대한 X의 미분

지금은 간단한 회귀 문제나 분류 문제를 다루지만, 추후 이미지를 Pixel 단위로 분류하거나, 이미지를 새로 생성할 때 이미지의 사이즈를 키워야 하는 경우가 꼭 필요합니다. [그림 6-29]를 다른 각도에서 보면 작은 사이즈 이미지에 W를 전치하여 연산을 하면 이미지가 오히려 커지는 것을 볼 수 있습니다. 이러한 방법을 Transposed CNN이라고 합니다.

02 Stride

필터를 굳이 1칸씩 이동을 하면서 적용할 필요가 없습니다. 2칸씩 혹은 3칸씩 이동하면서 적용할 수 있습니다. 이렇게 필터를 몇칸씩 이동시킬지 나타내는 수가 Stride라고 합니다. 그리고 생각을 해보면 Stride가 크면 클수록 이미지의 사이즈는 줄어들게 됩니다.

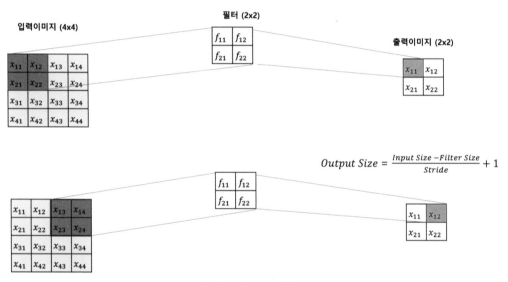

$$Output\ Size = \frac{Input\ Size - Filter\ Size}{Stride} + 1$$

[그림 6-31] Stride의 정의

패딩은 이미지의 테두리에 어떤 값을 합성곱 연산 전에 미리 채워서 연산을 수행합니다. 보통 0을 채우는 제로패딩 기법을 많이 사용합니다. 다음의 그림에서 패딩을 적용했을 때와 안했을 때의 출력 이미지 크기를 보겠습니다.

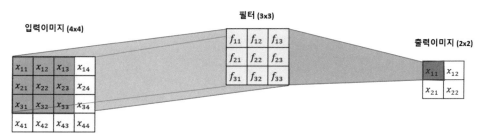

[그림 6-32] 패딩 미적용 컨볼루션 연산

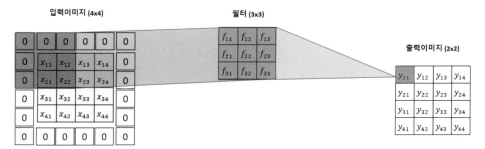

[그림 6-33] 패딩 적용 컨볼루션 연산

[그림 6-33]에서 볼 수 있듯이 연산 이후 출력 이미지 크기 차이가 있는 것을 볼 수 있습니다. 보통의 CNN에서 패딩기법을 활용하는 이유는 다음과 같습니다.

- 컨볼루션 연산을 수행할 때, 입력 이미지의 크기가 출력 이미지의 크기보다 작아지는 경우가 발생합니다. 이때, 패딩을 추가하여 입력 이미지의 크기를 보존하면 출력 이미지의 크기도 입력 이미지와 동일하게 유지됩니다.
- 합성곱 연산을 수행할 때, 입력 이미지 경계 부분의 픽셀은 주변의 픽셀보다 적게 사용됩니다. 이때, 패딩을 추가하여 입력 이미지의 경계를 채우면 경계 부분의 픽셀도 충분히 사용될 수 있습니다.
- 패딩을 적용하지 않으면 앞의 그림에서 볼 수 있듯이 합성곱 연산을 수행할 때 출력 이미지가 입력 이미지보다 작아지게 되고 네트워크에서 다음 레이어로 전달되는 정보의 양이 줄어듭니다. 패딩을 사용하면 입력 이미지와 출력 이미지의 크기를 일치시킬 수 있습니다. 이는 입력 이미지와 출력 이미지를 서로 연결하여 더 깊은 구조의 CNN 모델을 설계할 수 있습니다.

04 풀링(Pooling)

일반적으로 합성곱 연산에 패딩 기법을 적용하여 출력 이미지를 네트워크의 각 레이어에 전달하는 과정에서 연산량이 증가합니다. 이러한 연산의 양을 줄이기 위해 풀링(Pooling)이란 기법을 적용합니다. 풀링은 주로 합성곱 레이어 다음에 적용되며, 합성곱 레이어로부터 출력된 출력 이미지에서 일정한 크기의 윈도우(Window)를 이동시키면서 윈도우 내에서 평균값이나 최대값을 출력 값으로 반환합니다.

이미지 처리에서 풀링은 이미지의 크기를 줄이거나 이미지 내의 불필요한 정보, 노이즈를 제거하여 전처리 과정에서 유용하게 사용됩니다.

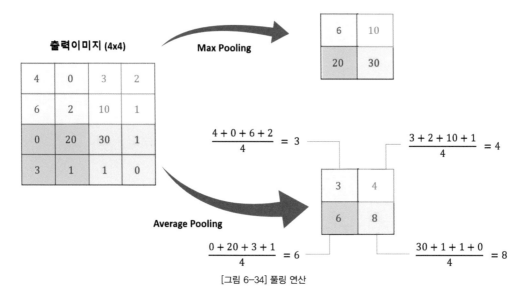

[그림 6-34] 풀링 연산

풀링 기법은 풀링할 공간을 먼저 정하고 Max Pooling 또는 Average Pooling을 수행합니다. 앞의 그림은 4×4 이미지에 대하여 2×2 영역에서 풀링기법을 적용합니다. 풀링 영역 내에서 가장 큰 값을 선택하는 Max Pooling과 영역 내에서 평균값을 선택하는 Average Pooling을 확인할 수 있습니다.

보통 Max Pooling은 영역 내에서 가장 강한 특성만을 남기기 때문에 이미지 내에서 중요한 특성들만 강조하여 네트워크가 더욱 간결하고 빠르게 작동할 수 있도록 도와주는 장점이 있습니다. Average Pooling은 이미지의 전반적인 특성을 골고루 반영할 수 있어 Max Pooling에 비해 좀 더 일반화를 향상시키는 효과는 있지만 이미지 안에서 특성을 효과적으로 찾기 위하여 Max Pooling을 더 선호하여 사용합니다.

앞에서는 흑백 이미지를 이용하여 딥러닝 학습을 하였지만, 실무에서는 보통 색상이 들어간 컬러 이미지를 이용하여 학습합니다. 컬러 이미지는 각 3채널의 값을 가지고 있습니다. 채널은 컬러 이미지 데이터의 색상정보를 담고 있는 차원을 말합니다. RGB 이미지의 경우 3개의 채널 (Red, Green, Blue)로 이루어지고, 흑백 이미지의 경우 1개의 채널로 이루어집니다. 예를 들어 224×224 크기의 RGB 이미지는 (224, 224, 3)의 형태로 표현됩니다.

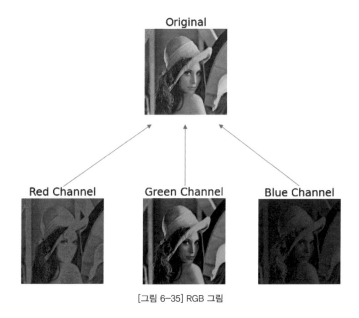

[그림 6-35] RGB 그림

딥러닝 모델은 이런 3차원 텐서를 입력으로 받아 이미지를 인식하게 됩니다. 일반적으로 컬러 이미지에서 컨볼루션 레이어를 사용하여 각 색상 채널의 피처를 추출하고, 이를 다음 레이어에서 합쳐서 최종적으로 이미지 분류를 하거나 객체를 검출하는 등의 작업을 하게 됩니다. 흑백 이미지와 컬러 이미지는 이미지를 학습하는 방법은 동일하지만 컬러 이미지는 입력의 채널 수가 3이므로 필터도 3개로 합성곱 연산을 처리합니다. 그 외에 이미지 전처리에서도 RGB 값을 고려해야하는 점은 흑백 이미지 학습 방법과 약간의 차이가 있습니다.

PART 07

RNN

주식 가격이나 날씨와 같이 시간에 따라 변화하는 시계열 데이터 또는 단어의 철자
배열이나 단어 간의 순서가 반영되야 하는 규칙성을 시퀀스(Sequence)라고 합니다.
시퀀스를 예측하기 위해서는 과거와 현재의 정보를 바탕으로 미래를 예측해야 합니다.
시퀀스 데이터의 추세를 기반으로 미래에 대해서 예측하는 모델인 RNN(Recurrent Neural
Network)에 대해서 알아보겠습니다.

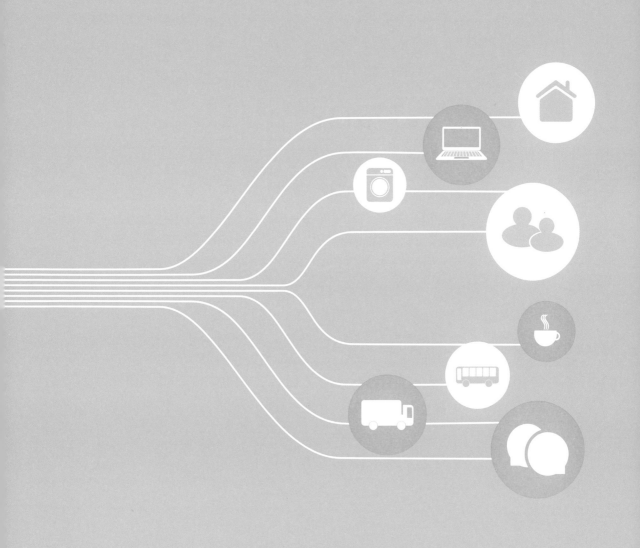

어떠한 모델이 apple 단어의 알파벳을 순서대로 입력하고 있을 때 다음 알파벳을 예측한다고 가정해 봅니다. 처음에 "a"를 입력한 경우에는 다음에 "p"를 예측해야 합니다. 이후에 "p"를 입력받은 후에는 다시 "p"를 예측해야 합니다. 다시 "p"를 입력받을 경우에는 "l"를 예측해야 합니다. 이후에는 마지막 알파벳 "e"까지 동일한 로직으로 입력 및 예측이 진행될 것입니다.

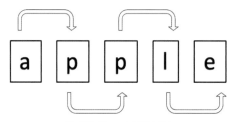

[그림 7-1] apple 단어 구조

이 경우에 상태 조건에 따라서 다른 조건을 예측해야 하는 경우가 발생합니다. 동일한 "p"를 입력을 받았을 때 첫 번째에는 "p"를 예측해야 하고, 또 다른 경우에는 "l"을 예측해야 합니다. 이러한 경우에는 서론에서 언급했던 것과 같이 이전의 알파벳까지 고려하여 단어를 선정해야 합니다. 따라서 인공지능 모델로 구현하기 위해서는 이전 상태의 정보를 확인하기 위한 어떠한 장치가 필요합니다.

이 역할을 하는 것을 순환 뉴런(Recurrent Neuron)이라고 하고 해당 뉴런이 포함된 네트워크 구조를 순환 신경망(RNN - Recurrent Neural Network)이라고 합니다.

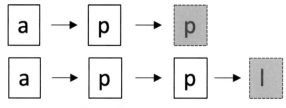

[그림 7-2] apple 철자 예측 순서

앞서 배웠던 ANN(Artificial Neural Network)이라고 불리는 신경망과 비교해 보겠습니다. ANN 구조에서는 입력값들이 은닉층을 지나 출력층으로만 향하는 단방향의 구조입니다. 하지만 RNN 구조에서는 앞서 설명했던 순환 뉴런이 존재하여 이전 입력을 기반으로 예측할 수 있도록 도와줍니다. 이와 같은 구조 때문에 RNN 모델이 시계열 데이터, 자연어 처리(NLP), 단어/알파벳 예측 등에서 적합한 모델입니다.

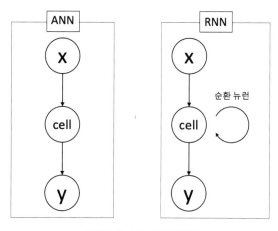

[그림 7-3] ANN, RNN 차이점

순환 뉴런을 포함한 RNN 구조를 확인해 보겠습니다. 여기서는 Cell이라고 표현했던 것은 h로 바꾸고 은닉층(hidden state)이라고 표현하겠습니다. 입력값 X는 은닉층으로 들어가고, 은닉층을 지난 값이 출력 Y로 반환됩니다. 여기서 순환 뉴런은 은닉층에서 나와서 다시 은닉층으로 들어가는 구조입니다.

이 구조를 시간의 순서에 따라서 쭉 펼쳐 보겠습니다. 펼친 신경망 구조로 다시 설명해 보면 입력값 X와 이전 시간의 은닉층 값 h가 함께 현재 시간의 은닉층으로 입력되고, 출력값 Y는 이전 시간의 은닉층 값 h와 현재 시간의 입력값 X를 기반으로 계산됩니다. 따라서 RNN 구조에서는 이전 시간의 은닉층 값이 현재 시간의 은닉층 계산에 사용되어 과거의 정보도 현재에 반영됩니다.

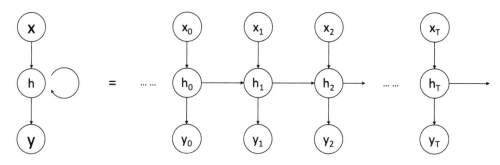

[그림 7-4] 순환신경망 구조

RNN의 구조를 수식으로 옮겨보겠습니다. 연결된 구조 중 일부를 떼어내어 [그림 7-5]와 같이 간략화하고 각 피처를 재정의하고 순전파와 역전파를 구현하겠습니다.

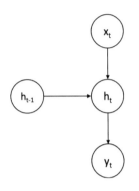

Node	정의
Xt	입력
Yt	출력
ht	현재의 히든 상태(Hidden State)
yt	직전의 히든 상태(Hidden State)

[그림 7-5] RNN 피처 정의

순전파부터 구현하겠습니다. 순전파를 구현하기 위해서 피처별 W 및 B에 대한 설정 및 활성화 함수를 선택하면 됩니다. RNN에서 사용하는 일반적인 활성화 함수는 tanh입니다. tanh 함수는 생긴 모양은 시그모이드와 유사하지만 −1부터 1까지의 값을 출력합니다. 출력을 −1 ~ 1로 제한하기 때문에 출력값을 정규화할 수 있습니다.

〈소스〉 7_1.ipynb

```
[1] # tanh, 시그모이드 비교
    import numpy as np
    import matplotlib.pyplot as plt


    # −10부터 10까지 0.1 간격으로 x 값 생성
    x = np.arange(-10, 10, 0.1)


    # x 값에 대응하는 y 값 계산
    y_sigmoid = 1 / (1 + np.exp(-x))
    y_tanh = (np.exp(x) − np.exp(-x)) / (np.exp(x) + np.exp(-x))


    # 그래프 그리기
    plt.plot(x, y_sigmoid, label='sigmoid')
    plt.plot(x, y_tanh, label='tanh')
```

```
plt.xlabel('x')

plt.ylabel('y')

plt.legend()

plt.show
```

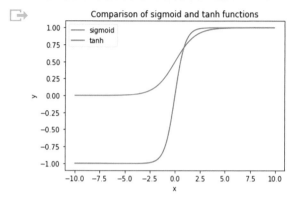

함수를 미분했을 때 시그모이드는 0.25를 최대값으로 가지는 반면, tanh는 1을 미분값으로 갖기 때문에 신경망 층이 깊어질수록 발생 가능성이 높은 기울기 소실(vanishing gradient) 문제에 상대적으로 자유로울 수 있습니다.

[2] # tanh, 시그모이드 미분값 비교

```
# -10부터 10까지 0.1 간격으로 x 값 생성
x = np.arange(-10, 10, 0.1)

# x 값에 대응하는 y 값 계산
y_sigmoid_prime = 1 / (1 + np.exp(-x)) * (1-1 / (1 + np.exp(-x)))
y_tanh_prime = 1-((np.exp(x) - np.exp(-x)) / (np.exp(x) + np.exp(-x))) ** 2

plt.plot(x, y_sigmoid_prime, label='sigmoid differential')
plt.plot(x, y_tanh_prime, label='tanh differential')
plt.xlabel('x')
plt.ylabel('y')
plt.legend()

plt.show()
```

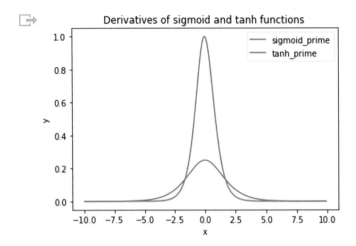

활성화 함수가 결정되었으니 순전파의 전개를 수식으로 옮겨보겠습니다. 화살표와 피처의 순서대로 선형 변환을 적용하면 되고 히든 상태에 대해서는 활성화 함수 tanh를 적용하면 됩니다. 코드도 동일한 순서로 적용하겠습니다.

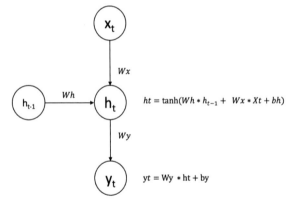

$$ht = \tanh(Wh * h_{t-1} + Wx * Xt + bh)$$

$$yt = Wy * ht + by$$

변수	정의
Wh	은닉층(h)의 Weight
Wx	은닉층(x)의 Weight
Wy	출력층(y)의 Weight
bh	은닉층(h)의 Bias
by	출력층(h)의 Bias

[그림 7-6] 순전파 구현

[3] # RNN 순전파
```
ht = np.tanh(np.matmul(X, Wx) + np.matmul(H, Wh) + Bh)
yt = np.matmul(ht, Wy) + By
```

순전파를 확인하였으니 이번에는 역전파를 구현하겠습니다. 이전에 배운 것과 동일하게 체인룰을 활용하여 역전파에서의 연산을 수행할 수 있습니다. tanh를 미분하는 과정이 필요한데 고등학교에서 배운 치환 미분 및 분수 미분을 통하여 구할 수 있습니다.

$$\frac{d}{dx}\tanh(x) = \frac{d}{dx}\frac{e^x - e^{-x}}{e^x + e^{-x}}$$

$$= \frac{(e^x + e^{-x})(e^x + e^{-x}) - (e^x - e^{-x})(e^x - e^{-x})}{(e^x + e^{-x})^2}$$

$$= 1 - \tanh^2(x)$$

[수식 7-1]

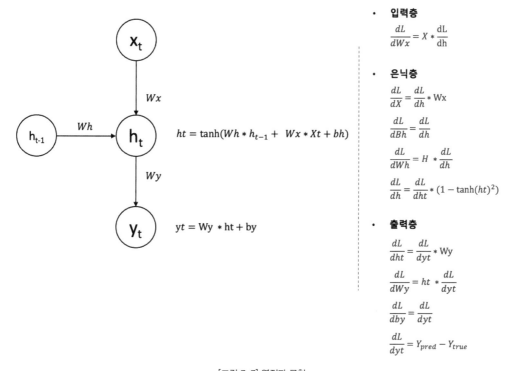

- **입력층**

$$\frac{dL}{dWx} = X * \frac{dL}{dh}$$

- **은닉층**

$$\frac{dL}{dX} = \frac{dL}{dh} * Wx$$

$$\frac{dL}{dBh} = \frac{dL}{dh}$$

$$\frac{dL}{dWh} = H * \frac{dL}{dh}$$

$$\frac{dL}{dh} = \frac{dL}{dht} * (1 - \tanh(ht)^2)$$

- **출력층**

$$\frac{dL}{dht} = \frac{dL}{dyt} * Wy$$

$$\frac{dL}{dWy} = ht * \frac{dL}{dyt}$$

$$\frac{dL}{dby} = \frac{dL}{dyt}$$

$$\frac{dL}{dyt} = Y_{pred} - Y_{true}$$

$$ht = \tanh(Wh * h_{t-1} + Wx * Xt + bh)$$

$$yt = Wy * ht + by$$

[그림 7-7] 역전파 구현

역전파 계산 수식에 대한 부분을 코드로 옮기겠습니다. 출력층부터 입력층까지 역전파의 방향대로 진행하면서 코드를 작성하였습니다. RNN에 대한 순전파와 역전파 모두 확인하였으니 이제는 실제 예제를 가지고 어떻게 모델을 구성해야 하는지 알아보겠습니다.

[4] # 역전파

```python
# 손실 함수 미분
dL_dyt = Y_pred - Y_true


# 출력층 역전파
dL_dBy = dL_dyt
dL_dWy = np.matmul(ht.T, dL_dyt)
dL_dht = np.matmul(dL_dyt, Wy.T)


# 은닉층 역전파 계산
dL_dh = dL_dht * (1 - np.tanh(ht) ** 2)
dL_dWh = np.matmul(H.T, dL_dh)
dL_dBh = dL_dh
dL_dX = np.matmul(dL_dh, Wx.T)


#입력층의 역전파 계산
dL_dX = dL_dX.reshape(-1, 26)
dL_dWx = np.matmul(X.T, dL_dh)
```

RNN의 순전파와 역전파에 대해 정의하였으니 단어의 알파벳 철자 자동완성을 해주는 모델을 통해 적용해 보겠습니다. "7_1.xlsx" 파일을 열어 어떤 단어가 준비되어 있는지 확인해 보겠습니다. 엑셀 시트에 100개의 영단어가 입력되어 있습니다. 이 100개의 단어가 우리가 학습에 사용할 단어입니다.

[5] # 파일을 오픈하고 시트 지정

```python
wb = xw.Book('7_1.xlsx')
data_ws = wb.sheets[0]
train_ws = wb.sheets[1]
```

	1			1			1			1			1
1	life	21		get	41		middle	61		health	80		wait
2	job	22		take	42		store	62		holiday	81		decide
3	country	23		live	43		sound	63		gift	82		choose
4	earth	24		different	44		point	64		field	83		popular
5	problem	25		important	45		land	65		site	84		difficult
6	way	26		other	46		clone	66		goal	85		foreign
7	language	27		right	47		turn	67		effect	86		able
8	dialog	28		sure	48		fly	68		sign	87		full
9	story	29		too	49		begin	69		report	88		wrong
10	lot	30		well	50		grow	70		order	89		usually
11	name	31		nature	51		believe	71		experience	90		never
12	hand	32		restaurant	52		worry	72		result	91		teenager
13	place	33		group	53		save	73		ride	92		president
14	practice	34		habit	54		easy	74		wish	93		arm
15	work	35		culture	55		poor	75		half	94		meal
16	use	36		information	56		such	76		past	95		skill
17	kind	37		advertisement	57		own	77		carry	96		contest
18	have	38		science	58		fast	78		draw	97		prize
19	make	39		gene	59		back	79		spend	98		chance
20	let	40		war	60		always	80		wait	99		shape
											100		difference

[그림 7-8] 단어 데이터

100개의 단어를 가지고 어떻게 학습을 진행할지 첫 단어인 "life"를 가지고 생각해 보겠습니다. 다음의 코드와 같이 전체 단어 중 "life"만 word라는 변수에 저장하겠습니다.

```
[6] # 첫 번째 단어 불러오기
    word = data_ws.range((1,1)).value # Life
    print("첫 번째 단어 : ", word)
```

이후에는 알파벳에 대한 분류를 진행해야 하니 각 알파벳을 원핫인코딩하는 과정이 필요합니다. 알파벳을 바로 원핫인코딩으로 매핑하기 위해서 ASCII 코드를 활용하여 구현하겠습니다. word 변수에 저장된 단어는 문자열 타입으로 저장되며, 이를 인덱싱하여 각 알파벳을 출력할 수 있습니다.

예를 들어 "life"라는 단어에서 word[0]을 입력하면 첫 번째 알파벳인 "l"이 출력됩니다. 여기에서 알파벳의 순서를 계산하기 위해서는 ASCII 코드 값을 반환하는 ord() 함수를 사용할 수 있습니다. 여기서 'a'를 기준으로 알파벳의 순서를 계산할 것입니다. 예를 들어, 'l'의 ASCII 코드 값은 108이며, 'a'의 ASCII 코드 값은 97입니다. 따라서 'l'의 순서는 ord('l') − ord('a') = 108 − 97 = 11이 됩니다. 여기에 np.eye(26) 함수를 곱하게 되면 원핫인코딩이 되어 순서대로 알파벳이 매핑됩니다.

10진수	97	98	99	100	101	102	103	104	105	106	107	108	109
문자	a	b	c	d	e	f	g	h	i	j	k	l	m
10진수	110	111	112	113	114	115	116	117	118	119	120	121	122
문자	n	o	p	q	r	s	t	u	v	w	x	y	z

[그림 7-9] 알파벳 ASCII 코드

RNN에서는 단어 내의 알파벳의 순서가 각각 입력 데이터가 출력 데이터로 됩니다. 따라서 첫 번째 입력값 "l"에 대한 출력값은 두 번째 알파벳인 "i"가 됩니다. 다음의 코드는 입력 데이터와 결과 데이터를 만드는 과정 중 하나를 나타낸 것입니다. 이 코드를 활용하여 입력 데이터와 출력 데이터를 모델에 활용하겠습니다.

```
[7] X = np.eye(26)[ord(word[0])—ord("a")]
    print("첫 번째 알파벳 : ", word[0])
    print(X)


    Y_t = np.eye(26)[ord(word[1])—ord("a")]
    print("두 번째 알파벳 : ", word[1])
    print(Y_t)
```

```
첫 번째 단어 : life
첫 번째 알파벳 : l
[0. 0. 0. 0. 0. 0. 0. 0. 0. 0. 0. 1. 0. 0. 0. 0. 0. 0. 0. 0. 0. 0. 0. 0.
 0. 0.]
두 번째 알파벳 : i
[0. 0. 0. 0. 0. 0. 0. 0. 1. 0. 0. 0. 0. 0. 0. 0. 0. 0. 0. 0. 0. 0. 0. 0.
 0. 0.]
```

학습 데이터가 준비되었으니 RNN 구조를 만들어 보겠습니다. 입력 및 출력 데이터는 총 26개의 배열로 원핫인코딩되었으니 26개의 피처로 구성이 필요합니다. 은닉층에서의 피처 개수는 여기서는 10개로 설정했습니다. 각 레이어에서의 피처 개수가 정의되었으니 W, B는 각 레이어에 맞게 설정하면 됩니다. 또한 RNN의 가장 중요한 특징인 순환 뉴런에 대해서는 H로 정의하였습니다. 마지막 출력층에서는 총 26개의 피처에 대해서 정답일 확률 계산이 필요하기 때문에 소프트맥스 연산이 필요합니다. 다음의 신경망 구조를 코드로 옮겨보겠습니다.

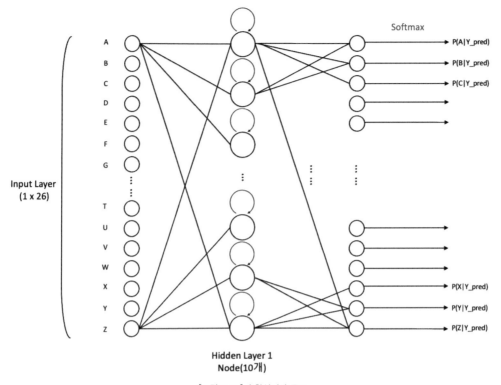

[그림 7-10] 순환신경망 구조

우선은 100개의 단어 중 가장 첫 단어인 "life"를 불러와서 학습이 잘 되는지 확인해 보겠습니다. 여기서 주의할 점은 RNN에 사용할 데이터는 앞서 학습에 사용했던 손글씨나 붓꽃 데이터들과는 다르게 한 단어에 입력 데이터와 출력 데이터(정답)가 모두 같이 있는 구조입니다. 따라서 학습을 진행하기 위해서는 단어의 알파벳 개수에서 한번을 뺀 숫자만큼 반복문으로 구성해야 합니다.

예를 들어 "life"를 학습하기 위해서는 총 3번 반복이 되어야 합니다. 첫 번째 순서에서는 "l"이 입력(X)될 때 정답(Y_true)은 "i"가 되어야 합니다. 그다음 순서에서는 입력은 "i"가 되고 출력은 "f"가 됩니다. 여기서 주의해야 할 점은 순환 뉴런의 히든 상태(h)에 대한 부분도 입력으로 포함되어야 합니다. 즉 이전의 "l –〉 i"에서 업데이트된 히든 상태(h)도 입력으로 포함되어야 합니다 ([그림 7-6] 참조).

```
[8]  # 첫 번째 단어 불러오기 : life
     word = data_ws.range((1,1)).value

     # Weight, Bias 초기화
     Wx = np.random.rand(26,10) − 0.5
     Wh = np.random.rand(10,10) − 0.5
     Bh = np.zeros((1,10))

     Wy = np.random.rand(10,26) − 0.5
     By = np.zeros((1,26))

     # 순전파 구현하기
     for i in range(len(word)−1):

         # One−Hot Encoding
         X = np.eye(26)[ord(word[i])−ord("a")]
         Y_true = np.eye(26)[ord(word[i+1])−ord("a")]

         # 형태 변경
         X = np.reshape(X,(−1,26))
         Y_true = np.reshape(Y_true,(−1,26))

         # Hidden Layer 계산
         ht = np.tanh(np.matmul(X, Wx) + np.matmul(H, Wh) + Bh)

         # 출력층 계산
         yt = np.matmul(ht, Wy) + By

         # Softmax
         Y_pred = np.exp(yt) / np.sum(np.exp(yt))

         # Categorical cross−entropy Loss
         eps = 0.000001
         ls = −Y_true * np.log(Y_pred + eps)
         loss = np.sum(ls)
```

⏏

역전파에서는 체인룰을 통해 계산된 값과 학습률(Learning Rate)을 곱하여 W와 B를 업데이트하였습니다. 마지막 부분에는 RNN에서 히든 상태 업데이트를 하는 부분도 반영하였습니다. 순전파에서 계산 과정 중 활성화 함수 계산된 결과를 현재의 히든 상태를 H에 복사하여 업데이트하였습니다.

```
[9]    # 역전파
       # 손실 함수 미분
       dL_dyt = Y_pred - Y_true

       # 출력층 역전파
       dL_dBy = dL_dyt
       dL_dWy = np.matmul(ht.T, dL_dyt)
       dL_dht = np.matmul(dL_dyt, Wy.T)

       # 은닉층 역전파 계산
       dL_dh = dL_dht * (1 - np.tanh(ht) ** 2)
       dL_dWh = np.matmul(H.T, dL_dh)
       dL_dBh = dL_dh
       dL_dX = np.matmul(dL_dh, Wx.T)

       #입력층의 역전파 계산
       dL_dX = dL_dX.reshape(-1, 26)
       dL_dWx = np.matmul(X.T, dL_dh)

       # W와 B를 업데이트
       Wx = Wx - lr * dL_dWx
       Wh = Wh - lr * dL_dWh
       Bh = Bh - lr * dL_dBh
       Wy = Wy - lr * dL_dWy
       By = By - lr * dL_dBy

       # 히든 상태 업데이트
       H = ht.copy()
       show_excel([alphabet, X.T, Wx.T, H.T, Wh.T, ht.T, Wy.T, alphabet, Y_pred.T, Y_true.T]
                ,['', word[i], 'Wx', 'H', 'Wh', 'ht', 'Wy', 'alphabet', 'Y_pred', word[i+1]]
```

```
                [['N', 'B', 'R', 'R', 'R', 'R','R', 'N','B','B']

                ,4,2)

    show_excel([dL_dWh, dL_dWy, dL_dht.T]

                ,['dL_dWh', 'dL_dWy', 'dL_dht']

                ,['G', 'G', 'G']

                ,33,6)


    # 단계 별 확인을 위한 Wait Key 변수 추가
    # 다음 단계로 넘어가기 위해 enter만 입력
    wait_key = input("다음 예측값을 확인하기 위해 Enter를 누르세요")
```

순전파와 역전파가 함께 작성된 코드를 실행시켜 보겠습니다. 학습을 위해 입력된 단어는 "life" 입니다. 학습이 어떻게 진행이 되는지 확인하기 위해서 외부 키 입력 이후 반복문이 진행될 수 있도록 하였습니다.

엑셀에 실행된 결과를 살펴보겠습니다. 입력 데이터로는 "life" 중 가장 첫 알파벳인 "l"이 입력되었고 은닉층 연산을 통해서 몇 가지 예측값이 반환되었습니다. 하지만 코드 실행 시 첫 W, B는 무작위로 생성된 값이므로 예측값에 대해서 큰 의미를 두지는 않겠습니다. 정답 데이터는 "i"임을 알 수 있습니다. 파이썬 창에서 엔터를 입력하여 다음으로 넘어가겠습니다.

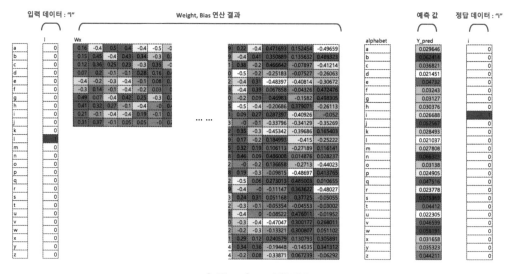

[그림 7-11] 코드 실행 결과

작성한 코드를 끝까지 실행시키면 다음과 같이 순차적으로 출력됩니다. 처음에 결과값이었던 "i"는 다음 순서에는 입력으로 바뀌었고 "f"가 출력값이 되었습니다. 다시 한번 실행시키면 "f"는 입력값으로 "e"는 출력값으로 순서를 가지고 변경되면서 학습이 진행되는 것을 확인할 수 있습니다. 이와 같이 순차적으로 학습되는 것이 RNN의 특징입니다.

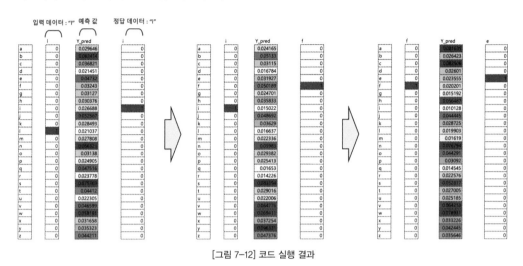

[그림 7-12] 코드 실행 결과

앞서 작성했던 코드를 모두 종합하여 학습을 진행하겠습니다. 학습을 위한 에포크는 30으로 설정하고 학습율은 0.01로 설정하였습니다. 또한 각 에포크마다 Loss와 정확도를 계산하여 학습이 잘 진행되고 있는지 확인하겠습니다.

```
[10] # Weight, Bias 초기화
    Wx = np.random.rand(26,10) - 0.5
    Wh = np.random.rand(10,10) - 0.5
    Bh = np.zeros((1,10))

    Wy = np.random.rand(10,26) - 0.5
    By = np.zeros((1,26))

    H = np.zeros((1,10))

    # 엑셀 데이터 시트 초기화
    train_ws.clear()
```

```python
# epoch수 정의
epoch_num = 30
time_delay = 1

# Learning Rate 정의
lr = 0.01

# 총 데이터 개수 정의
data_num = 100

for e in range(epoch_num):
    train_ws.range((2,2)).value = e +1

    # epoch 내 순서를 무작위로 섞기
    batch_turn = list(range(data_num))
    random.shuffle(batch_turn)

    Loss_Sum = 0
    Acc = 0

    # 데이터를 섞어준 순서대로 하나씩 불러옴
    for b in batch_turn:
        H = np.zeros((1,10))
        word = data_ws.range((1+b,1)).value

        for i in range(len(word)-1):

            # One-Hot Encoding
            X = np.eye(26)[ord(word[i])-ord("a")]
            Y_true = np.eye(26)[ord(word[i+1])-ord("a")]

            # 형태 변경
            X = np.reshape(X,(-1,26))
            Y_true = np.reshape(Y_true,(-1,26))
```

```python
# Hidden Layer 계산
ht = np.tanh(np.matmul(X, Wx) + np.matmul(H, Wh) + Bh)

# 출력층 계산
yt = np.matmul(ht, Wy) + By

# Softmax
Y_pred = np.exp(yt) / np.sum(np.exp(yt))

# Categorical cross-entropy Loss
eps = 0.000001
ls = np.sum(-Y_true * np.log(Y_pred + eps))
Loss_Sum = Loss_Sum + ls

# 역전파
# 손실 함수 미분
dL_dyt = Y_pred - Y_true

# 출력층 역전파
dL_dBy = dL_dyt
dL_dWy = np.matmul(ht.T, dL_dyt)
dL_dht = np.matmul(dL_dyt, Wy.T)

# 은닉층 역전파 계산
dL_dh = dL_dht * (1 - np.tanh(ht) ** 2)
dL_dWh = np.matmul(H.T, dL_dh)
dL_dBh = dL_dh
dL_dX = np.matmul(dL_dh, Wx.T)

# 입력층 역전파 계산
dL_dX = dL_dX.reshape(-1, 26)
dL_dWx = np.matmul(X.T, dL_dh)
```

```
            # W와 B를 업데이트
            Wx = Wx − lr * dL_dWx
            Wh = Wh − lr * dL_dWh
            Bh = Bh − lr * dL_dBh


            Wy = Wy − lr * dL_dWy
            By = By − lr * dL_dBy


            # 히든 상태 업데이트
            H = ht.copy()


        # ACC 계산
        if(np.argmax(Y_true)==np.argmax(Y_pred)):
            Acc = Acc + 1


    # 1 epoch 끝나면 Loss를 표기하고 값을 업데이트
    print("epoch : ",e + 1,", Loss : ", Loss_Sum,",Acc : ",Acc / data_num )


    show_excel([alphabet, X.T, Wx.T, H.T, Wh.T, ht.T, Wy.T, alphabet, Y_pred.T, Y_true.T]
            ,['', word[i], 'Wx', 'H', 'Wh', 'ht', 'Wy', 'alphabet', 'Y_pred', word[i+1]]
            ,['N', 'B', 'R', 'R', 'R', 'R','R', 'N','B','B']
            ,4,2)


    show_excel([dL_dWh, dL_dWy, dL_dht.T]
            ,['dL_dWh', 'dL_dWy', 'dL_dht']
            ,['G', 'G', 'G']
            ,33,6)


    time.sleep(time_delay)
```

epoch : 1 , Loss : 1376.8675470979863 ,Acc : 0.18
epoch : 2 , Loss : 1283.0447039189337 ,Acc : 0.25
epoch : 3 , Loss : 1230.5603496000197 ,Acc : 0.26
epoch : 4 , Loss : 1198.555004369217 ,Acc : 0.25
epoch : 5 , Loss : 1175.6111207414936 ,Acc : 0.26
epoch : 6 , Loss : 1155.9102873562197 ,Acc : 0.31

```
epoch : 7 , Loss : 1138.8770342985654 ,Acc : 0.34
epoch : 8 , Loss : 1123.6909222286376 ,Acc : 0.32
epoch : 9 , Loss : 1110.734732443629 ,Acc : 0.36
epoch : 10 , Loss : 1098.3898774771435 ,Acc : 0.37
epoch : 11 , Loss : 1089.6323405545932 ,Acc : 0.38
epoch : 12 , Loss : 1079.484006300036 ,Acc : 0.39
epoch : 13 , Loss : 1072.4542262856016 ,Acc : 0.38
epoch : 14 , Loss : 1063.0059032691722 ,Acc : 0.39
epoch : 15 , Loss : 1057.2491914391076 ,Acc : 0.37
epoch : 16 , Loss : 1047.2532561586038 ,Acc : 0.4
epoch : 17 , Loss : 1041.5037211518961 ,Acc : 0.39
epoch : 18 , Loss : 1033.94759098262 ,Acc : 0.41
epoch : 19 , Loss : 1026.3273225152561 ,Acc : 0.37
epoch : 20 , Loss : 1018.3976565353362 ,Acc : 0.4
epoch : 21 , Loss : 1013.1469749198275 ,Acc : 0.39
epoch : 22 , Loss : 1007.9980164701849 ,Acc : 0.36
epoch : 23 , Loss : 999.6575826684401 ,Acc : 0.41
epoch : 24 , Loss : 993.9936679578582 ,Acc : 0.4
epoch : 25 , Loss : 989.8414797723561 ,Acc : 0.39
epoch : 26 , Loss : 983.376743259698 ,Acc : 0.41
epoch : 27 , Loss : 978.938147564374 ,Acc : 0.43
epoch : 28 , Loss : 973.5044142075012 ,Acc : 0.42
epoch : 29 , Loss : 968.2438481432109 ,Acc : 0.42
epoch : 30 , Loss : 964.0975104628967 ,Acc : 0.42
```

에포크 30번까지 학습한 결과 정확도는 약 42% 수준으로 학습되었습니다. 에포크가 진행되어도 계속 40%대에서 머무는 것을 보니 현재의 데이터와 모델로는 더이상 높은 학습은 어려울 것으로 보입니다. 현재의 정확도는 주어진 단어에서 절반 정도의 확률로 다음 철자를 맞출 수 있는 정도로 학습되었습니다. 그러면 어느 정도로 맞출 수 있는지 실제 데이터로 확인해 보겠습니다. 가장 처음 확인했었던 단어인 "life"로 확인하겠습니다.

```python
[11] # 1번 단어 불러오기 : life
    word = data_ws.range((1,1)).value

    H = np.zeros((1,10))
    train_ws.clear()
    for i in range(len(word)-1):

        # One-Hot Encoding
        X = np.eye(26)[ord(word[i])-ord("a")]
        Y_true = np.eye(26)[ord(word[i+1])-ord("a")]

        # 형태 변경
        X = np.reshape(X,(-1,26))
        Y_true = np.reshape(Y_true,(-1,26))

        # Hidden Layer 계산
        ht = np.tanh(np.matmul(X, Wx) + np.matmul(H, Wh) + Bh)

        # 출력층 계산
        yt = np.matmul(ht, Wy) + By

        # Softmax
        Y_pred = np.exp(yt) / np.sum(np.exp(yt))

        show_excel([alphabet, X.T, Y_pred.T, Y_true.T]
                    ,['', word[i], 'Y_pred', word[i+1]]
                    ,['N', 'B', 'R', 'B']
                    ,4,2)

        H = ht.copy()
        wait_key = input("다음 예측값을 확인하기 위해 Enter를 누르세요")
```

결과값을 순차적으로 확인해 보면 총 3번의 단어를 맞추는 과정 중에서 첫 번째 알파벳인 i 는 오답을, 나머지 두 개의 알파벳은 정답을 출력하였습니다. 오답인 경우를 확인해 보면 자음 (Consonant)인 "l" 다음에 가장 높은 확률로 분류된 두 알파벳은 "a", "e"로 모두 모음(Vowels)을 분류하였습니다. 사실 "l"만 놓고 본다면 그 다음에는 두 알파벳이 위치해도 어색하지 않은 배치 입니다. 그럴듯하게 분류가 되었고 학습되기 전 결과와 비교해 본다면 많이 개선된 것 같습니다.

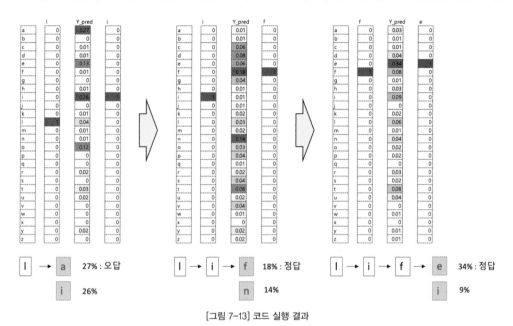

[그림 7-13] 코드 실행 결과

이번에는 조금 더 긴 단어를 활용하여 확인해 보겠습니다. 32번 단어인 "restaurant"을 확인해 보 겠습니다.

```
[12] # 32번 단어 불러오기 : restaurant
     word = data_ws.range((32,1)).value

     H = np.zeros((1,10))
     train_ws.clear()
     for i in range(len(word)−1):

       # One-Hot Encoding
       X = np.eye(26)[ord(word[i])−ord("a")]
       Y_true = np.eye(26)[ord(word[i+1])−ord("a")]
```

```
[12]   # 형태 변경
       X = np.reshape(X,(-1,26))
       Y_true = np.reshape(Y_true,(-1,26))

       # Hidden Layer 계산
       ht = np.tanh(np.matmul(X, Wx) + np.matmul(H, Wh) + Bh)

       # 출력층 계산
       yt = np.matmul(ht, Wy) + By

     # Softmax
       Y_pred = np.exp(yt) / np.sum(np.exp(yt))

       show_excel([alphabet, X.T, Y_pred.T, Y_true.T]
                 ,['', word[i], 'Y_pred', word[i+1]]
                 ,['N', 'B', 'R', 'B']
                 ,4,2)

       H = ht.copy()
       wait_key = input(("다음 예측값을 확인하기 위해 Enter를 누르세요")
```
⤷

모델 학습 과정 중에 확인된 정확도와 유사하게 약 절반 정도의 철자를 맞추는 것을 확인할 수 있습니다. 사실 현재 구성한 모델로 학습 모델 정확도를 높이기는 한계가 있습니다. 현재 모델은 단층의 RNN을 사용하고 있고 단어의 순서를 기억하는 Weight의 개수가 한정적이기 때문에 간단한 패턴이나 짧은 단어를 학습하는 데는 유용하지만 더 복잡한 패턴이나 긴 시퀀스 데이터를 처리하는 데는 한계가 있을 수 있습니다. 이런 경우에는 더욱 복잡한 구조를 갖는 모델이 필요하게 됩니다. RNN의 Layer를 더 많이 쌓은 다층 RNN(Multi-Layer RNN)을 사용하여 성능을 향상할 수 있습니다.

또한 RNN 이후에는 한 단계 발전된 LSTM(Long Short-Term Memory) 등의 모델을 사용하면 더 복잡한 패턴을 학습하고 더 긴 시퀀스의 데이터를 효과적으로 처리할 수 있습니다. 이러한 모델들은 내부 메모리 셀을 사용하여 더 오래전의 정보를 유지하거나, 필요에 따라 불필요한 정보를 버릴 수 있는 능력을 갖추고 있습니다.

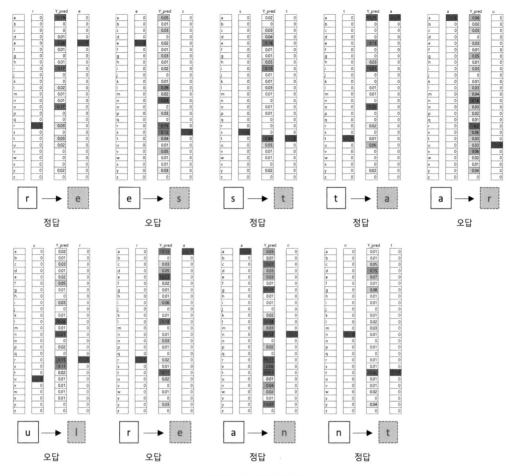

[그림 7-14] 코드 실행 결과

부록 01
Google Spreadsheet 사용

엑셀을 사용하기 어려운 사람들을 위해 구글 코랩과 구글 스프레드시트를 연동하여
사용하는 방법을 소개합니다. 엑셀은 무료 소프트웨어가 아니기 때문에 사용에 제한을
느끼기도 합니다. 필자도 이러한 점을 계속 고민했지만, 다양한 기능을 보다 쉽게 사용하기
위해 보여주기 위한 도구로 엑셀을 선택하였습니다. 따라서 엑셀 사용이 제한된다면 구글
스프레드시트로 설정하여 사용해보기를 권장합니다.

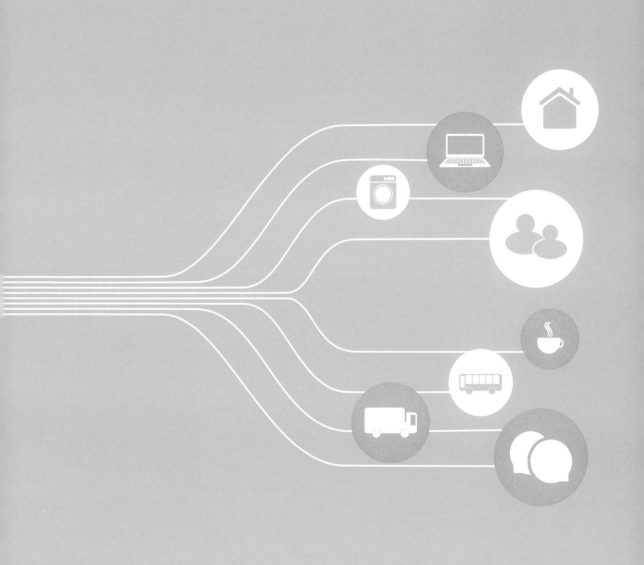

구글 코랩에서 구글 스프레드시트를 사용하기 위해서 구글 계정 로그인 및 API 권한 설정이 필요합니다. 구글 계정에 로그인 한 다음 구글 개발자 콘솔(https://console.cloud.google.com/apis/)로 이동합니다.

[부록 그림 1-1]

검색창에 "Google drive API" 입력 후 [Google Drive API]를 선택합니다.

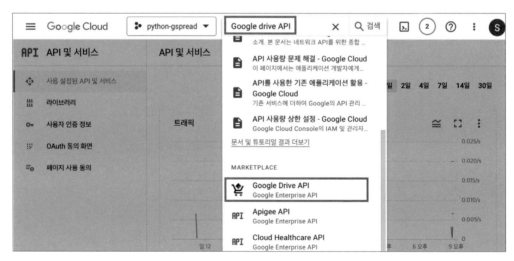

[부록 그림 1-2]

[사용]을 선택하여 클릭합니다.

[부록 그림 1-3]

Google Drive API에서 상태에서 "사용 설정됨"이라고 표기되면 완료된 것입니다.

[부록 그림 1-4]

다시 구글 개발자 콘솔(https://console.cloud.google.com/apis/)로 이동합니다. [프로젝트 만들기]를 클릭하여 [python-gspread]라는 신규 프로젝트를 생성하겠습니다.

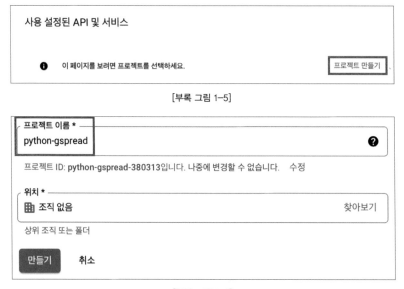

[부록 그림 1-5]

[부록 그림 1-6]

프로젝트가 생성되면 다음과 같이 [python-gspread]라는 프로젝트를 확인할 수 있습니다.

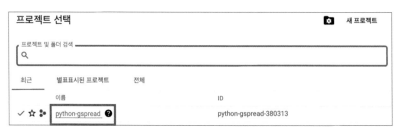

[부록 그림 1-7]

검색창에 "google sheet"를 입력하고 [Google Sheets API]를 선택합니다.

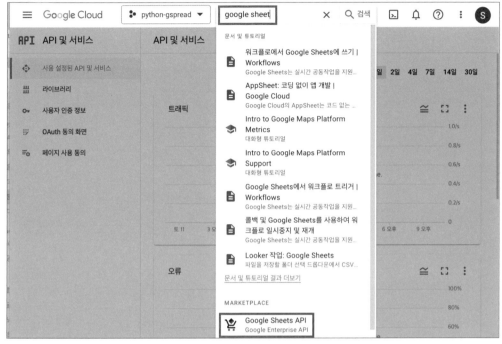

[부록 그림 1-8]

Google Sheets API 설정창이 나타나면 [사용]을 선택합니다.

[부록 그림 1-9]

사용 설정이 완료되면 구글 코랩에서 사용할 수 있도록 권한을 설정하겠습니다. [사용자 인증 정보]에서 [서비스 계정]을 만들어 줍니다.

[부록 그림 1-10]

[서비스 계정 ID]를 [python-gspread]로 입력하고 완료를 선택합니다.

[부록 그림 1-11]

그 다음 키를 추가해야 합니다. 서비스 계정 탭에서 작업창을 선택하고 [키 관리]를 선택합니다.

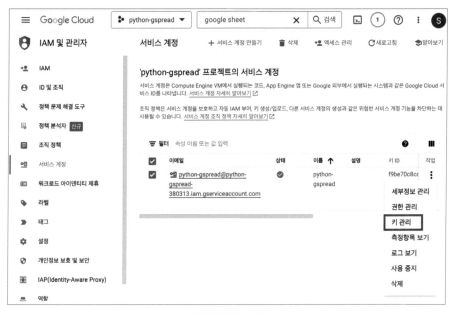

[부록 그림 1-12]

[키 추가]를 클릭하고 [새 키 만들기]를 선택합니다.

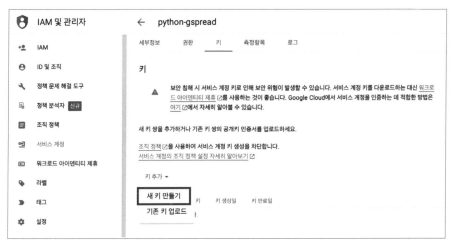

[부록 그림 1-13]

[JSON]을 선택하고 [만들기]를 선택하면 JSON 파일이 다운됩니다. 다운받는 경로 정보를 확인해 둡니다.

[부록 그림 1-14]

JSON 파일을 열어 내용 중 "client_email" 값을 따로 복사해 둡니다.

```
"client_email": "py
"client_id": "10152
"auth_uri": "https:
"token_uri": "https
"auth_provider_x509
"client_x509_cert_u
```

[부록 그림 1-15]

구글 드라이브에 스프레드시트를 하나 만들어 이름을 지어줍니다.

[부록 그림 1-16]

spread sheet에서 [파일] – [공유] – [다른 사용자와 공유]를 선택합니다.

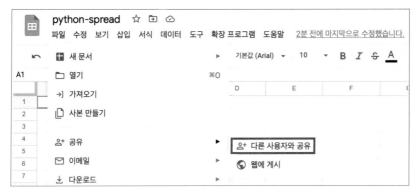

[부록 그림 1-17]

복사해 놓은 JSON 파일의 "client_email"로 공유를 해줍니다.

[부록 그림 1-18]

코랩(https://colab.research.google.com/)에서 새 파일을 만들고 다운받은 JSON 파일을 업로드합니다. 파일 부분은 드래그 앤 드롭하여 업로드할 수 있습니다.

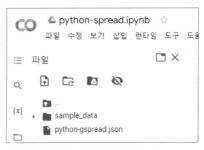

[부록 그림 1-19]

다음 코드를 이용하여 사용 권한을 얻습니다. credentials를 만들 때 다운받은 JSON 파일명을 넣어주면 됩니다.

```
from google.oauth2.service_account import Credentials
import gspread

scopes = [
    'https://www.googleapis.com/auth/spreadsheets',
    'https://www.googleapis.com/auth/drive'
]

credentials = Credentials.from_service_account_file(
    'python-gspread.json',
    scopes=scopes
)

gc = gspread.authorize(credentials)
```

gc.open() 명령어를 이용하여 스프레드시트를 열어줍니다. 이때 스프레드 이름을 넣어주면 됩니다. A1에 있는 값을 출력해 보겠습니다. 2차원 리스트 형태로 값이 나오는 것을 확인합니다.

```
sh = gc.open("python-spread")

print(sh.sheet1.get('A1'))
```
[['안녕하세요']]

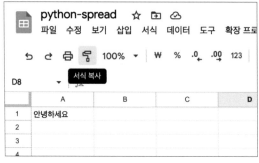

[부록 그림 1-20]

이번에는 스프레드시트에 값을 적어보겠습니다. 입력할 값은 2중 리스트 형태로 적어야 합니다. 스프레드시트에 값을 볼 수 있습니다.

```
sh.sheet1.update("A2",[['python','gspread']])
```

```
{'spreadsheetId': '생략',
 'updatedRange': "'시트1'!A2:B2",
 'updatedRows': 1,
 'updatedColumns': 2,
 'updatedCells': 2}
```

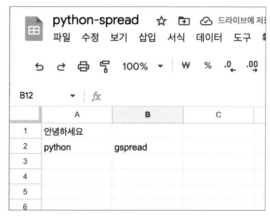

[부록 그림 1-21]

이렇게 구글 코랩과 스프레드시트를 연동하여 학습되는 과정을 볼 수도 있습니다.

부록 02
Tensorflow 사용

텐서플로우(TensorFlow)는 구글(Google)에서 개발한 딥러닝 프레임워크 중 하나로 다양한 딥러닝 모델을 구현하고 학습시키는 데 사용되고 있으며, 현재 인공지능 분야에서 많은 연구와 개발에 사용되고 있습니다. 텐서플로우는 다양한 프로그래밍 언어를 지원하며, 파이썬(Python) API가 가장 많이 사용됩니다. 특히 Keras API를 내장하여 사용자는 간단하게 딥러닝 모델을 구현하고 데이터를 로딩하여 모델을 학습시킬 수 있습니다. 또한, 분산 컴퓨팅을 지원하기 때문에 대규모 데이터셋을 다루는 데 유용합니다. 간단히 말하면 텐서플로우는 딥러닝 연산을 쉽게 하기 위해 만들어진 계산기로 생각할 수 있습니다. 부록에서는 넘파이를 통해 만들었던 예제를 텐서플로우를 활용하여 다시 풀어보겠습니다.

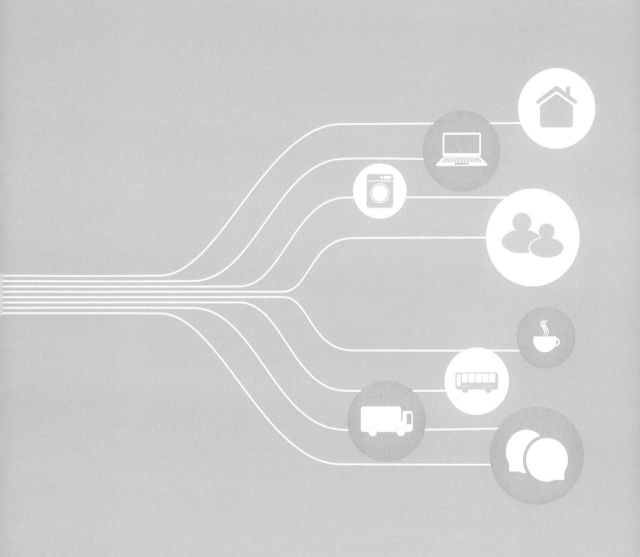

텐서플로우를 활용하기 위해 패키지를 설치합니다. 주피터 노트북 셀에서 pip 명령어를 통해서 바로 설치할 수 있습니다. 텐서플로우를 사용하기 위해서는 관련된 많은 패키지가 함께 설치되기 때문에 다소 시간이 걸릴 수 있습니다.

〈소스〉 8_1.ipynb

```
[1] !pip install tensorflow
```
☐▸ (생략)

모델 구성 및 학습에 기존의 패키지 외에 텐서플로우 패키지를 tf란 별칭으로 로드합니다.

```
[2] import tensorflow as tf
    import numpy as np
    from sklearn.datasets import load_diabetes
    from sklearn.preprocessing import MinMaxScaler
    import matplotlib.pyplot as plt
```
☐▸

당뇨병 데이터를 로드합니다.

```
[3] diabeetes = load_diabetes()
```
☐▸

이전 파트에서는 스케일 변환을 직접 구현하였지만, 부록에서는 사이킷런에서 제공하는 Min-Max 스케일러 함수를 사용하여 바로 적용하겠습니다. 스케일러를 사용하기 위해 결과값의 형태를 바꾸어 줍니다. 결과값이 0 ~ 1 사이의 값으로 변환되었습니다.

```
[4] y = np.reshape(diabeetes.target,(-1,1))
    scaler = MinMaxScaler()
    scaled_target = scaler.fit_transform(y)
    print("Max : ",scaled_target.max())
    print("Min : ",scaled_target.min())
```
☐▸ Max : 0.9999999999999999
    Min : 0.0

Inverse 스케일러를 사용하면 원본의 값으로 변환도 가능합니다.

```
[5] scaler.inverse_transform(scaled_target[:1])
```
⮕ array([[151.]])

앞에서 만들었던 모양과 같도록 텐서플로우를 활용하여 모델을 만들겠습니다. Dense라는 레이어에서 W, B의 형태는 입력과 출력에 맞추어 생성되고 초기값은 무작위로 부여됩니다. 생성된 W와 레이어 입력값의 행렬곱이 진행되고, B가 더해지는 연산이 이루어집니다(Z=X x W+B). 따라서 직접 W, B를 생성하거나 연산을 해줄 필요가 없습니다. 이후에는 활성화 함수를 명령어 (.relu)를 통해서 손쉽게 설정할 수 있습니다.

```
[6] X = tf.keras.Input(shape=(10,))
    Z1 = tf.keras.layers.Dense(10)(X)
    A1 = tf.keras.activations.relu(Z1)
    Y_p = tf.keras.layers.Dense(1)(A1)
    model = tf.keras.Model(inputs=[X], outputs =[Y_p])
```
⮕

[부록 그림 2-1] 텐서플로우 모델의 구조

model.summary( ) 명령어를 입력하면 모델 전체 레이어를 한 번에 확인할 수 있습니다. 입력 데이터의 형태와 각 레이어 출력값의 형태를 확인할 수 있고, 학습에서 업데이트될 파라미터의 개수도 알 수 있습니다. 다음 출력에서 [None]이라고 쓰인 부분은 배치 사이즈입니다. 텐서플로우는 배치 사이즈도 결정이 필요한 하이퍼 파라미터로써 별도의 배치 사이즈를 설정하지 않으면 None이라고 표현됩니다.

[부록 그림 2-2]와 같이 학습할 파라미터의 개수는 앞에서의 W, B 파라미터 개수와 일치합니다. 활성화 함수는 파라미터 학습의 대상이 아니기 때문에 파라미터의 개수는 "0"으로 표시됩니다.

[7] model.summary( )

⊏→ Model: "model_1"

Layer (type)	Output Shape	Param #
input_4 (InputLayer)	[(None, 10)]	0
dense_6 (Dense)	(None, 10)	110
tf.nn.relu_3 (TFOpLambda)	(None, 10)	0
dense_7 (Dense)	(None, 1)	11

Total params: 121
Trainable params: 121
Non-trainable params: 0

W = (Input 피처수, Output 피처수)
  = (10, 10) = 100개

B = (1, Output 피처수)
  = (1,10) = 10개

W파라미터 개수 + B파라미터 개수 = 110

[부록 그림 2-2] 학습 파라미터 개수

Loss를 줄이기 위해서 이전에 SGD를 사용하였습니다. 통상적으로 이렇게 Loss를 줄이기 위한 방법을 옵티마이저(Optimizer)라고 합니다. MSE Loss도 다음과 같이 명령어로 쉽게 선택할 수 있습니다.

```
[8] opt = tf.keras.optimizers.SGD(learning_rate=0.01)
    loss = tf.keras.losses.MeanSquaredError()
    model.compile(optimizer=opt, loss=loss)
```

model.fit이라는 함수를 사용 시 학습이 바로 이뤄지고 hist에는 학습 과정에 대한 정보가 저장됩니다. fit에는 여러 인자가 있어 학습이 용이하게 해줍니다. 각 파라미터가 의미하는 바를 정확히 이해하고 수정하는 것이 좋습니다.

X	Y	Epoch 수	Batch Size	Validation 비율

```
1 hist = model.fit(diabeetes.data, scaled_targe, epochs=30, batch_size=1, validation_split=0.2)
```

Epoch 1/30
353/353 [==============================] - 2s 5ms/step - loss: 0.0480 - val_loss: 0.0537

Update 수 = 총데이터 / Batch size

[부록 그림 2-3] fit 함수 인자

```
[9] hist = model.fit(diabeetes.data,scaled_target,epochs=30, batch_
    size=1,validation_split=0.2)
```

Epoch 1/30
353/353 [==============================] – 2s 5ms/step – loss: 0.0480 – val_
loss: 0.0537
Epoch 2/30
353/353 [==============================] – 2s 4ms/step – loss: 0.0446 – val_
loss: 0.0479
Epoch 3/30
353/353 [==============================] – 2s 4ms/step – loss: Epoch 26/30
353/353 [==============================] – 2s 4ms/step – loss: 0.0297 – val_
loss: 0.0309
Epoch 27/30
353/353 [==============================] – 2s 4ms/step – loss: 0.0299 – val_
loss: 0.0312

```
Epoch 28/30
353/353 [==============================] − 2s 4ms/step − loss: 0.0297 − val_
loss: 0.0307
Epoch 29/30
353/353 [==============================] − 2s 4ms/step − loss: 0.0299 − val_
loss: 0.0319
Epoch 30/30
353/353 [==============================] − 2s 4ms/step − loss: 0.0294 − val_
loss: 0.0315
```

hist에 저장된 값을 활용하여 다음과 같이 에포크 진행 시 Loss의 변화 과정을 시각화할 수 있습니다.

```
[10] plt.plot(hist.history['loss'])
     plt.plot(hist.history['val_loss'])
```

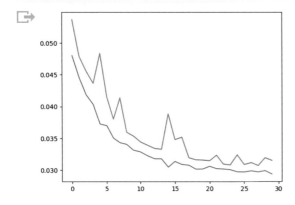

필요한 패키지를 Import합니다.

〈소스〉 8_2.ipynb

```
[1] import tensorflow as tf
    import numpy as np
    from sklearn.datasets import load_iris
    from sklearn.preprocessing import MinMaxScaler
    import matplotlib.pyplot as plt
```
↳

데이터를 로드합니다.

```
[2] linnerud=load_linnerud()
```
↳

스케일을 맞춰줍니다.

```
[3] scaler_x = MinMaxScaler()
    train_X = scaler_x.fit_transform(linnerud.data)
```
↳

```
[4] scaler_y = MinMaxScaler()
    train_Y = scaler_x.fit_transform(linnerud.target)
```
↳

텐서플로우의 모델에 입력과 출력을 잘 넣어주면 모델을 구성할 수 있습니다.

```
[5] X = tf.keras.Input(shape=(3,))
    Z1 = tf.keras.layers.Dense(10)(X)
    A1 = tf.keras.activations.relu(Z1)

    Z2_1 = tf.keras.layers.Dense(5)(A1)
```

```
A2_1 = tf.keras.activations.relu(Z2_1)
Y_p_1 = tf.keras.layers.Dense(1)(A2_1)

Z2_2 = tf.keras.layers.Dense(5)(A1)
A2_2 = tf.keras.activations.relu(Z2_2)
Y_p_2 = tf.keras.layers.Dense(1)(A2_2)

Z2_3 = tf.keras.layers.Dense(5)(A1)
A2_3 = tf.keras.activations.relu(Z2_3)
Y_p_3 = tf.keras.layers.Dense(1)(A2_3)

model = tf.keras.Model(inputs=[X], outputs =[Y_p_1,Y_p_2,Y_p_3])
```

[6] model.summary()

Model: "model"

Layer (type)	Output Shape	Param #	Connected to
input_1 (InputLayer)	[(None, 3)]	0	[]
dense (Dense)	(None, 10)	40	['input_1[0][0]']
tf.nn.relu (TFOpLambda)	(None, 10)	0	['dense[0][0]']
dense_1 (Dense)	(None, 5)	55	['tf.nn.relu[0][0]']
dense_3 (Dense)	(None, 5)	55	['tf.nn.relu[0][0]']
dense_5 (Dense)	(None, 5)	55	['tf.nn.relu[0][0]']
tf.nn.relu_1 (TFOpLambda)	(None, 5)	0	['dense_1[0][0]']
tf.nn.relu_2 (TFOpLambda)	(None, 5)	0	['dense_3[0][0]']

tf.nn.relu_3 (TFOpLambda)	(None, 5)	0	['dense_5[0][0]']
dense_2 (Dense)	(None, 1)	6	['tf.nn.relu_1[0][0]']
dense_4 (Dense)	(None, 1)	6	['tf.nn.relu_2[0][0]']
dense_6 (Dense)	(None, 1)	6	['tf.nn.relu_3[0][0]']

==

Total params: 223

Trainable params: 223

Non-trainable params: 0

Loss를 잘 정의해 주고, 각 Loss의 가중치를 적절히 설정해 줍니다.

```
[7] opt = tf.keras.optimizers.SGD(learning_rate=0.01)
    loss = tf.keras.losses.MeanSquaredError()
    model.compile(optimizer=opt, loss=[loss,loss,loss],loss_weights=[1.,1.,1.])
```

원하는 에포크만큼 학습을 진행합니다.

```
[8] hist = model.fit(train_X, train_Y,epochs=30, batch_size=1)
```

```
[9] plt.plot(hist.history['loss'])
```

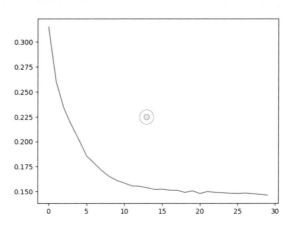

붓꽃 데이터도 앞서와 동일하게 학습하겠습니다. 필요한 패키지를 Import합니다.

〈소스〉 8_3.ipynb

```
[1] import tensorflow as tf
    import numpy as np
    from sklearn.datasets import load_iris
    from sklearn.preprocessing import MinMaxScaler
    import matplotlib.pyplot as plt
```
⊡→

붓꽃 데이터를 로드합니다.

```
[2] iris = load_iris()
```
⊡→

이번에는 텐서플로우에서 제공하는 함수를 사용하여 간편하게 원핫인코딩을 할 수 있습니다.

```
[3] one_hot_y = tf.keras.utils.to_categorical(iris.target)
    one_hot_y
```
⊡→ array([[1., 0., 0.],
          [1., 0., 0.],
          ...
          [0., 0., 1.],
          [0., 0., 1.]], dtype=float32)

학습할 모델의 구조를 구성하고 붓꽃 데이터는 분류 문제이므로 출력층의 활성화 함수는 소프트맥스를 사용합니다.

```
[4] X = tf.keras.Input(shape=(4,))

    Z1 = tf.keras.layers.Dense(10)(X)

    A1 = tf.keras.activations.relu(Z1)

    Z2 = tf.keras.layers.Dense(3)(A1)

    Y_p = tf.keras.activations.softmax(Z2)


    model = tf.keras.Model(inputs=[X], outputs =[Y_p])
```
⇨

model.summary( ) 함수로 모델의 구조를 최종 확인합니다.

```
[5] model.summary()
```
⇨ Model: "model_4"

Layer (type)	Output Shape	Param #
input_5 (InputLayer)	[(None, 4)]	0
dense_8 (Dense)	(None, 10)	50
tf.nn.relu_4 (TFOpLambda)	(None, 10)	0
dense_9 (Dense)	(None, 3)	33
tf.nn.softmax_4 (TFOpLambda)	(None, 3)	0

Total params: 83

Trainable params: 83

Non-trainable params: 0

분류 문제로 Loss는 CCE Loss로 설정합니다. metric은 모델에 대한 평가 지표로 정확도로 평가하겠습니다.

```
[6] opt = tf.keras.optimizers.SGD(learning_rate=0.01)
    loss = tf.keras.losses.CategoricalCrossentropy()
    model.compile(optimizer=opt, loss=loss,metrics=['acc'])
```

⤷

model.fit( )을 활용하여 학습을 진행하면 정확도가 0.94로 학습이 잘 진행되었습니다.

```
[7] hist = model.fit(iris.data, one_hot_y,epochs=30, batch_size=1)
```
⤷ Epoch 1/30
150/150 [==============================] − 1s 4ms/step − loss: 1.1014 − acc: 0.3733
Epoch 2/30
150/150 [==============================] − 1s 4ms/step − loss: 0.8380 − acc: 0.6467
Epoch 3/30
150/150 [==============================] − 1s 4ms/step − loss: 0.6450 − acc: 0.7533
...
Epoch 28/30
150/150 [==============================] − 1s 4ms/step − loss: 0.1921 − acc: 0.9267
Epoch 29/30
150/150 [==============================] − 1s 4ms/step − loss: 0.2095 − acc: 0.9000
Epoch 30/30
150/150 [==============================] − 1s 4ms/step − loss: 0.1569 − acc: 0.9400

필요한 패키지를 호출합니다.

〈소스〉 8_4.ipynb

```
[1] import tensorflow as tf
    import numpy as np
    from sklearn.datasets import load_digits
    from sklearn.preprocessing import MinMaxScaler
    import matplotlib.pyplot as plt
```

손글씨 데이터를 로드합니다.

```
[2] digits=load_digits()
```

지금까지 합성곱 연산을 흑백 이미지로 계산했지만, 텐서플로우는 명시적으로 채널을 지정해야합니다. 따라서 채널까지 포함하여 모양을 변경해 주어야 합니다. 손글씨 데이터는 색상 정보가 없는 흑백의 이미지로 채널은 1로 설정합니다.

```
[3] X = tf.keras.Input(shape=(64,))
    X_SHOW = tf.keras.layers.Reshape((8,8,1))(X)
    Z1 = tf.keras.layers.Conv2D(1,3,use_bias=False)(X_SHOW)
    Z2 = tf.keras.layers.Conv2D(1,3,use_bias=False)(Z1)
    Z2_F = tf.keras.layers.Flatten()(Z2)
    Z3 = tf.keras.layers.Dense(10)(Z2_F)
    Y_p = tf.keras.activations.softmax(Z3)
    model = tf.keras.Model(inputs=[X], outputs =[Y_p])
```

model.summary() 함수로 모델의 구조를 최종 확인합니다. Conv 레이어에서 학습할 파라미터 개수가 '9'인 것은 필터의 크기가 (3×3) 행렬이기 때문입니다. Part 7과 같은 모델로 학습하기 위해 B의 값은 사용하지 않겠습니다.

[4] model.summary()

Model: "model_3"

Layer (type)	Output Shape	Param #
input_10 (InputLayer)	[(None, 64)]	0
reshape_8 (Reshape)	(None, 8, 8, 1)	0
conv2d_11 (Conv2D)	(None, 6, 6, 1)	9
conv2d_12 (Conv2D)	(None, 4, 4, 1)	9
flatten_3 (Flatten)	(None, 16)	0
dense_3 (Dense)	(None, 10)	170
tf.nn.softmax_3 (TFOpLambda)	(None, 10)	0

Total params: 188
Trainable params: 188
Non-trainable params: 0

Loss는 Sparse Categorical Cross entropy Loss로 사용하였는데 결과값을 원핫인코딩하지 않아도 원핫인코딩 이후 CCE를 구해주는 Loss입니다.

```
[5] opt = tf.keras.optimizers.SGD(learning_rate=0.001)
    loss = tf.keras.losses.SparseCategoricalCrossentropy()
    model.compile(optimizer=opt, loss=loss,metrics=['acc'])
```

model.fit( )을 활용하여 학습을 진행하면 됩니다.

```
[6] hist = model.fit(digits.data, digits.target,epochs=10, batch_size=1)
```

⮕ Epoch 1/10
113/113 [==============================] – 1s 5ms/step – loss: 1.1059 – acc: 0.6244
Epoch 2/10
113/113 [==============================] – 1s 5ms/step – loss: 1.0492 – acc: 0.6539
...
Epoch 9/10
113/113 [==============================] – 1s 5ms/step – loss: 0.8660 – acc: 0.7179
Epoch 10/10
113/113 [==============================] – 1s 5ms/step – loss: 0.8470 – acc: 0.7234

필요한 패키지를 호출합니다.

〈소스〉 8_5.ipynb

```
[1] import tensorflow as tf
    import numpy as np
    from sklearn.datasets import load_digits
    from sklearn.preprocessing import MinMaxScaler
    import matplotlib.pyplot as plt
    import xlwings as xw
```

"8_5.xlsx" 파일에서 영단어 100개를 가지고 옵니다.

```
[2] wb = xw.Book('8_5.xlsx')
    ws= wb.sheets[0]
    word_list = ws.range((1,1),(100,1)).value
```

한 단어에서 이전 철자까지를 입력 데이터로 만들고, 그 다음 철자를 출력 데이터로 만들어 줍니다. 예를 들어 "life"의 경우 "l"을 입력 데이터로 하면 출력 데이터는 "i"가 되고, "li"를 입력 데이터로 하면 "f"가 출력 데이터가 됩니다.

```
[3] X =[]
    Y=[]
    for word in word_list:
        for i in range(1,len(word)):
            X.append(word[:i])
            Y.append(word[i])
```

철자를 ASCII 코드를 이용하여 숫자로 매핑합니다.

```
[4] X_data=[]
    for word in X:
        num_list=[]
        for c in word:
            num_list.append(ord(c)-ord("a"))
        X_data.append(num_list)
    print(X_data)
```
⎯→ [[11],
    [11, 8],
    [11, 8, 5],
    …

출력 데이터도 동일하게 진행합니다.

```
[5] Y_data=[]
    for c in Y:
        Y_data.append((ord(c)-ord("a")))
```
⎯→

모델을 구성해 줍니다. 입력층 이후에는 임베딩(Embedding) 레이어가 사용되었습니다. 임베딩 레이어는 텍스트 데이터와 같이 범주형 데이터를 다루는 데 사용됩니다. 입력 데이터 X를 26개의 인덱스를 가지는 시퀀스 데이터로 가정하고, 이를 10차원의 임베딩 벡터로 변환하는 임베딩 레이어를 생성한 후, 입력 데이터 X를 해당 레이어에 적용하여 10차원의 임베딩 벡터 시퀀스를 반환하는 코드입니다. Part 8에서 원핫인코딩과 레이어1에서 연산한 행렬곱 연산이 함께 이루어졌다고 생각하면 됩니다.

```
[6] X = tf.keras.Input(shape=(None,))
    E_X = tf.keras.layers.Embedding(26,10)(X)
    Z1 = tf.keras.layers.SimpleRNN(10)(E_X)
    Z2 = tf.keras.layers.Dense(26)(Z1)
    Y_p = tf.keras.activations.softmax(Z2)
    model = tf.keras.Model(inputs=[X], outputs =[Y_p])
```
⎯→

model.summary( ) 함수로 모델의 구조를 최종 확인합니다. 입력층의 형태가 None, None으로 되어 있습니다. 앞의 None은 배치사 이즈를 의미하며, 뒤의 None은 단어의 길이를 나타냅니다. 단어의 길이는 변동이 가능하기 때문에 None으로 표기합니다.

[7] model.summary( )

⮕ Model: "model_4"

Layer (type)	Output Shape	Param #
input_8 (InputLayer)	[(None, None)]	0
embedding_7 (Embedding)	(None, None, 10)	260
simple_rnn_3 (SimpleRNN	(None, 10)	210
dense_2 (Dense)	(None, 26)	286
tf.nn.softmax_1 (TFOpLambda)	(None, 26)	0

Total params: 756
Trainable params: 756
Non-trainable params: 0

Loss는 원핫인코딩이 필요 없는 Sparse Categorical Cross entropy Loss로 사용하였습니다.

[8] opt = tf.keras.optimizers.SGD(learning_rate=0.001)
    loss = tf.keras.losses.SparseCategoricalCrossentropy( )
    model.compile(optimizer=opt, loss=loss,metrics=['acc'])

⮕

5번 에포크만큼 학습을 진행합니다. 각 단어의 길이가 다르기 때문에 입력 데이터 1개씩 학습시켜 줍니다.

```
[9] for e in range(5):
        for i in range(len(X_data)):
            input_X = np.reshape(X_data[i],(1,-1))
            output_Y =np.reshape(Y_data[i],(1,1))
            model.fit(input_X,output_Y,epochs=1, batch_size=1,verbose=0)
```
⇨

인풋으로 [lif]를 주면 [4] 즉 'e'라고 잘 예측해 줍니다.

```
[10] input_X = np.reshape(X_data[2],(1,-1))
     pred = model.predict(input_X)
     np.argmax(pred)
```
⇨ 4

찾아보기

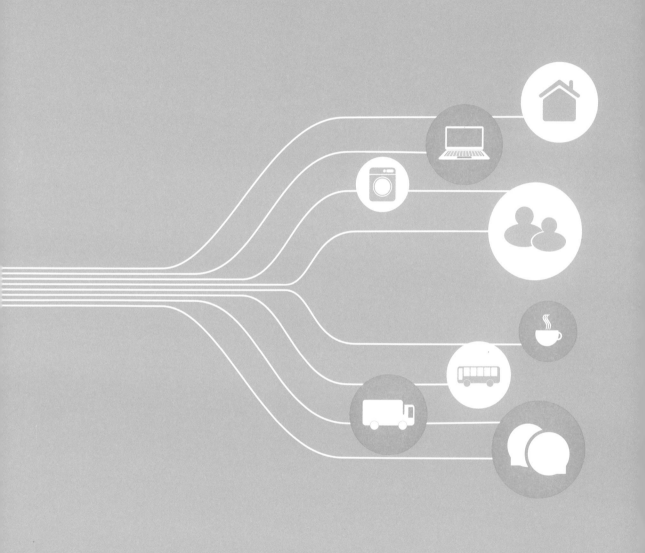